《筑梦华中大》

编委会

1952-2022
華中科技大學 70周年校庆
70th ANNIVERSARY

华中科技大学70周年校庆丛书

筑梦华中大

◎主编 马建辉

华中科技大学出版社
http://www.hustp.com
中国·武汉

图书在版编目（CIP）数据

筑梦华中大/马建辉主编．—武汉：华中科技大学出版社，2022.9
（华中科技大学70周年校庆丛书）
ISBN 978-7-5680-8735-3

Ⅰ.①筑…　Ⅱ.①马…　Ⅲ.①华中科技大学-思想政治教育-经验　Ⅳ.①G641

中国版本图书馆CIP数据核字（2022）第163724号

筑梦华中大　　　　马建辉　主编
Zhumeng Huazhongda

策划编辑：杨　静
责任编辑：刘　静
封面设计：刘　卉
版式设计：赵慧萍
责任校对：王亚钦
责任监印：朱　玢
出版发行：华中科技大学出版社（中国·武汉）　电话：（027）81321913
武汉市东湖新技术开发区华工科技园　邮编：430223
录　　排：华中科技大学出版社美编室
印　　刷：中华商务联合印刷（广东）有限公司
开　　本：710mm×1000mm　1/16
印　　张：16.75　插页：2
字　　数：250千字
版　　次：2022年9月第1版第1次印刷
定　　价：58.00元

序言

INTRODUCTION

党的十八大以来，以习近平同志为核心的党中央高度重视教育工作，把教育摆在优先发展战略地位。习近平总书记强调，培养社会主义建设者和接班人，是我们党的教育方针，是我国各级各类学校的共同使命。70年来，华中科技大学牢记“为党育人、为国育才”的初心使命，坚持党旗领航，践行立德树人，努力办人民满意的教育。学校探索构建了思想政治教育体系、科学知识教育体系、创新创业教育体系、实践能力教育体系与综合素质教育体系相结合的立德树人体系，逐步形成了全员全过程全方位的育人工作格局。

经过几十年的发展，党旗领航成为华中科技大学办学治校最鲜明的底色，“新时代党旗领航工程”成为凝聚青年学子、培养担当民族复兴重任的时代新人的重要载体。“学在华中大”美誉深入人心、文化素质教育内涵丰富、创新创业教育成效显著，三张名片熠熠生辉，逐步形成了“一种底色，三张名片”的显著办学特色。学校累计向国家和社会培养输送了70万名各类人才，涌现出一批以人民英雄、时代楷模、国家最高科学技术奖获得者、全国优秀共产党员、全国劳动模范、全国道德模范等为代表的杰出校友。在推进立德树人落实见效的过程中，华中科技大学坚持守正创新，把牢正确导向，逐步形成了系列工作案例和育人故事。

适逢华中科技大学建校70周年，我们组织编写了《筑梦华中大》，系统梳理学校在党建思政、教育教学、文化素质教育、创新创业教育四个方面的典型工作案例。

党建思政部分包括新时代党旗领航工程、“荣誉班级”建设、“一站式”学生社区建设、高校思想政治工作队伍培训研修中心（华中科技大学）、学生思想政治教育“一院一品”项目、青年马克思主义者培养班、西部计划（研究生支教团）、“行走的思政课堂”——社会实践、研究生红色理论学讲团等工作案例内容。教育教学部分包括基础学科拔尖学生培养探索与实践、卓越工程师计划、本科生学风建设、网络空间安全学院“分级通关”综合实践能力培养、实施本科毕业生“荣誉学士学位称号”制度、研究生学风建设等工作案例内容。文化素质教育包括文化素质教育讲座开展、研究生文化素质教育等内容。创新创业教育包括特色“双创”教育体系、华中科技大学创新创业大赛、服务高素质科技创新人才培养等内容。每个工作案例包括工作概述、思路举措、育人成效和工作思考，为进一步完善立德树人体系提供借鉴和参考，也是见证华中大办学治校、人才培养的丰富载体。

国势之强由于人，人才之成出于学。高校只有抓住培养社会主义建设者和接班人这个根本才能办好，才能办出中国特色世界一流大学。未来，华中科技大学将持续建设一流育人体系，培养一流人才方阵，以心怀“国之大者”的担当、追求卓越矢志一流的理想、敢担大任勇攀高峰的气魄，担负起“为党育人、为国育才”的职责使命，培养造就堪当民族复兴重任的时代新人！

马建辉

2022 年 8 月

前言

PREFACE

70年栉风沐雨，春华秋实。70载薪火相传，砥砺前行。2022年10月，华中科技大学将迎来建校70华诞。

70年来，学校传承红色基因，心怀"国之大者"，始终以服务国家发展为己任。学校在新中国的朝阳中诞生，在共和国的旗帜下成长，在改革开放中腾飞，在新时代迈向世界一流，被誉为"新中国高等教育发展的缩影"。

70年来，学校牢记"为党育人、为国育才"的初心使命，坚持党旗领航，践行立德树人，努力办人民满意的教育。"学在华中大""文化素质教育""创新创业教育"三大育人品牌享誉海内外，为国家输送了70万名各类人才，涌现出一批以人民英雄、时代楷模、国家最高科学技术奖获得者、全国优秀共产党员等为代表的杰出校友。

为喜迎华中大70周年华诞，总结学校人才培养经验成果，组织编撰《筑梦华中大》，本书共有四个篇章。第一篇章重点书写"党旗领航"红色基因，由学生工作部负责统筹、校团委协同参与编写；第二篇章聚焦教育教学，突出"学在华中大"品牌，由本科生院负责统筹、学生工作部协同参与编写；第三篇章重点介绍学校文化素质教育情况，由文化素质教育基地和学生工作部提供案例素材；第四篇章聚焦学校创新创业教育，由启明学院和校团委提供案例素材。我们希望用典型工作案例，展现华中科技大学人才培养工作的成果，突出党旗领航下"学在华中大""文化素质教育""创新创业教育"的育人特色，为进一步丰富立德树人育人体系提供参考。

编者时间紧促、水平有限，疏漏之处在所难免，敬请读者朋友、同行批评指正！

以七秩积淀，逐一流梦想。未来，华中科技大学将秉承“明德、厚学、求是、创新”校训精神，奋力谱写培育时代新人的崭新篇章！

目录

CONTENTS

第一章

党旗领航 培根铸魂

总述：
华中科技大学学生思想政治教育工作回顾

作为高校人才培养的重要一环，大学生思想政治教育工作历来受到党和国家的高度重视，也始终蕴含着发展的挑战与创新的机遇。建校 70 年来，华中科技大学始终坚持党旗领航，深化立德树人，不断推动大学生思想政治教育工作创新发展，努力培养堪当民族复兴重任的时代新人，培养德智体美劳全面发展的社会主义建设者和接班人。

· 党旗领航，让青年学子听党话、跟党走 ·

作为新中国成立以来依靠自己力量建设起来的一所高校，华中科技大学具有“党旗领航”的红色基因和历史底蕴。学校党委始终坚持加强和改进大学生思想政治工作，通过做强大学生思政工作品牌来汇聚青年学子，加强育人工作。

20 世纪 90 年代以来，学校在学生工作中提出以党建为龙头，促进全校学风、校风建设的基本工作思路，并规划了调查研究、学习动员和创先争优三个实施阶段，制定了一些具体的工作目标，如力争达到“在条件成熟的班级将学生党支部建在班上”“鼓励学生党员担任学生党支部书记”等。

进入新世纪，学校党委重视“爱国、创新、责任”的高校党建文化。2003 年，在第十二次全国高校党建工作会上，学校党委做了关于“将支部建在班上”的经验交流，在大学生中发挥党的政治优势和组织优势，让学生党支部成为班级团结进步的核心力量，教育部简报、中央电视台等对此进行了报道，成为推广到全国的一条典型经验。这期间，经济学院“胡吉伟班”2000级本科班获得“全国先进班集体标兵”称号。

21世纪以来，随着经济体制深刻变化、社会结构深刻变动、利益格局深刻调整、思想观念深刻变化，高校党建面临许多新情况、新问题，主流意识形态教育面临诸多挑战。“80后”“90后”青年学子在思想活动中的独立性、选择性、多变性和差异性明显增强。高校学生党建工作的系统性、创新性和实效性等也亟须进一步提升。

2007年9月，学校党委系统提出了“党旗领航工程”的新时期高校党建工作新思路，使一大批“天之骄子”站在了党旗下。以“早日站在党旗下”“党旗在我心中”“我为党旗添光彩”三大主题覆盖学生党建工作的全过程。从入学教育、入党前培养到入党后监督与管理，再到党员先锋模范作用发挥，环环相扣，循序渐进。这种具有鲜明的党性色彩和互动特色的党建新形式，体现了新时期高校学生党建工作的时代性和科学性，使高校学生党建工作始终旗帜鲜明，方向明确。

“党旗领航工程”开展15年来，实现了大学生党员培养、教育引导、功能发挥的“无缝连接”。习近平同志2010年1月22日来校视察，参加“党旗领航工程”活动。近150名师生党员参加了此次党日活动，学生代表向他汇报了参加“党旗领航工程”活动的感受和成果。习近平同志指出，在活动中看到了“80后”“90后”青年一代的精神风貌，看到了学校抓素质教育所取得的成绩，看到了学校党建工作的成果。

中国特色社会主义进入新时代，学校党委加强新时代党建和思想教育工作。中国共产党华中科技大学第四次代表大会系统地推出“新时代党旗领航工程”。面向群体上从过去主要面向学生党员转变为面向全体在校生，工作内涵上从单一的学生党建活动向系统的学生思想教育体系转变。“新时代党旗领航工程”已成为凝聚青年学子，培养堪当民族复兴重任的时代新人的重要载体。

学校在各新生班全面建立党章和党史学习小组，定期开展政治理论学习，引导积极分子主动向党组织靠拢。组建“大学生理论宣讲团”，深入学生班团组织开展理论宣讲活动，增强学生对党的政治认同、思想认同和情感认同。

举办“星火计划”学生骨干培训班，覆盖全体本科生党支部书记、新生班长，建立学生党员联系班级、团支部制度，发挥学生党支部参与指导班团组织建设的火车头作用。制定《本科学生党支部和学生党员联系群众实践的实施办法》，把党员“1+1”结对帮扶、“党员联系宿舍”、“党员接待日”等活动在制度上固定下来，指导协同各院系开展党群互动工作。

弘扬以德立班精神，在经济学院自2001年起设立的“胡吉伟班”基础上，2018年6月首次面向全校开展华中科技大学“胡吉伟班”争创暨班旗授旗仪式，将思想政治工作优势转化为集体成才的强大动力，引导全校班级加强思想德行建设，增强集体主义观念。2019年10月在全校系统推进“黄群班”争创工作。通过“胡吉伟班”“黄群班”的创建工作，教育引导学生“以德立班、集体成才、勤学笃行、矢志报国”，自觉将个人理想追求融入国家和民族事业中。目前全校已经创建20个“胡吉伟班”、15个“黄群班”。2020年初，我校“坚持以德立班，探索‘荣誉班级’建设模式”项目成功入选教育部高校思想政治工作精品项目。

建好“大学生网络文化工作室”，推进建设集先锋型、学习型、平安型、美丽型、活力型为一体的“五型社区”，搭建理想信念教育、优良学风培育、安全稳定保障、行为习惯养成、文化活动展示的“五位一体”立德树人平台，在学生社区和网络社区两个方面着力，构建线上、线下“二维党建社区”工作体系。

发挥朋辈示范作用，组织开展三好学生标兵、“标兵寝室”和“大学生自强标兵”“先锋党员”“先锋党支部”等评选，组织开展优秀学子报告会，让身边人讲好身边事，用身边事教育身边人。

注重仪式教育，通过举办开学典礼、毕业典礼，邀请党委书记、校长上好“新生第一课”“毕业生最后一课”，增强爱国荣校情感。学校还组织开展礼敬中华传统文化晚会、红歌合唱晚会，组建“石榴籽”合唱团，组织学生开展“喻家山下石榴红，青春献礼新时代”合唱快闪活动，充分营造爱国主义教育的浓厚氛围。

一组数据，见证了“新时代党旗领航工程”所取得的累累硕果：同学对身边党员学习优异、热爱班级、为人正直、热心公益的满意率超过90%，党员对党支部战斗堡垒作用发挥满意率达93%。各党支部每年开展的“特色党日”活动800余次，90％以上党员获得过校、院、系三级的各种荣誉和奖励，学生党员参与的大量公益活动产生一定的影响。

·思政铸魂，构建“大思政”育人格局·

作为率先在全国理工科院校提倡文化素质教育的引领者，1994年初，学校把人文精神的培养作为对大学生进行爱国主义教育的切入口。1997年，学校开展了教育思想大讨论，明确提出了“人文教育和科学教育相融合”的办学思想，致力于提高学生的综合素质。期间，学校在学生中广泛开展“今天我以华工为荣，明天华工以我为荣”的爱校活动，用同学们自己提出来的口号激励他们，充分发挥大学生在精神文明创建活动中的积极性、主动性、创造性，培养他们主人翁意识。

1999年5月初，学校颁布的《关于实施“新世纪辉煌工程”的意见》指出，当时正处在世纪之交的重要历史时期，学校更应该遵循解放思想、实事求是的原则，总结经验、认清形势、规划未来，认真研讨确定对大学生的教育和管理方针。实施“新世纪辉煌工程”，就是教育引导大学生把远大的理想与脚踏实地的作风紧密结合，将祖国的命运和个人的前途紧密结合，通过大学四年乃至一生的不懈努力，实现个人的事业辉煌和人生辉煌，同时创造祖国的辉煌。“新世纪辉煌工程”还制定了具体的实施办法和程序，针对时代特点，强调大学生社会责任感和使命感，又结合本校学生发展的实际情况，突出培养高质量创造性人才这一主题，因而更具有实效性。

2000年合校以来，面对校区分散、学生规模大，不同校区学生情况、校园文化以及学生工作思路等方面各有特点等情况，学校凝练出“以学生为本、为学生服务、促进学生全面发展”的学生工作理念，致力于培养“顶天立地有本事”的精英人才。2003年，在优秀大学生的培养方面，学校提出了“学术大师、政治精英、工商巨子”的培养目标，并通过打造“三个两百”工程来实施，为一批优秀的学生成为社会各界的精英打下坚实的基础。

2016年五四青年节前夕，习近平总书记勉励大学生做有理想、有追求的大学生，做有担当、有作为的大学生，做有品质、有修养的大学生。2017年，学校党委按照全国高校思想政治工作会议精神，制定实施《华中科技大学贯彻落实“做‘六有’大学生”的实施计划》，从加强思想教育和价值引领、增强时代责任感和历史使命感、提升道德品格和进取精神三方面，培养又红又专、德才兼备、全面发展的社会主义合格建设者和可靠接班人，引导大学生以实际行动传递正能量，践行社会主义核心价值观。期间，学校扎实推进学生思政“一院一品”项目建设，充分发挥院系主动性、创造性，将学生思政工作系统化总结提炼，对项目实施过程中好的做法和经验进行宣传推广，逐步形成“一院一品”“一院多品”的局面，打造一批既能体现时代特征，又能体现学校特色的思政工作品牌。

近年来，学校结合新时代大学生特点，将党建与思政工作融入学生社区，坚持党旗领航、队伍协同、以生为本、突出特色，通过建设先锋型、学习型、平安型、美丽型、活力型“五位一体”育人平台，完善德智体美劳“五育并举”育人体系，构建全员协同育人机制、挖掘社区育人功能。2021 年 7 月，学校入选教育部“一站式”学生社区综合管理模式建设试点高校。

学校充分利用现有物理空间，因地制宜。在学校建设“一站式”师生服务中心、教学活动中心、心理健康教育中心和创新创业中心。在韵苑学生社区、紫菘学生社区、同济学生社区、网安学生社区分别建设学生活动综合体。在 40 多栋学生寝室楼栋建设 230 余间学生活动室。形成“校区—区域—楼栋”三级育人空间布局，践行“校区就是社区，社区就是课堂”的育人理念。

党建思政工作搬到一线，建设“先锋社区”。建设区域党员活动中心、楼栋党员活动室，打造浸润式红色课堂。发挥党组织在社区的战斗堡垒作用，定期组织“党员进寝室”、“我和党员有个约会”、社区学生党员先锋服务队，做到“学生在哪里，哪里就有党的工作、党的教育”。学业支持队伍进到一线，建设“学习社区”。不断擦亮“学在华中大”品牌，建设“学业发展支持中心”。聘请专业导师、教师班主任定期走进学生社区开展学业指导工作，组织“班导开放日”“师生茶座”等品牌活动，打造社区专业课堂、社区名师工作室。构建“大学生学业发展与大学规划”等高校精品课程，实现学教融合发展。健康安全教育引到一线，建设“平安社区”。将心理育人与德育、智育、美育、体育、劳动教育深度融合，健全心理健康三级预防体系。把心理健康贯穿思想政治工作全过程，培育学生健全人格。通过VR超感体验、AR互动模拟，让科技赋能视听教学，在真听、真看、真感受中提高安全意识，提升安全技能。建设“学校—院系—班级—寝室”四级安全员，形成人人都是安全员的工作模式。浓郁校园文化浸润到一线，建设“美丽社区”。推动思政工作品牌化，将工作内容通过形象生动的标识体现出来，形成潜移默化的育人实效。举办“寝室美化大赛”“标兵寝室评选”，推出社区晚会、文化沙龙等，组织“小伙伴计划”“能力提升工作坊”等品牌活动100余期，学生社区成为知识碰撞、思维交流的文化阵地。创新创业带到一线，建设“活力社区”。探索建立“学生自主，强化实践，学科交叉，开放融合”的创新创业教育体系。以启明学院为中枢联通育人、科研、转化平台，构建“双创”资源集聚网络，在学生社区建设创新创业工作室。

·解决问题，让思想政治工作更有温度·

解决思想问题与解决实际问题相结合是我们党的思想方法和工作方法。在加强和改进大学生思想政治教育中，我们同样要把加强思想政治教育与解决实际问题结合起来。只有这样，才能提高思想政治教育的针对性、实效性和吸引力、说服力、感染力。

2017年中共教育部党组印发的《高校思想政治工作质量提升工程实施纲要》，明确提出切实构建“资助育人质量提升体系”的任务要求。新时代新征程赋予高校资助育人以新的内涵，构建高校资助育人体系也具有了更加坚实的基础和迫切的要求。学校加强资助工作顶层设计，建立资助管理规范，完善勤工助学管理办法，构建资助对象、资助标准、资金分配、资金发放协调联动的精准资助工作体系。

思想政治教育归根到底是做人的工作，必须坚持以人为本。当代大学生在成长过程中难免会遇到一些思想问题，在生活中也会面临很多实际问题，而这些实际问题往往是他们思想问题的根源。学校充分发挥资助育人功能，比如，面向优秀本科生开展评奖评优活动，学校每年投入1120万元为约11700名本科生奖优评先；面向家庭经济困难本科生发放困难补助，学校每年投入1520万元为约7600名本科生发放困难补助和临时困难补助；面向本科生开展勤工助学和劳动教育活动，学校每年投入720万元为约13000名本科生发放勤工助学金；开展助学贷款工作，学校每年为约2600名本科生办理国家助学贷款，贷款总额约1521万元；面向家庭经济特别困难本科生进行学费减免，学校每年投入270万元为约500名本科生减免学费。

华中科技大学“自强大学生标兵”评选是学生工作部于2009年开始举办的资助育人品牌项目，旨在挖掘当代大学生中不畏困难、追求卓越的杰出典型，至2021年已经举办了11届颁奖典礼，评选出200多名华中科技大学“自强大学生标兵”，教育引导学生坚持与时代同步伐、与民族共命运，高举“自强不息”的青春旗帜，立鸿鹄志，做奋斗者。充分挖掘资助工作的德育价值，举办“优才拓展”等非经济支持项目，让学生通过实践和服务增强回馈社会的感恩意识。举办国家奖学金获得者“四个一”分享活动，组织400多人从学习、工作、科研、生活等方面讲述自己的经验。

“国际义工”是资助中心于2017年开始实施的发展型资助品牌项目，旨在帮助家庭经济困难的优秀本科生拓展国际视野，弘扬感恩助人的育人文化，培养回馈奉献的责任意识。2017年至2019年三年来，国际义工足迹遍布尼泊尔、柬埔寨和越南三个国家的核心城市，共有83名华中大学子与沿线国家受助孩子建立起深厚的友好情谊。

“启航计划”是资助中心于2018年开始实施的发展型资助品牌项目，旨在帮助我校本科生拓展国际视野、丰富学习阅历、增强报国热忱、激励奋发自强。2018年暑期，我校18名家庭经济困难的优秀本科生在资助中心的资助下，赴美国加州大学伯克利分校交流学习。学生学习了人工智能方面的课程，参观了P&P、谷歌和英特尔等硅谷知名科技公司，并根据学习参观内容进行了分享交流；2019年暑期，资助范围进一步扩大，来自30个院系的43名优秀本科生参加了2019年第二届“启航计划”。结合学生个性化需求和院系培养特色，该届“启航计划”将参与学生分成2个项目组，分别前往美国加州大学伯克利分校、英国牛津大学奥利尔学院，各开展为期两周的暑期通识学术课程。同学们归国后纷纷表示通过“启航计划”增长见识的同时，更坚定了将个人的“小我”融入祖国的“大我”、与时代同行的人生目标。

·社会实践，强化学生责任担当·

社会是个大课堂，大学生要成长为国家栋梁之材，既要读万卷书，又要行万里路。学校在20世纪80年代初期率先提出“第二课堂”，将大学生的思政教育延伸到学生课堂外、校园外的学习、生活和社会实践中。

近年来，学校持续推进实践育人，坚持与专业教育相结合、与服务祖国发展需要相结合、与解决学生实际问题相结合，把社会实践打造成“行走的思政课”，让学生在亲身参与中认识国情、了解社会、受教育、长才干。

组建“华中大党员先锋队”，发挥党员先锋模范作用。相继围绕“不忘初心、牢记使命”“探寻改革路，踏上新征程”“美丽中国与生态文明建设”“支农支教，精准扶贫”开展暑期社会实践，指导学生到思想政治教育实践基地，以及依托高新技术开发区、大学科技园、城市社区、农村乡镇、工矿企业、爱国主义教育场所等建立的多种形式社会实践、创业实习基地，广泛开展社会调查、生产劳动、社会公益、志愿服务、科技发明、勤工助学等多个社会实践活动，充分发挥了我校学生的积极性、主动性、创造性，使同学们深刻认识到当前世情、国情、党情、社情，感受新时代各项事业的新进展、新成就，感受家乡建设的新变化、新成果。

注重把思政小课堂融入社会大课堂，教育引导学生厚植爱国情怀、追逐青春梦想，在广泛参与中引导学生积极践行“四个服务”。新时代是奋斗者的时代，对于广大青年学生来说，利用寒暑假期间到基层一线去开展实践活动，这本身就是一种时代使命与时代担当。基层是个大熔炉，基层是个大舞台。大学生们立足专业知识，围绕助力乡村振兴战略、新时代基层党建、污染防治攻坚战、老旧小区改造、垃圾分类等社会热点，通过社会调研、亲身体验、志愿服务等形式深入基层、了解社会、接受锻炼、建言献策，在社会实践中既“识国情”又“做实事”。社会实践检验了广大青年学生的能力水平，激发了他们的信心动力，提升了他们的责任感和使命感。

学校积极引导学生深入各行各业改革创新一线，增强学生实践能力，培养学生家国情怀。开展“与祖国同行”暑期就业实践活动。面向全校大学生组织若干队伍，前往京津冀、长三角、珠三角等地寻访用人单位，回访校友，深入了解国家关键领域、重点行业的发展情况及对人才的需求，教育引导学生完善个人职业生涯规划、实现自我价值。

学校开创“喻竹计划”实践项目，坚持把科技服务作为大学生实践育人的关键环节，通过企业调研、科研攻关、医疗帮扶等多种形式，将社会实践与学生专业培养相结合，与地方、产业实际需要相融合，组建“武汉市博士生服务团”“滇西博士生服务团”“科技服务团”等团队，为服务地方社会发展和企业科研攻关贡献青年力量。

学校还通过助医、助老、助残、助学等形式开展各类志愿服务和义工活动，弘扬“奉献关爱，互助进步”志愿服务精神。近五年来，本科生每年累计工时超过 18 万个小时，平均做义工 14 个小时。

·全员育人，提升思政工作队伍育人合力·

“师者，所以传道授业解惑也”，思政育人要实现有效价值引领，离不开优秀的思政教师队伍。

一所学校要有好的校风、学风，教风一定要好。早在 20 世纪 80 年代初，当时华中工学院党委就提出专职政工干部、教师和学生骨干三支队伍应该在学生思想政治工作上相互配合、通力合作。在补充、加强专职政工干部队伍的同时，强调教师对学生全面负责，教书育人。建立班主任制度，挑选一批中、青年教师兼任班主任，同时加强对学生干部的培训。学校一贯提倡教师的敬业精神。1987 年，学校制定了《华中工学院关于教书育人的若干规定》，对教师的行为规范提出具体要求。1988 年，学校开展了“教书育人、服务育人、管理育人”活动，设置的“三育人”奖延续至今。

党的十八大以来，学校按照有理想信念、有道德情操、有扎实学识、有仁爱之心的好老师标准和“政治要强，情怀要深，思维要新，视野要广，自律要严，人格要正”六个要求，加强思政工作队伍建设。

学校按总体上师生比不低于 1∶200 的比例设置专职辅导员岗位，按照“专兼结合、以专为主”的原则，足额配备到位。2017 年 7 月 24 日，学校党委常委会同意核定辅导员岗位数 300 个。2018 年开始实施《辅导员素质能力提升计划（2018—2020）》，不断健全华中科技大学辅导员工作制度体系。构建“部省校”三级培训体系，建立以“岗前培训、日常培训、校外培训、调研实践”为主要形式的培训平台，开展“立德树人讲堂”，组织辅导员沙龙、副书记案例研讨会。每年支持选拔优秀专职辅导员赴兄弟高校短期交流学习、研修考察。从 2018 年起，每年组织一线辅导员队伍海外研修团。2018 年，研修团赴德国美因茨大学进行为期 2 周的研修学习；2019 年，组织赴英国雷丁大学开展 3 周研修学习，提升辅导员队伍国际视野。组织辅导员参加素质能力大赛，强化“以赛促学、以赛促建”，让各位辅导员在比赛中相互学习、彼此交流、共同进步，营造“比学赶帮超”良好氛围。2018 年，生命科学与技术学院辅导员段政获得第七届全国高校辅导员素质能力大赛二等奖。2020 年，在第八届全国高校辅导员素质能力大赛中，建筑与城市规划学院辅导员杨柳荣获全国一等奖、经济学院辅导员彭鹤翔荣获全国三等奖，实现我校在该项赛事上的新突破。2022 年，能源与动力工程学院辅导员孙伟在全国高校辅导员素质能力提升骨干训练营中被评为“特别表现”高校辅导员。

搭建辅导员发展平台，继续推进辅导员工作室建设，支持辅导员讲形势政策课，开设公共选修课，引导和支持辅导员从学业指导、发展咨询、心理辅导等多方面提高能力、发展专业。2019 年 1 月，学校获批建设教育部高校思想政治工作队伍培训研修中心。2021 年 5 月，学校颁发《华中科技大学加强新时代辅导员队伍建设的实施意见》，进一步畅通辅导员发展路径，落实思政工作队伍职务职级“双线”晋升机制，设置辅导员“蓄水池”，按照上级要求落实辅导员岗位津贴等。

学校自 2012 年起全面推进教师班主任制度，每年投入 220 万元专项经费。目前已聘任教师班主任 1132 人，实现全校本科生班级全覆盖。教师班主任群体包含杰出青年和院系党政领导等，副高以上职称占 66.8%。通过“师生茶话会”“师生午餐会”“导师面对面”等活动，充分发挥师德楷模、名师大家、学术带头人在新生入学教育、专业思想教育、学生日常管理、考研与课外科技活动以及学生职业生涯规划等方面的指导作用。

学校还充分发挥校外辅导员作用，深挖校友资源和社会资源，广泛凝聚育人合力，举办思政讲堂和企业骨干进校园活动，聘请党政机关、企业骨干代表担任兼职辅导员，为助力学生成长发展牵线搭桥。2019 年，东风汽车集团有限公司与华中科技大学联合举办“领导干部上讲台：国企公开课 100 讲华中科技大学专场报告会”。东风公司董事长、党委书记竺延风和总经理李绍烛先后来校作了题为“让汽车驱动伟大复兴的百年梦想”“数字化时代的汽车”的专题报告会，结合当前国际国内形势、汽车产业发展趋势、东风公司的责任和使命等，进行了深入浅出地讲解。

铸造为师之魂，培植遍地芬芳。学校先后出台了《关于进一步加强和改进我校本科生教师班主任的指导意见》《华中科技大学加强新时代辅导员队伍建设实施意见》，构建“大思政”工作队伍，建立“辅导员 + 班主任”的管理服务模式。学校在 2017 年第四次党代会上提出“让所有课程上出‘思政味’，让所有教师挑起‘思政担’”，探索构建全员、全过程的大思政教育体系。

2018 年 11 月，学校党委出台《关于落实全国教育大会精神进一步加强学生工作开展“三进三助”专项行动的实施意见》（校党〔2018〕55 号），学校领导、院系负责人、院士、专家学者、研究生导师、教师班主任、辅导员等走进班级，走进宿舍，走进支部，真情、真心、真诚与学生面对面，助学习，助生活，助成长。2019 年 7 月，学校党委出台《关于开展“走进学生”活动的通知》（校党〔2019〕41 号），推进“走”的行动，务求“进”的实效，建立健全走进学生制度，走进课堂、走进班级、走进支部、走进宿舍、走进食堂、走进社团、走进讲座、走进网络，把工作重心下移到基层单位，将工作重点放到学生身上。

建校 70 年来，在大学生思想政治教育工作品牌树立的传承创新中，学校着力让品牌的文化内涵不断延续，从而教育一代又一代学子，成为汇聚青年学子、凝聚时代新人、培养中国特色社会主义事业合格建设者和可靠接班人的重要阵地。

典型案例一：新时代党旗领航工程

一、“新时代党旗领航工程”案例概述

2007年9月，华中科技大学党委提出实施“党旗领航工程”，以“党旗领航，责任以行”为核心理念，包括“早日站在党旗下”，引导学生识党、爱党、入党；“党旗在我心中”，引导广大党员牢固树立党的意识、党员意识，做合格党员；“我为党旗添光彩”，引导党员立足本职、积极奉献，争做优秀党员。三个阶段覆盖学生党建工作全过程，从入党前的教育培养，到入党后的管理、服务与监督，再到党员的先锋模范作用发挥，循序渐进，环环相扣。

2010年1月22日，习近平同志视察华中科技大学，参加“党旗领航工程”特色党日活动时指出，在活动中看到了“80后”“90后”青年一代的精神风貌，看到了学校抓素质教育所取得的成绩，看到了学校党建工作的成果。

2018年6月，中国共产党华中科技大学第四次代表大会明确提出实施“新时代党旗领航工程”。至此，“党旗领航工程”被赋予新的时代内涵。面向群体上，从过去主要面向学生党员转变为面向全体在校生；工作内涵上，从单一的学生党建活动向系统的学生思想教育体系转变；工作理念上，以理想信念教育为龙头，系统实施“做‘六有’大学生”计划。

十几年来，华中科技大学党委以“党旗领航工程”“新时代党旗领航工程”为引领，充分发挥学生党建龙头作用，推进大学生思想政治教育，着力培养德智体美劳全面发展的社会主义建设者和接班人。

一是凝练育人特色。始终坚持“四个统筹”：一是统筹历史传统与创新发展，坚持文化积淀，传承华中大的“红色基因”，坚持创新发展，把握“时代使命”，推进实施“新时代党旗领航工程”；二是统筹党建育人与立德树人，坚持以“领航、导航、助航、护航”深入推进“新时代党旗领航工程”；三是统筹理论研究与实践探索，注重推进思想政治工作的科学化、专业化发展，通过理论研究推进实践平台的发展，通过实践工作促进理论研究的提升，形成系列思政理论研究和实践成果；四是统筹阵地建设与文化育人，着力建设“一站式”“五融合”“五型”学生社区，培育社区育人文化，发挥党建工作在社区的先锋作用。

二是搭建育人体系。“新时代党旗领航工程”包括三个主要部分：一是“早日站在党旗下”，引导广大学生学党章党规，学习系列讲话，识党，爱党，入党，坚定理想信念，积极宣传党的主张；二是“党旗在我心中”，引导广大党员牢记党员身份、党员意识，做合格党员；三是“我为党旗添光彩”，引导广大学子不忘初心、牢记使命，立足本职，积极奉献，争做优秀党员。同时，在“早日站在党旗下”“党旗在我心中”“我为党旗添光彩”三阶段教育基础上，引入“以德立班：强调党建带动班团建”“二维社区：强调线上网络育人氛围和线下‘五型社区’建设一体化”“党群互动：强调支部党员发挥作用联系群众实践”，紧扣思想教育和价值引领，着力培养堪当民族复兴重任的时代新人。

三是打造育人品牌。推动“新时代党旗领航工程”工作品牌化，将16个工作品牌通过形象生动的标识体现出来，形成潜移默化的育人实效。首先在强化理论学习层面，形成“星火计划”学生骨干培训班、“辅导员理论宣讲工作室”、“青年马克思主义者培养工程”等工作品牌；其次在党团班级建设层面，形成“先锋党员”“先锋党支部”“胡吉伟班”“黄群班”等工作品牌；再次在党群互动层面，形成党员“1+1”结对帮扶、“党员寝室亮牌”、“党员进寝室”、“党员接待日”、“红色寻访”等工作品牌；最后在重大时间节点，形成“社区文化晚会”“主题升旗仪式”“毕业生最后一课”“石榴籽合唱团”“龙舟进社区”等工作品牌。

四是形成育人实效。“新时代党旗领航工程”的建设成效，体现在三个方面：一是体现在学生的培养上，根据调研结果，超过93%的学生认为“新时代党旗领航工程”培养体系对其起到了重要的思想教育引导作用；二是体现在组织的认可上，华中科技大学被中央党的建设工作领导小组秘书组确定为高校党建工作联系点（全国共设党建工作联系点13个，其中高校2个），学校获批建设教育部高校思政工作队伍培训研修中心，2个院系入选全国党建工作标杆院系培育创建单位，4个党支部入选“全国党建工作样板支部”培育创建单位，3名学生党员入选全国高校“百名研究生党员标兵”；三是体现在工作实绩上，学校打造了“荣誉班级”“二维思政”等工作品牌，建立了完善的工作体系和健全的制度体系。

二、“新时代党旗领航工程”案例解析

“新时代党旗领航工程”通过“早日站在党旗下”“党旗在我心中”“我为党旗添光彩”三大部分打造思政工作载体和育人平台。“早日站在党旗下”包含星火骨干早培养、理论学习奠基础、党建带动班团建、以德立班承英志。“党旗在我心中”包含完善机制抓统筹、“两学一做”强“三基”、“二维思政”筑社区、监督管理做保障。“我为党旗添光彩”包含讲好故事树典型、党群互动强宗旨、红色寻访铭初心、实践使命报家国。

（一）早日站在党旗下

筑梦新时代，红心永向党。引导广大学生学党章党规，学习系列讲话，识党，爱党，入党。积极宣传党的主张，传播马克思列宁主义、毛泽东思想、邓小平理论、“三个代表”重要思想、科学发展观和习近平新时代中国特色社会主义思想，引导广大学子坚定理想信念，以启志明德为阶段目标。

1. 星火骨干早培养

充分发挥学生党建龙头作用，着力培育德智体美劳全面发展的社会主

义建设者和接班人。举办“星火计划”学生骨干培训班，把全体本科生党支部书记、新生班长纳入培训体系，搭建党支部联系指导班级平台。每年10月开展“星火计划”学生骨干培训班暨本科生党支部书记专题培训班，安排理论学习、综合素质提高、工作实务训练、教学实践等环节，迄今已开展5期，每期开设56个学时的课程，已培训全体本科生党支部书记和新生班长2300余人。

策划开展46期“支书达理”本科生党支部书记下午茶活动，为党支部书记交流工作、分享经验提供平台，提升骨干素质能力。连续17年开展“头雁领航”研究生党支部书记培训，每届250人左右，培训了4500余名研究生党支部书记。举办本硕博“全链条”培养的校“青马工程”，“135”青年政治骨干培养模式入选2022年教育部高校思想政治工作精品项目。

2. 理论学习奠基础

在全校推动本科生一、二年级班级全面建立党章学习小组，开展党的基本理论、政策、制度学习，学党章党规、学习近平新时代中国特色社会主义思想，引导他们中的积极分子主动向党组织靠拢。制定《本科生政治理论学习实施办法》，实现本科生政治理论学习全覆盖。深入推进“青年马克思主义者培养工程”，实施“双学位”培养计划，加强广大青年学生的政治引领。

组建辅导员理论宣讲团、本科生党史故事分享团、研究生理论学讲团，围绕社会热点、时政焦点，以青年大学生乐于接受的方式及时发言发声，用马克思主义的立场、观点、方法有效解决大学生关切的问题，增强学生的参与感和获得感。迄今深入学生年级、班级、党支部、社区开展理论宣讲700余场，撰写网文100余篇，覆盖听众8万余人次，覆盖全校80%的学生支部，在校园里掀起了一场“红色热潮”，全国高校思想政治工作网对此进行了报道。

3. 党建带动班团建

发挥党支部在班团组织中的火车头作用，构建“学生党支部联系指导班级”机制，探索实施“党建导师制”“三会（党支部委员会、团支部委员会、班级委员会）联席制”，引导学生党支部参与指导班级中心工作。完善学生党员联系班级、团支部制度，实施“教工支部与学生支部结对共建”，建立院（系）领导班子成员、职能部门主要负责人联系指导学生党支部、班级和团支部工作制度。

学生党支部在党团班级建设中发挥越来越大的作用，根据近3年《华中科技大学本科生党员质量调查》显示，超过93%的被调查对象认为“党旗领航工程”培养体系对其起到了重要的思想教育引导作用。在群众对身边党员的评价中，超过90%的群众认为身边的党员做到了“热爱班集体，主动参加班级事务”，超过92%的被调查对象认为党员发挥着较好的先锋模范作用。

4. 以德立班承英志

抓好班级这个思政工作基本单元。连续20年创建“胡吉伟班”，2018年起创建“黄群班”，目前全校共有20个“胡吉伟班”、15个“黄群班”。以德立班、集体成才，继承集体主义优良传统，形成优良党风、校风、学风，培育和践行社会主义核心价值观，教育和引导全校各学生党支部、学生班脚踏实地、无私奉献、刻苦学习、顽强拼搏，培养具有强烈社会责任感和广阔国际视野的中国特色社会主义事业建设者和接班人。

“荣誉班级”工作机制逐渐成为学生成长和发展重要平台、重要载体。第六届“胡吉伟班”被中共中央宣传部命名为全国学雷锋活动示范点；“胡吉伟党支部”入选全国党建工作样板支部培育创建单位；“胡吉伟班”团支部获评全国高校“活力团支部”。“胡吉伟班”被媒体誉为“立德树人的华中大样板”。“坚持以德立班，探索‘荣誉班级’建设模式”入选2020年教育部高校思想政治工作精品项目。

（二）党旗在我心中

肩负新使命，青春砥砺行。引导广大党员牢记党员身份、牢记党员意识、做合格党员。弘扬马克思主义学风，增强党内政治生活“四性”，推动网络思想政治教育工作，引导广大学子明确责任担当，共同自觉做共产主义远大理想和中国特色社会主义共同理想的坚定信仰者和忠实实践者。

1. 完善机制抓统筹

坚持系统谋划、统筹推进，着力构建“大党建”工作格局。一是健全领导机制。建立党委书记和校长任组长、相关校领导任副组长、相关部门主要负责人协同配合的思想政治工作领导小组，深入开展“走进班级，走进宿舍，走进支部，助学习、助生活、助成长”的“三进三助”活动。二是完善工作机制。推动院（系）组建学生党建工作领导小组，积极创建“一院一品”院系思政品牌建设。三是夯实支部建设。构建“学生党支部联系指导班级”机制，探索实施“党建导师制”“三会（党支部委员会、团支部委员会、班级委员会）联席制”，引导学生党支部参与指导班级中心工作。

加强工作统筹和分类指导。学生工作部通过三条纵向队伍工作线（本科生党建工作联席会、院系学生党建辅导员、大学生网络文化工作室）、一个学生支部书记常态化交流平台（“支书达理：党支部书记下午茶”）深入开展本科生党建工作。全面推动院系学生党建工作领导小组全覆盖，院系分管学生工作的党委副书记任组长，学生团队负责人为本科生党建工作联席会成员，统筹畅通校院两级工作机制。

2. “两学一做”强“三基”

抓住基层支部，落实党建各项任务；抓基本要求，坚持“党内生活月报”制度，落实支部“三会一课”和交纳党费工作；抓基础规范，落实“支部主题党日”，明确规定动作和自选动作。坚持学思践悟、知行合一，坚持全覆盖、常态化、重创新、求实效，不断增强党组织和党员“四个意识”，不断增强党内政治生活“四性”。

完善组织设置。各二级单位党组织根据本单位学科、专业、部门设置和办学实际需要，对基层党支部设置方式进一步进行优化完善，研究解决跨多个实体单位设置党支部等问题。现有本科生党支部 177 个，党员

7115人，占全校本科生人数的23.8%；共有研究生党员10532人，占全校研究生人数的40%，研究生党支部504个，其中纵向党支部295个，占比近60%，促进了党建与科研业务融合发展。调查数据显示，100%的学生党支部定期严格落实“三会一课”制度，按月开展支部主题党日活动，每学期举办一次特色党日活动。

3. “二维思政”筑社区

通过实体化社区建设、互联网社区建设两个方面着力，完善线上线下一体化建设，推动思想政治工作进社区。线下以“五个融合”的工作思路为指导，即坚持党旗领航，将思想教育与学生发展相融合；注重统筹协调，将教育教学与学生工作相融合；践行一线规则，将社区管理与书院建设相融合；关注健康成才，将线上大数据精准关怀与线下环境文化浸润相融合；坚持问题导向，将解决思想问题与实际问题相融合，建设“先锋型、学习型、平安型、美丽型、活力型”的“五型社区”，促进学生德智体美劳全面发展。

线上实施信息化建设“十个一”，“一站式”线上线下可办理评优申报、证书打印、盖章审批、宿舍申请等各类事务690余项。建设学生发展大数据智能平台，动态开展精准画像、学情分析、资助育人等工作，为思想政治教育提供靶向决策支持。同时搭建线上网络社区，建立“大学生网络文化工作室”，推动“互联网+党建”，以学生喜闻乐见的形式让思政教育活起来。

4. 监督管理做保障

从严从实加强党员教育管理，充分发挥党校教育培训主渠道和大熔炉作用。加强党员监督管理，坚持民主评议党员，建立“党内政治生活督查”制度，制定《本科学生党支部和学生党员监督管理考评办法》。完成学生党员政治理论学习网上监督考评流程设计，实施《本科生党建工作联席会工作条例》，把落实全面从严治党直接抓到学生支部，引导党员们不仅在组织上入党，更是在思想上、政治上、行动上入党。

运用信息化手段，严格日常教育管理。完善党员信息化系统、坚持线上线下同步管理，对每一例党员组织关系接转个案提醒到位、监督到位、服务到位。进一步规范党费收缴管理，注重党费使用显实效。健全规章制度，规范报表手册。明确党员党费交纳标准、党费收缴流程及党费管理规定，使党费工作有制可循，有据可查，从制度机制层面提升党费收缴工作的常态化、规范化水平。把交纳党费作为每月支部主题党日的规定动作，同民主评议党员结合起来，同党员目标管理结合起来，充分发挥党费政治、教育和管理功能。

（三）我为党旗添光彩

开启新征程，奋力新作为。引导党员立足本职，积极奉献，争做优秀党员。讲好华中大故事，选树典型立榜样，强化党群互动，深化实践育人，引导广大学子不忘初心、牢记使命，落实“四个服务”，以为中国人民谋幸福、为中华民族谋复兴而奋斗。

1. 讲好故事树典型

讲好华中大故事，选树典型立榜样，建立“先锋党员”“先锋党支部”等展评活动平台，从党员楷模个人、支部先进集体、优秀学生党务干部三个层面，表彰先进，选树典型，评选“自强标兵”“青年五四奖章”等。充分发挥朋辈榜样的示范引领作用，用身边人、身边事引导广大学生积极践行社会主义核心价值观。

2017 年以来，连续 6 年评选出 60 个校本科生“先锋党员”、60 个校本科生“先锋党支部”；连续 12 年开展研究生红色楷模创建工作，累计培育 110 个研究生样板党支部、220 名党员标兵和党支部书记标兵。目前创建全国党建工作样板支部 1 个、全国高校“百个研究生样板党支部”2 个，培养全国“百名研究生党员标兵”3 人。2021 年，获第 25 届“中国青年五四奖章（集体）”1 个，获“中国大学生自强之星标兵”1 人，学校获中国青年志愿者优秀组织奖。2020 年，获全国五四红旗团委、第 24 届“中国青年五四奖章（集体）”1 个、第 24 届“中国青年五四奖章”1 人，获奖总数全国第一。

2. 党群互动强宗旨

强化党的宗旨意识，狠抓党的作用发挥，制定《本科学生党支部和学生党员联系群众实践的实施办法》，把党员“1 + 1”结对帮扶、“党员亮牌”、“党员进寝室”、“党员接待日”等传统优秀载体作为贯彻党的群众路线工作从制度上固定下来，指导和协同各院系开展党群互动工作。通过“星火计划”培训班、先锋党支部等载体，引导学生党支部、学生党员深入班级、联系班级、引导服务学生，面向全体本科生培养单位征集学生党支部和学生党员联系群众实践典型案例。

根据近3年《华中科技大学本科生党员质量调查》显示，在群众对身边党员的评价中，超过90%的群众认为身边的党员做到了“热爱班集体，主动参加班级事务”，超过92%的被调查对象认为党员发挥着较好的先锋模范作用。新冠肺炎疫情期间，2284名本科生党员，1300余名研究生党员参与抗击新冠肺炎疫情的志愿服务。

3. 红色寻访铭初心

不忘初心、牢记使命，在学生中开展红色寻访“为烈士寻亲”“衣援西部”“公德长征”等主题活动。定期组织“学生党员骨干研修班”赴革命老区、红色基地开展现场学习实践，开展革命历史、革命文化教育，继承革命传统，传承红色基因，引导学生党员正确认识时代责任和历史使命。

充分发挥武汉红色教育资源优势，每年组织参观武汉革命博物馆（农讲所）、八七会议会址纪念馆、辛亥革命博物馆、辛亥革命武昌起义纪念馆、武汉市中山舰博物馆等，开展“追忆百年党史，寻访红色足迹”主题红色研学活动。同时利用寒暑假，组织学生骨干开展主题红色实践，撰写优秀成果集，开展实践报告会，深化红色教育成果。

4. 实践使命报家国

坚持“四个服务”，学生实践教育倡导“三结合”，即要与专业教育相结合、与服务祖国发展需要相结合、与解决学生实际问题相结合。组建

"华中大党员先锋队"，由校、院两级学生党员骨干队伍组成。在校内，要立足服务身边的学生，开展与专业相结合的实践，结对帮扶促进学风；在校外，引导学生上大平台，深入各行各业改革创新一线，紧密服务国际国内政治、经济、科技、国防等重大战略需求，服务国家建设需要，走向社会基层，开展公益活动，志愿服务群众，关爱弱势群体，参与乡村振兴建设。

构建"点、线、面"相结合的社会实践工作体系，成立校重点团队62个，成立全国最大规模之一的实践队伍。2021年暑假，有1234支队伍，10485名师生参与社会实践。毕业生积极投身基层选调、国防军工等。"为党育人、为国育才"成效显著。西部计划（研究生支教团）工作多次在全国会议上以及官方报道中被团中央等单位点名表扬，在全国形成示范引领效应。

三、"新时代党旗领航工程"案例点评

在推动实施"党旗领航工程""新时代党旗领航工程"的十几年中，学校党委始终高度重视，加强顶层设计。学校党委组织部、学工部协调联动，一体推进。各院（系）党委结合特点，不断丰富，形成了全校一盘棋的良好格局。党组织在大学生中的凝聚力和影响力明显提高，学生党支部的战斗堡垒作用和学生党员的先锋模范作用明显增强，党员的整体素质明显提升，取得育人实效。

（一）案例典型特色

"新时代党旗领航工程"紧扣学生思想理论教育和价值引领，统筹党建育人和立德树人工作，坚持"组织领航""理论领航""氛围领航""实践领航"，深入推进学习贯彻习近平新时代中国特色社会主义思想，将理论和实践相结合、学习和应用相统一。

1. 组织领航，构建育人格局

"新时代党旗领航工程"始终坚持发挥党组织把握方向、系统贯穿的

重大作用，从上至下系统发挥党组织的引领带动作用。一是健全领导机制。建立党委书记和校长任组长、相关校领导任副组长、相关部门主要负责人协同配合的思想政治工作领导小组，深入开展“走进班级，走进宿舍，走进支部，助学习、助生活、助成长”的“三进三助”活动。二是完善工作机制。推动院（系）组建由分管学生工作的党委副书记任组长的学生党建工作领导小组，积极进行“一院一品”院系思政品牌建设。三是夯实支部建设。构建“学生党支部联系指导班级”机制，探索实施“党建导师制”“三会（党支部委员会、团支部委员会、班级委员会）联席制”，引导学生党支部参与指导班级中心工作。

2. 理论领航，筑牢育人根基

加强学生政治理论学习，强化对新时代党的基本理论、基本路线、基本方略的理解认同，是大学生思想政治教育工作的重要内容。“新时代党旗领航工程”通过抓学生骨干、抓基层组织，推动学习研究全覆盖。一是完善骨干培训体系。举办“星火计划”学生骨干培训班，把全体本科生党支部书记、新生班长纳入培训体系。深入推进“青年马克思主义者培养工程”，举办研究生“头雁领航”训练营，培养一批信念坚、政治强、本领高、作风硬的学生带头人。二是组建辅导员理论宣讲工作室、本科生党史故事分享团、研究生红色理论学讲团，围绕社会热点、时政焦点、学习重点讲述中国故事、传播核心价值，引导学生坚定马克思主义信仰和中国特色社会主义信念。

3. 氛围领航，激发育人活力

“新时代党旗领航工程”不仅重视营造班集体建设氛围，同时也着力把思想价值引领工作全方位融入学生学习成长的基本单元和生活社区。一是注重打造品牌，多年来，形成了 16 个思政育人载体，注重文化标识、文化产品创作，推动思政工作品牌化，在学生中形成潜移默化的育人实效。二是着力打造“一站式”学生社区综合管理模式，推动“五融合”的“先锋型、学习型、平安型、美丽型、活力型”的“五型社区”建设。三是注重在重要时间节点开展主题教育，每年举办主题升旗仪式、红歌合唱晚会、社区文化晚会、“毕业生最后一课”等，打造浸润式教育大课堂，注重将思想价值引领融入学生学习成长的课堂、班集体和学生社区。

4. 实践领航，提升育人实效

“新时代党旗领航工程”着力发挥党组织作为班团组织火车头的作用，强化党群互动，在开展实践育人工作中，始终引导学生落实“四个服务”。推进个人发展与学校发展相融合，引导学生党员关心、关注和服务学校发展，主动融入学校的学科发展和人才培养中，做学校发展的“参与者、贡献者和引领者”。推进个人发展与行业发展相融合，引导学生党员积极参与和服务行业发展，着力解决关键技术、解决行业瓶颈、解决用户需求。推进个人发展与国家发展相融合，引导学生党员主动融入民族复兴大业，坚持“面向世界科技前沿、面向经济主战场、面向国家重大需求、面向人民生命健康”贡献智慧和力量。

（二）案例工作实效

学校“新时代党旗领航工程”内涵不断拓展，载体不断丰富，受到社会广泛关注，得到各级领导的充分肯定与高度评价。

华中科技大学被中央党的建设工作领导小组秘书组确定为高校党建工作联系点。2018 年 8 月 18 日，中央党的建设工作领导小组秘书组、教育部思想政治工作司有关领导来学校调研指导，并召开高校党建工作联系点座谈会，要求学校发挥好“示范点”“试验田”“智慧库”作用，不断加强党建理论研究，充分整合利用学校优势资源，培育出一批党建特色案例，为加强和改进全国高校党建工作积累经验，在思想、理论、实践、制度等方面做出贡献。目前，全国有 13 个党建工作联系点，其中高校 2 个（清华大学、华中科技大学），这是继学校被评为“全国先进基层党组织”后，在党的建设方面又一标志性成果。

华中科技大学生命科学与技术学院党委、电气与电子工程学院党委入选“全国党建工作标杆院系”培育创建单位；华中科技大学机械科学与工程学院数字制造装备与技术国家重点实验室党支部、华中科技大学马克思主义学院概论教研室党支部、华中科技大学经济学院“胡吉伟党支部”、附属同济医院2019级博士研究生第一党支部入选全国党建工作样板支部培育创建单位；华中科技大学光通信与光网络系第二党支部、生命科学与技术学院生物技术系研究生第二党支部入选全国高校“百个研究生样板党支部”创建单位；热能工程博士生徐勇庆、工程管理博士生徐捷、机械工程博士生林建斌入选全国高校“百名研究生党员标兵”。

第六届“胡吉伟班”被中共中央宣传部命名为全国学雷锋活动示范点；“胡吉伟党支部”入选全国党建工作样板支部培育创建单位；“胡吉伟班”团支部获评全国五四红旗团支部、全国高校“活力团支部”；“胡吉伟班”被媒体誉为“立德树人的华中大样板”；“坚持以德立班，探索‘荣誉班级’建设模式”入选2020年教育部高校思想政治工作精品项目。

学校获批建设教育部高校思政工作队伍培训研修中心，《立德树人、文化育人与生命自觉——理论探索与实践创新》入选第一批《高校思想政治工作研究文库》，示范教学案例入选团中央共青团公开课“三会两制一课”。

典型案例二：
“荣誉班级”建设

一、“荣誉班级”建设案例概述

“坚持以德立班，探索‘荣誉班级’建设”是华中科技大学在不断探索班级建设模式中的尝试。依托“胡吉伟班”“黄群班”典型班级辐射引领，发挥学生班级育人作用，将思政工作优势转化为集体成才强大动力，推进学生集体成才。“荣誉班级”建设始终坚持“以德立班”的根本标准，发挥党组织把握方向、系统贯穿的重大作用，充分发挥班级组织育人的功能。在“荣誉班级”建设中，坚持围绕一个中心（培养“六有”大学生）、抓住两个关键（思想教育和专业培养）、聚焦三个层面（班级、院系、学校）、突出四个重点（思想引领、学风培育、组织建设、全面发展）、把握四项任务（完善工作体系、完善争创机制、丰富育人平台、推动成果转化），努力培育校级思政工作品牌，逐步形成“荣誉班级”培育体系。

（一）“胡吉伟班”：以德立班，责任以行

2001 年，华中科技大学经济学院 2000 级学生胡吉伟因抢救落水儿童而光荣牺牲。教育部、共青团中央先后授予胡吉伟“舍己救人的优秀大学

生”“全国优秀共青团员”等荣誉称号。2001 年 12 月，为纪念英雄人物、铭记英雄事迹，华中科技大学党委决定设立“胡吉伟班”，2002 年 3 月，经济学院首届“胡吉伟班”创建。此后每年，经济学院坚持在二年级本科生班级中以答辩的方式择优评选“胡吉伟班”，每三年评选一次。2017 年 10 月，学校党委将“胡吉伟班”建设模式在全校推广，并启动校“胡吉伟班”的争创工作，每年在各院系二年级本科生班中创建“胡吉伟班”。目前共创建了 20 个“胡吉伟班”。

作为全国率先组建的因德而生、以德为先的班级，历届“胡吉伟班”被评为“全国先进班集体标兵”、被中共中央宣传部命名为全国学雷锋活动示范点；“胡吉伟党支部”入选全国党建工作样板支部培育创建单位；“胡吉伟班”团支部获评全国高校“活力团支部”、全国“五四红旗团支部”。“胡吉伟班”被媒体誉为“崇德向上的青年群星”“立德树人的华中大样板”。“坚持以德立班，探索‘荣誉班级’建设模式”入选 2020 年教育部高校思想政治工作精品项目。

（二）“黄群班”：履职尽责，许党报国

2018 年 8 月 20 日，为抢救遭遇台风袭击的国家重点试验平台，华中科技大学船舶与海洋工程学院 1985 级校友黄群等三位同志壮烈牺牲。8 月 26 日，中共中央总书记、国家主席、中央军委主席习近平对校友黄群等 3 名同志壮烈牺牲作出重要指示。习近平总书记指出，黄群等三位同志面对台风和巨浪，挺身而出，英勇无惧，为保护国家重点试验平台壮烈牺牲，用实际行动诠释了共产党员对党忠诚、恪尽职守、不怕牺牲的优秀品格，用宝贵生命践行了共产党员“随时准备为党和人民牺牲一切”的初心和誓言，他们是共产党员的优秀代表、时代楷模。广大党员干部要以黄群等同志为榜样，坚定理想信念，不忘初心、牢记使命，履职尽责、许党报国，为实现“两个一百年”奋斗目标、实现中华民族伟大复兴的中国梦贡献智慧和力量。

学校党委迅速组织开展学习习近平总书记重要批示和学习校友黄群先进事迹，并在全校范围内争创“黄群班”活动。目前全校共有 15 个“黄

群班”。“黄群班”秉承“传承使命立心立德，勤学笃行矢志报国”的立班理念，通过典型班级辐射全校学生，教育广大学子树立远大理想，培育家国情怀，勤学笃行，砥砺奋进。

（三）“班级成长工程”：发挥学科优势，培育综合素质

2012年，电气学院有效利用中国高等教育最具特色的基层管理组织——班级，将其打造为有效培育学生综合素质的综合平台，立足立德树人的根本任务，结合电气行业发展对工科创新性人才的具体需求，发挥学院“电气化+”的学科优势，开展“班级成长工程”。依托班级平台，通过引导学生自觉将个人追求与国家追求相统一，将个人价值实现与学院发展相统一，培养具有历史使命感和社会责任心、富有创新精神和实践能力的创新型电气领军人才，构建更高水平的人才培养体系，形成“三全育人”格局。

“班级成长工程”先后经历了两个阶段：第一阶段是自2012年至2016年，实施“班级成长工程1.0”，核心为“一班一方案，一生一计划”；第二阶段是自2016年至今，在“班级成长工程1.0”基础上，结合正在进行的人才培养改革——荣誉学位培养体系，全新设计了“荣誉学位——明德课程”，并将其纳入“班级成长工程”，升级成“班级成长工程2.0”。在此过程中，逐步形成了涵盖全过程引导、全方位支持、全员指导于一体的思政工作体系，目前已成为独具特色的学生工作品牌。

二、“荣誉班级”建设案例解析

（一）“胡吉伟班”：因德而生、以德为先

以德立班、紧跟时代。“胡吉伟班”建立的初衷就是要将“胡吉伟精神”传承下去，在拟定评选标准时，最先定的就是“心怀祖国与人民，拥护党的纲领政策，有崇高的道德追求”。时光飞逝，时代变了、评委换了，参选班级换了，但第一条评分准则始终未变。“胡吉伟班”在不同时代发

展背景下，被赋予的不同历史使命在评选标准中也有具体体现。例如，第三届“胡吉伟班”评选首次在创设标准中强调“社会实践”导向，第四届“胡吉伟班”评选明确提出“构建学生核心价值观体系”等。通过评比细则的完善，“胡吉伟班”以德立班的核心价值不断得到升华，逐步完善的创建标准也始终与时代发展特征同频共振。

党旗领航、责任以行。“胡吉伟班”始终以党建为龙头，用理想信念铸灵魂品格。在创建首届“胡吉伟班”的同时，把支部建在班上，成立了“胡吉伟党支部”，并通过党支部深度参与班团组织建设，强化党组织在班团组织中的火车头作用。历届“胡吉伟党支部”坚持党支部委员会、团支部委员会、班级委员会“三会联席制度”，召开党支部委员会时会听取班团意见，召开班委会或团支部委员会时会征求党支部的建议，从顶层设计上，形成强有力的组织保障。定期组织“党员结对帮扶”“党员进寝室”活动，组织优秀学生党员代表每两周开展一次被同学们美誉为“我和党员有个约会”的“党员接待日”等一系列党团组织活动，形成有困难找党员的良好氛围。

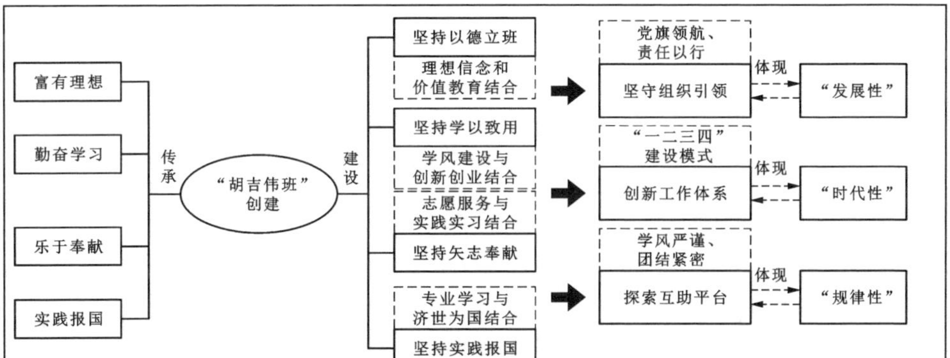

“胡吉伟班”创建工作思路图

学风严谨、团结紧密。历届胡吉伟班始终坚持集体主义，在开展学风建设过程中，紧紧围绕班级这一基本的集体学习单元，逐渐摸索形成了简称“一二三四”的传家宝：以党支部为中心，把班委和团支部作为基本点，通过学习、生活、文体三大方面的协调配合，实现制度化、信息化、简捷化、效率化的四大目标。在班风建设上，“胡吉伟班”主抓“团结”二字；在学风建设上，“胡吉伟班”主抓“互助”二字。班级组建专项攻关小组，组织学生参加学术研讨班，设立学风督查勤工助学岗，实施监督奖励制度，建立线上相约自习、线下学友互助平台，多次创造出大学四年课堂出勤率100%、四级一次性通过率100%的纪录，连续十五年被评为校“优良学风班”，以优异成绩阐释“学在华中大”。

矢志奉献、实践报国。“胡吉伟班”用实际行动带头践行社会主义核心价值观，坚持矢志奉献，将志愿服务与实践实习相结合。“胡吉伟班”连续十余年开展爱心家教工作，关注农民工子女，为白血病患者募捐善款。坚持实践报国，将专业学习与经邦济世相结合。第五届“胡吉伟班”联合研究生党支部开展“聚焦武汉2049，学研互促复兴梦”实践活动，针对学生创业、武汉城市建设、生态建设提出23条建议，得到时任武汉市市长唐良智3000字的亲自回复。能源学院“胡吉伟班”加入学院筑梦基层团，先后四次赴湖北恩施茅坝小学进行支教，得到了共青团中央、长江网的报道；新闻学院“胡吉伟班”学习马克思主义新闻观，开展社会认知课程实践，传播华中大声音，讲好中国故事。

百舸争流、德才辈出。无论是就业还是继续深造，“胡吉伟班”同学们选择无论去到哪里工作，只要祖国需要，他们都义无反顾；无论多么艰难的课题，只要祖国需要，他们都能潜心研究。根据对已毕业的五届“胡吉伟班”毕业生的统计：60.3%的学生在毕业后选择继续深造（94/156），近63%出国深造的人在深造后都选择了回到祖国（17/27），并在自己所擅长的金融或科研领域贡献力量。

（二）“黄群班”：专业领航，培育英才

聚焦德行建设。2018年8月20日，为抢救遭遇台风袭击的国家重点试验平台，华中科技大学船舶与海洋工程学院1985级校友黄群等3名同志壮烈牺牲。8月26日，中共中央总书记、国家主席、中央军委主席习近平对校友黄群等3名同志壮烈牺牲作出重要指示。习近平总书记指出，黄群等3名同志面对台风和巨浪，挺身而出、英勇无惧，为保护国家重点试

验平台壮烈牺牲，用实际行动诠释了共产党员对党忠诚、恪尽职守、不怕牺牲的优秀品格，用宝贵生命践行了共产党员“随时准备为党和人民牺牲一切”的初心和誓言，他们是共产党员的优秀代表、时代楷模。广大党员干部要以黄群等同志为榜样，坚定理想信念，不忘初心、牢记使命，履职尽责、许党报国，为实现“两个一百年”奋斗目标、实现中华民族伟大复兴的中国梦贡献智慧和力量。

为传承英雄精神，“黄群班”着力从理想信念和专业培养两方面“修炼内功”，积极探索富有家国情怀的优秀专业人才的培养模式。“黄群班”始终坚持党组织指导和引领班团组织开展工作，班长、团支部书记、党章学习小组组长、学习委员等班团主要干部全部由党员担任，全体党员列席参加班委会、团支部委员会，以党建促团建，推进班团一体化建设。“一名党员就是一面旗帜”，党员带头争当学习标兵，在班级里营造了浓厚学习氛围，并在教师班主任的指导下积极参加大学生科技竞赛，屡创佳绩。大学二年级的“黄群班”党员比例近 20%，提交入党申请书的比例为 100%。

聚焦能力提升。“黄群班”秉承“传承使命立心立德，勤学笃行矢志报国”的立班理念，着力从学生思想道德建设、党团建设、班风学风建设入手，结合学科特点和专业特色，通过典型班级辐射全校学生，在教育班级同学树立远大理想，坚守初心使命，锤炼真才实学方面下足功夫。在班级成立“习近平新时代中国特色社会主义思想学习小组”，以党员大会、班会的方式集中开展学习，读原著、学原文、悟原理，努力学习把握习近平新时代中国特色社会主义思想丰富内涵，教育广大学子树立远大理想，培育家国情怀，勤学笃行，砥砺奋进。

“黄群班”注重培育优良学习氛围，促进能力提升。积极引导学生养成良好的学习生活习惯，明确个人成长目标，制定大学生涯规划，注重培养专业学习兴趣。“黄群班”根据需要成立各类兴趣小组，定期开展“结对帮扶”“微课堂”等活动，帮助学生开阔视野、增长见识、激发兴趣，提高学生的综合素质，注重培养创新创业能力。“黄群班”鼓励学生积极参加科技创新、学科竞赛和创业实践，增强社会责任感，培养学生的创新意识和实践能力，注重发挥教师班主任作用。教师班主任在传播知识、传播思想、传播真理，塑造灵魂、塑造生命、塑造新人方面发挥着积极作用，“黄群班”积极动员教师班主任参与新生主题教育、专业思想教育、学术科研创新和职业生涯规划等工作。

“黄群班”创立时间较短，但是同学们在课堂、自习室、实验室、船模间、会议室、比赛场等永远是集体亮相，他们既是默契的学习科创伙伴，又是互为标杆的追逐对象，他们在良性的竞争中不断提升自己，朝着成为像黄群这样德才兼备的专业技术人才的目标奋斗着。

（三）“班级成长工程”：一班一方案，一生一计划

充分发挥学科优势。“班级成长工程”先后经历了两个阶段，逐步形成了集全过程引导、全方位支持、全员指导于一体的思政工作体系，目前已成为独具特色的学生工作品牌。电气学院以“班级成长工程”为支撑，申报的教学成果项目“发挥学科优势，依托班级平台，创建研究型大学电气专业高素质人才培养体系”获 2018 年国家级教学成果二等奖；在教育部第四轮学科评估中，电气学院毕业生质量位列高校电气工程学科第一；“班级成长工程”被评为湖北省高校辅导员工作精品项目重点支持项目，并在国内多所高校得到推广。

逐步完善工作载体。构建了以班级为载体，以八个学生服务中心为实践育人平台的班级成长运行模式，从目标制定、高影响力活动设计到发展评估，有效实施了“三全育人”下的班级成长和个体发展相融的实践教育体系建设。

实施“一班一方案，一生一计划”，以班级成长激发学生的发展动力，在班级建设层面进行全过程引导。入学前，召开班主任工作交流会，在班级建设、学生教育管理等方面统一思想、达成共识；组织学生制定班级口号和班级 logo，初步建立班级概念；召开家长会，介绍学校及学院相关管理制度、培养方案等，带动家长配合学院工作，共同对学生开展个性化指导。入学后，每个学期初，各班师生群策群力共同制定班级成长目标、成长方案和实施框架；学期中，组织班级中期会诊和班级成长沙龙，及时跟进实施方案进度，提供班级建设的交流平台；学期末，组织“班级成长工

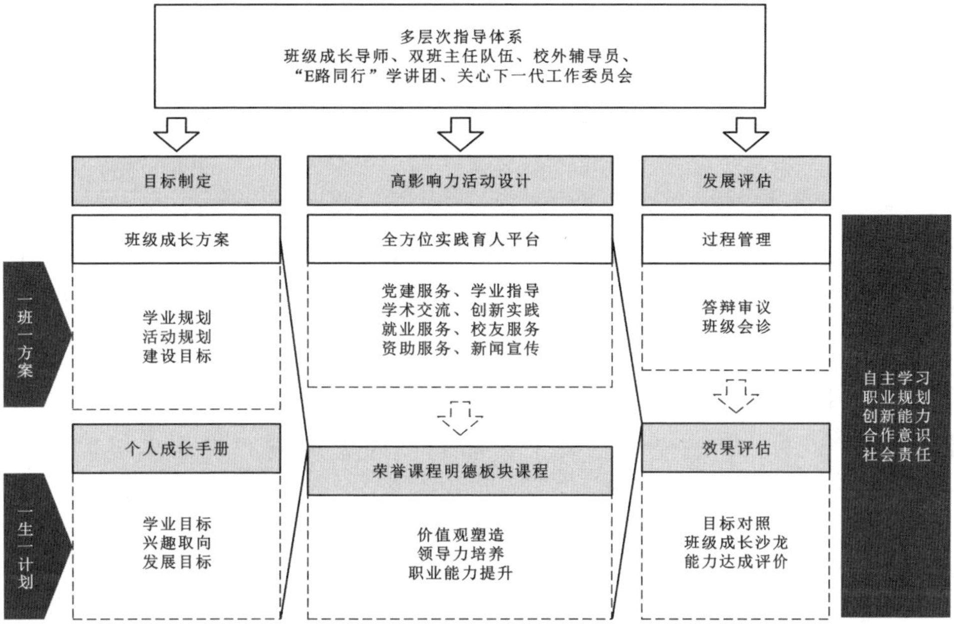

"班级成长工程"建设架构图

程"答辩展示，分享、推广班级建设经验。通过班级目标分解到学生、学生主动参与班级建设的方式，让学生将班级目标和个人目标作为内驱力和指导方向，自觉完成个人成长目标，共同支撑班级目标实现，促进班级成长和个体发展相融。

（四）"荣誉班级"建设：围绕一个中心、抓住两个关键、聚焦三个层面、突出四个重点、把握四项任务

围绕一个中心：培养"六有"大学生。班级是学校教育的基本单位，是大学生的基本组织形式。以班级为单位开展工作，积极推进实施"做'六有'大学生"计划：加强思想教育和价值引领，培育有理想、有追求的大学生；增强时代责任感和历史使命感，培育有担当、有作为的大学生；提升道德品格和进取精神，培育有品质、有修养的大学生。

抓住两个关键：思想教育和专业培养。统筹思想政治教育和专业培养，在“荣誉班集”建设中，发挥专业学科优势，在固本强基上着力，提升集体主义意识，坚持筑牢高校班级建设这个基础平台。扎扎实实抓班集体和班风学风建设，是把思想政治工作优势转化为推动集体成才的强大动力。

聚焦三个层面：班级—院系—学校。在学生班级层面，凝练出“胡吉伟班”“黄群班”等班级的建设理念、建设方法，推进“班级成长工程”做深做实。在院系工作层面，创建形成“一院一品”思政品牌效应，进而推进“荣誉班级”往全校推广，在全校范围内进行争创、培育、建设工作。在学校层面，以“胡吉伟班”“黄群班”为代表，带动“荣誉班级”建设模式，形成校级思政工作品牌，构建形成“荣誉班级”培育体系。

突出四个重点：思想引领、学风培育、组织建设、全面发展。以班级建设为载体，加强政治理论学习，推进“新时代党旗领航工程”，培育践行社会主义核心价值观，开展主题实践，引导学生树立正确的世界观、人生观和价值观。培育优良班风学风，营造优良学习氛围，培养专业学习兴趣，培育创新创业能力，发挥教师班主任作用，促进学生健康成长和全面发展。强化班级组织建设，提升班级组织力、凝聚力、战斗力。通过打造班级特色文化、加强心理健康教育、积极开展文体活动、切实开展劳动教育，培养学生德智体美劳全面发展。

把握四项任务：完善工作体系、完善争创机制、丰富育人平台、推动成果转化。推进“荣誉班级”建设过程中，重点在构建有力的工作体系、形成创新性工作机制、搭建丰富的平台载体、推广成果的有效转化。

构建有力的工作体系。2020 年 4 月，学校颁发《关于加强“荣誉班级”建设的意见》，从思想引领、学风培育、组织建设、全面发展四个方面对班级建设提出要求，注重发挥班集体的功能，努力把“荣誉班级”建设成为学生成长成才的重要阵地、主要渠道。同时，在“胡吉伟班”的“以德立班、集体成才”班级建设工作理念、“黄群班”的“德行建设、能力提升、价值引领”班级建设举措和“班级成长工程”的“一班一方案，一生一计划”及“荣誉学位”的育人举措基础上，探索形成完善的“荣誉班级”选拔机制、培育标准和建设条件，完善“荣誉班级”的培育体系。

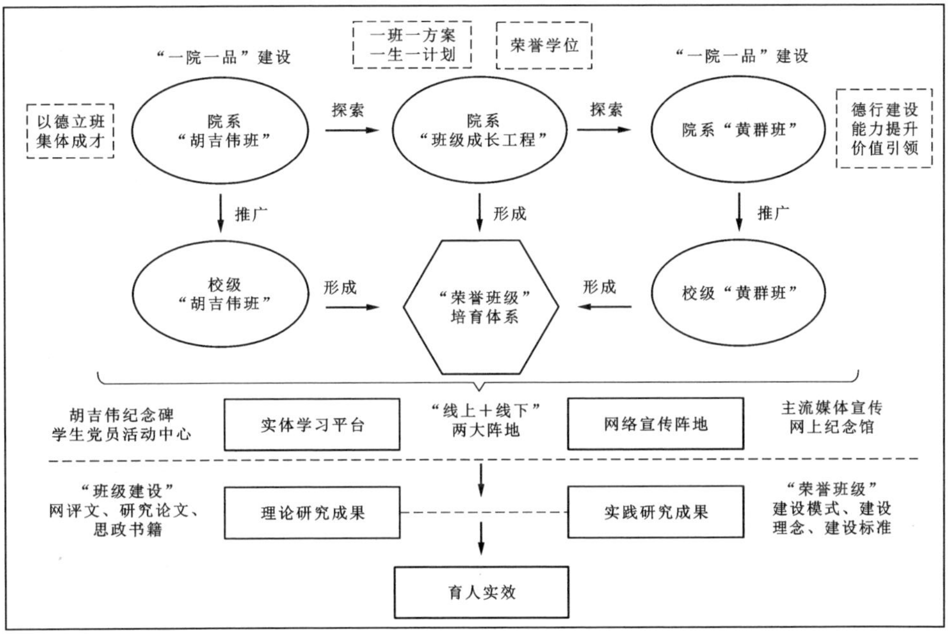

“荣誉班级”工作推进思路

形成创新性工作机制。典型班级在班级建设过程中的探索、创新与实践为“荣誉班级”建立创新的培育机制。一是关注学生个体成长，建立精准化的培育模式；二是注重丰富培育路径，除了完善理想信念教育平台、学风建设平台、创新创业平台、志愿服务平台、实践报国平台等路径外，还要进一步完善学生综合能力提升路径；三是建立奖惩激励机制，持续关注班级建设，促进班级建设的动态发展。

搭建丰富的平台载体。推进“线上＋线下”两大工作平台建设：实体学习平台和网络宣传平台。实体学习平台通过建立英雄纪念碑、学生党员活动中心学习板块开展学习教育活动。网络宣传平台通过重要校园媒体推广和网络新媒体开展工作，通过媒体宣传提升工作引领力和影响力。

推广成果的有效转化。探索“荣誉班级”建设落脚到育人实效上，建立“荣誉班级”育人平台，为学生全面成长成才搭建发展平台；培育“荣誉班级”育人队伍，逐步形成“教师+校友+优秀学生”多维度的培育队伍机制，建立“班级导师制度”，引导学生全面成长；探索“荣誉班级”互助育人机制，实施朋辈教育，为学生成长提供良好的成长氛围和成长环境，形成全员全过程全方位的育人工作格局。

三、“荣誉班级”建设案例点评

（一）案例典型特色

作为系统的学生思想教育工作体系，“荣誉班级”建设紧扣学生思想教育和价值引领，以“三个坚持”为特色，形成“三性”创建标准，在具体实践中体现创新特色。

一是坚持组织引领，体现“发展性”。在贯彻落实高校立德树人的根本任务上体现“发展性”，与时代发展同频共振。深入实施“党旗领航工程”，强化党支部在班级建设中的火车头作用。“胡吉伟班”始终以党建为龙头，用理想信念铸就灵魂品格。在创建首届“胡吉伟班”的同时，把支部建在班上，成立了“胡吉伟党支部”，并通过党支部深度参与班团组织建设，强化党组织在班团组织中的火车头作用。历届“胡吉伟党支部”坚持党支部委员会、团支部委员会、班级委员会“三会联席制度”，在召开党支部委员会时听取班团意见，召开班级委员会或团支部委员会时征求党支部建议。班级大力推进学生自我教育、自我管理、自我服务、自我监督，坚持开展党员“1+1”结对帮扶、“党员进寝室”、“党员接待日”等活动，从而影响了一批批青年学子。历届“胡吉伟班”党员平均比例近50%，提交入党申请书的比例一直是100%。“班级成长工程”将理想信念教育融入价值观塑造、领导力培养、素质能力提升等内容中，探索了课程思政的新发展道路，永葆人才培养的政治本色。打造“荣誉学位——明德课程”，系统地从核心价值、理想情操、道德时政和职业生涯等各方面，有体系地设计了理论课、实践课和研讨课，学生在课堂上学习理论知识，明确理想信念，树立远大理想，在班级研讨中碰撞思想火花，明确发展方向。自2013年以来，电气学院学生志愿到西部地区和重点行业就业的比例连续7年名列前茅，电气学院入选西部计划的学生人数连续7年位列全校第一。

二是坚持探索创新，体现“时代性”。在班级建设创新上体现“时代性”，不断探索班级建设新方法、新路径、新思路。紧扣“聚焦德行建设、聚焦能力提升、聚焦价值引领”三大举措，着力从理想信念和专业培养两方面“修炼内功”，积极探索富有家国情怀的优秀专业人才的培养模式。通过创新性开展富有时代特征和现实意义的育人活动，充分调动教师和学生的优势资源，鼓励学生自觉服务自我、同学、学院、社会，提升学生思想政治与道德修养、奉献友爱与责任意识、组织管理与沟通能力，实现了“学院搭台，师生唱戏，‘演员’成长，‘观众’受益”。

三是坚持互助共进，体现“规律性”。在发挥班级育人功能上体现“规律性”，把思想政治工作规律和大学生成长成才规律相结合。“胡吉伟班”的一个鲜明精神气质是团结互助。在班风建设上主抓“团结”，倡导以德立班；在学风建设上主抓“互助”，倡导集体成才。20余年来，只要有“胡吉伟班”同学参加的比赛，全班同学必定到场助威加油。每年寒暑假时，“胡吉伟班”在放假前就选好代班长和代支书，定时组织留校同学开展各种活动。“胡吉伟班”还坚持在班上评选“积极分子”和“进步生”，从班费中购买奖品进行奖励，所有班干部对此奖项自觉放弃参评，以示公平。“黄群班”同学在课堂、自习室、实验室、船模间、会议室、比赛场等永远是集体亮相，他们既是默契的学习科创伙伴，又是互为标杆的追逐对象，他们在良性的竞争中不断提升自己，朝着成为像黄群这样德才兼备的专业技术人才的目标奋斗着。“班级成长工程”对学生自主学习成长进行全过程引导，激发学生的成才动力和提高学生的自主学习能力，让学生从“被教育者”转变为“教育者”。班级自发组建了自习小组、一对一帮扶小组、体育锻炼小组、兴趣爱好小组。班级成员生病时全班组织去探望、补课，形成了良好的班风学风，做到学生与学生间的互助共进。各项制度、政策的设计使得教师在课内与课外均深度融入学生培养中，参与学生培养工作的全过程，明确了任课教师、辅导员、班级成长导师、教师班主任、研究生班主任、班委、班级每名学生的定位和职责。在教师和学生的有效互动中，学生的个性化发展需求得以满足，个人发展动力得到提升，师生在班级建设的过程中实现协同进步，做到教师与学生间的互助共进。

（二）案例工作实效

多年来，学校探索创建“荣誉班级”建设模式，内涵不断拓展，载体不断丰富，已成为学校班级建设工作品牌，受到社会广泛关注，得到各级领导的充分肯定与高度评价。

1. 教育效果

一是党建工作成效明显。“胡吉伟班”始终以党建为龙头，用理想信念铸魂育人。在创建首届“胡吉伟班”时，学校党委和学院党委（总支）因势利导，把支部建在班上，成立了胡吉伟党支部，通过党支部深度参与班团组织建设，强化党组织在班团组织中的火车头作用。首届“胡吉伟班”党建统计数据显示：该班 29 名同学，正式党员 11 名，预备党员 6 名，重点培养对象 6 名，入党积极分子 6 名，党员（含预备党员）比例已逾 60%。没有一个人不积极要求进步。历届“胡吉伟党支部”坚持党支部委员会、团支部委员会、班级委员会“三会联席制度”，从顶层设计上形成强有力的组织保障。历届“胡吉伟班”党员平均比例近 50%，提交入党申请书的比例一直是 100%。此外，历届“胡吉伟党支部”都组织党员“1 + 1”结对帮扶、“党员进寝室”等活动，组织优秀党员进入新生宿舍答疑解惑，常态化组织高年级党员进低年级宿舍“传经送宝”，组织优秀学生党员代表每两周开展被同学们美誉为“我和党员有个约会”的“党员接待日”等系列党团组织活动。“黄群班”始终坚持党组织指导和引领班团组织开展工作，班长、团支部书记、党章学习小组组长、学习委员等班团主要干部全部由党员担任，全体党员列席参加班委会、团支部委员会，以党建促团建、促班团一体化发展。“一名党员就是一面旗帜”，党员带头争当学习标兵，在班级里营造了浓厚学习氛围，并在教师班主任的指导下积极参加大学生科技竞赛，屡创佳绩。“黄群班”提交入党申请书的比例为100％。“班级成长工程”将理想信念浇筑班级成长，达到了良好的育人效果，以本科1506班为例，全班大一学年均递交了入党申请书，12名学生光荣加入党组织，该班级连续两年获评“校优秀团支部”。学院连续12年开展党建“五个一”工程表彰工作，院士、全体院领导走上思政课讲台，与离退休党支部开展联合主题党日活动，引导教育全体党员坚定理想信念，让全体党员受益，让全体学生获助。

二是学风建设成效突出。“胡吉伟班”多次创造出大学四年课堂出勤率100％、大学英语四级一次性通过率100％的记录，连续15年被评为校“优良学风班”，以实际行动阐释了“学在华中大”。“胡吉伟班”中，涌现出一批省级优秀共青团员、省级优秀学生干部、校三好学生标兵获得者。“胡吉伟班”学生在校期间，累计发表权威期刊文章4篇，核心期刊文章24篇，省级及以上学科竞赛获奖52项。值得一提的是，2012年以前的13年时间内，经济学院累计在全国性创新创业大赛和国家级、国际级数学建模竞赛中获奖人次分别为26人和17人。自第五届创建“胡吉伟班”加入科技创新指标导向后，2013年起，学院在创新教育方面取得持续突破，短短5年，在全国性创新创业大赛和国家级、国际级数学建模竞赛中获奖人次分别飙升至36人和139人，学院逐渐形成具有学科特色的科技创新培育体系。2014年，经济学院在首届“创青春”全国大学生创业大赛中斩获4金2银，2016年持续发力，斩获1金2银1铜。第二届中国“互联网＋”大学生创新创业大赛，学校4支金奖团队均由经济学院专业教师指导，经济学院学生参与备赛。“黄群班”连续荣获校“优良学风班”荣誉称号，组队参加各类国际级和国家级大学生科技比赛，成果丰硕。自实施“班级成长工程”以来，电气学院获评校“优良学风班”的比例增长至57％，2018年达到创历史的90％；升学率不断提高，2018年毕业生中62％（224人）赴名校深造。每年有1000余人次参与各类科技创新活动，获国际性奖项23项，国家及省部级奖项182项。POWER ON团队获团中央首届“小平科技创新团队”称号。电气学院学生负责的项目“开关磁阻电机电控产业化”在院友吴荒原博士和教师王双红教授的指导下荣获第五届“互联网+”大学生创新创业大赛湖北省一等奖。该院学生在由李红斌教授和陈庆副教授技术指导的“微注入式配电电缆绝缘劣化‘不停电’监测装置”项目荣获第十二届“挑战杯”大学生课外学术科技作品竞赛特等奖。

三是实践报国成果丰硕。首届“胡吉伟班”成立了“《公民道德实施纲要》宣传实践队”。第二届“胡吉伟班”走出校园，去温州企业调查了20多家企业的人才结构问题。第三届“胡吉伟班”走进武汉的街头巷尾，向社区居民解读党的十七大中关于国计民生的重大热点问题。第四届“胡吉伟班”同学赴湘鄂闽调研少数民族聚居地区精准扶贫问题，获得“省优秀社会实践队”荣誉。第五届“胡吉伟班”党支部联合研究生党支部开展“聚焦武汉2049学研互促复兴梦”的实践活动，针对学生创业、武汉市城市建设、生态建设提出建议，活动得到时任武汉市市长唐良智的好评，他亲自回复3000字的信件，将同学们的建议批转政府相关部门。第六届“胡吉伟班”社会实践就新常态背景下茶业发展现状开展调查，探索新农村建设的新思路，获得“校优秀实践队”的称号。校级“胡吉伟班”评选后，经济学院“胡吉伟班”与“全国学雷锋示范点”结对共建实践基地；能源学院“胡吉伟班”先后四次赴湖北恩施茅坝小学进行支教；新闻学院“胡吉伟班”传播华中大声音，讲好中国故事。第一届“黄群班”结合自身特点，开展了“三月学雷锋志愿活动”“四月清明扫墓活动”“五月母亲节看望英雄母亲活动”“六月孤儿院义工活动”，七月利用暑假时间，全班28名同学一同前往中船重工第七六〇研究所开展社会实践活动，在英雄校友牺牲的南码头举行纪念活动，实地重温时代楷模为祖国船舶与海洋事业做出的卓越贡献。“班级成长工程”实施以来，电气学院社会实践参与度由50%提升至90%，人均参与公益活动的时间超过40个小时/年，越来越多的学生主动投身志愿服务。自2013年以来，到西部地区和重点行业就业的比例连续7年超过70%，学院入选西部计划的学生人数连续7年在全校各院系中位列第一。

四是毕业学生发展良好。“胡吉伟班”涌现出多名省级优秀共青团员、省级优秀学生干部、校三好学生标兵获得者等优秀代表。前六届“胡吉伟班”毕业生（188人）的统计数据：62.2%的学生在毕业后选择继续深造，

63%出国深造的人在深造后都选择了回到祖国，并在自己所擅长的金融或科研领域贡献力量；现有18人选择留在国内外高校任教，20人在国有企业、机关事业单位任职，目前多位成员已经成为所在领域的中坚力量。“班级成长工程”助力电气学院人才培养质量得到同行和用人单位高度认可，根据教育部发布的《第四轮学科评估结果》，学院毕业生质量在全国高校电气工程学科中排名第一。每年面向学院开设专场招聘会的企业超过100家，每年企业面向本专业学生专设奖学金超过140万元。在艾瑞深中国校友会网《2017中国大学评价研究报告》中，华中科技大学电气专业获评电气类本科专业排行榜最高级7星级。

五是品牌效应卓有成效。在学校党委指导下，连续20余年创建“胡吉伟班”，突出以德立班、集体主义，强化党建带动班建团建。第一届“胡吉伟班”被教育部授予“全国先进班集体标兵”称号，第三届“胡吉伟班”被授予“湖北省先进班集体标兵”称号。2017年9月，新华社、光明日报、中央人民广播电台等各级媒体对“胡吉伟班”事迹进行广泛报道，时任中共湖北省委常委、宣传部部长、省委高校工委书记王艳玲同志多次参加“胡吉伟班”班级活动。2018年初，第六届“胡吉伟班”被中共中央宣传部命名为第四批全国学雷锋活动示范点。2022年第八届“胡吉伟班”获得了“全国五四红旗团支部”的称号。“班级成长工程”被评为湖北省高校辅导员工作精品项目重点支持项目，相关做法获得大连理工大学、湖南大学、重庆大学、西南政法大学、三峡大学、湖北文理学院等省内外高校的高度评价，已经在全校乃至省内外其他高校多次推广。2018年，学院教改项目“发挥学科优势，依托班级平台，创建研究型大学电气专业高素质人才培养体系”获评国家教学成果二等奖，“班级成长工程”是其中重要组成部分。

2. 媒体报道

2017年9月1日，6届“胡吉伟班”16年接力传承英雄精神的事迹被各大媒体广泛关注，迅速在校内外引发热议。9月1日—9月2日，新华社、光明日报、新华每日电讯、中央人民广播电台、中国青年报、湖北日报、楚天都市报、楚天金报、人民政协网、中国教育在线、网易新闻、新浪新闻、凤凰网等以“点燃一盏灯，照亮一群人”为题报道了“胡吉伟班”的16年坚守与传承。在百度搜索关键词“胡吉伟班”，可显示近4000条相关记录，形成了广泛的效应。

2019年长江新闻、湖北公共卫视、腾讯视频、随县当地电视台报道了华中科技大学经济学院“胡吉伟班”携手国家电网随县供电公司“光满·爱心红丝带”党员服务队在均川镇盛茂冲村居委会举行了结对共建实践基地揭牌仪式。

2020年3月，经济日报、中国青年报报道了华中科技大学电气学院校“胡吉伟班”与西北工业大学学子线上同开战“疫”联合大班会。

2020年12月11日，楚天都市报以《华科举行争创“黄群班”活动，八个班同台竞技犹如“神仙打架”》一文报道“黄群班”争创活动。

2020年12月22日，楚天都市报以《华中大“神仙”班级全班都是“牛人”，一学年共获奖30余项，囊获多个班级荣誉》一文报道“黄群班”华中科技大学船舶与海洋工程卓越工程师1901班的先进事迹。

2021年11月2日，楚天都市报以《华中大又“神仙打架”了！八个班级同台竞技争创“胡吉伟班”》一文报道华中科技大学“胡吉伟班”争创现场情况。

2021年11月22日，楚天都市报以《奖学金、科创大奖拿到手软！看看华中大“神仙”班级“全优”秘诀》一文报道华中科技大学“黄群班”争创现场情况。

3. 所获荣誉

“黄群班党支部”获评校“先进基层党组织”称号。

第六届“胡吉伟班”被中共中央宣传部命名为第四批全国学雷锋活动示范点。

教育部、共青团中央先后授予胡吉伟“舍己救人的优秀大学生”“全国优秀共青团员”荣誉称号。

“胡吉伟班”团支部获评全国高校“活力团支部”称号。

“胡吉伟班”团支部获评“全国五四红旗团支部”称号。

“胡吉伟班”党支部《“四个依托”助推“两学一做”落地》在第二届全国高校“两学一做”支部风采展示活动中获评“学生党支部推荐展示特色成果”。

历届“胡吉伟班”先后获得“全国先进班集体标兵”“省级先进班集体标兵”称号。

典型案例三：
“一站式”学生社区建设

一、“一站式”学生社区建设案例概述

华中科技大学党委深入学习贯彻习近平新时代中国特色社会主义思想和习近平总书记关于教育的重要论述，坚持立德树人根本任务，不断探索“一站式”学生社区综合管理模式改革，坚持党旗领航、队伍协同、以生为本、突出特色，努力将学生社区建设成坚持党的领导的重要载体、践行“一线规则”的最好抓手、防范风险挑战的前沿阵地、培养时代新人的创新场域。

1.“一站式”学生社区基本规模

本科生现有五个学生社区：紫菘学生社区，含 13 个本科生楼栋，本科生人数为 7435 人；韵苑学生社区，含 25 个本科生楼栋，本科生人数为 16972 人；沁苑学生社区，含 7 个本科生楼栋，本科生人数为 2205 人；网安基地本科生人数为 305 人；学子苑社区本科生人数为 3298 人。

2.“一站式”学生社区建设理念

2021 年 7 月，华中科技大学入选教育部“一站式”学生社区综合管理模式建设试点，进一步深化学生社区建设。以深入开展“一站式”学生社

区建设为契机，构建大思政工作格局。遵循“五个融合”的工作思路：一是坚持党旗领航，将思想教育与学生发展相融合；二是注重统筹协调，将教育教学与学生工作相融合；三是践行一线规则，将社区管理与书院建设相融合；四是关注健康成才，将线上大数据精准关怀与线下环境文化浸润相融合；五是坚持问题导向，将解决思想问题与实际问题相融合。构建体现思政要求、富有学校特色、贴近学生实际的“一站式”学生社区。

3. “一站式”学生社区工作体系

学校重点推进“夯实社区党建引领、建设学业发展支持中心、构建四级网格社区安全机制、探索社区心理服务模式、打造师生创新共同体、建立全链条就业服务机制、建设社区劳动教育工作机制、搭建学生发展大数据智能平台、营造‘五型社区’育人文化、强化社区育人队伍保障”十条举措，努力将社区建设成立德树人的重要抓手、践行“一线规则”的最好载体、防范风险挑战的前沿阵地、培养时代新人的创新场域。

4. “一站式”学生社区空间布局

学校充分利用现有物理空间，因地制宜：一是在学校建设“一站式”师生服务中心、教学活动中心、心理健康教育中心和创新创业中心；二是在韵苑学生社区、紫菘学生社区、同济学生社区、网安学生社区分别建设学生活动综合体；三是在45个学生寝室楼栋建设230余间学生活动室。形成“校区—区域—楼栋”三级育人空间布局，践行“校区就是社区，社区就是课堂”的育人理念。

二、“一站式”学生社区建设案例解析

（一）基本思路与总体规划

在工作思路上，遵循“五个融合”，即“坚持党旗领航，将思想教育与学生发展相融合”“注重统筹协调，将教育教学与学生工作相融合”“践

行一线规则，将社区管理与书院建设相融合”“关注健康成才，将线上大数据精准关怀与线下环境文化浸润相融合”“坚持问题导向，将解决思想问题与实际问题相融合”。

1. 坚持党旗领航，将思想教育与学生发展相融合

围绕“培养什么人、怎样培养人、为谁培养人”这一根本问题，以高校党的政治建设为统领，把坚持正确的政治方向贯穿于“一站式”学生社区综合管理模式建设的全过程、各方面，以立德树人为根本，以理想信念教育为核心，以社会主义核心价值观为引领，强化思想教育和学生发展的协同。强化思想教育的引领功能，注重强化基础、突出重点、建立规范、落实责任，进一步深化“新时代党旗领航工程”，推进“二维思政”社区改革。注重学生发展指导，构建内容完善、标准健全、运行科学、保障有力、成效显著的“一站式”学生社区综合管理模式，切实提高学生社区党建和思想政治工作针对性、亲和力和实效性。

2. 注重统筹协调，将教育教学与学生工作相融合

坚持将试点工作纳入学校整体发展规划和人才培养大局，全面统筹办学治校各领域、教育教学各环节、人才培养各方面的育人资源和育人力量，进一步深化“大学工”“大思政”“大党建”工作格局，促进“教”与“学”的融合，引导专业教师走进学生社区，与学生工作队伍在学生社区共同开展学业指导、科研训练、论文写作等工作。聚焦人才培养和思想政治工作实际，检视问题找差距、对照目标抓落实，形成全员全过程全方位育人格局。

3. 践行一线规则，将社区管理与书院建设相融合

以党的政治建设为统领，以立德树人为根本，统筹办学治校育人资源，推进书院建设，强化社区管理与书院建设的协同发展。推进社区改革，构建内容完善、标准健全、运行科学、保障有力、成效显著的“一站式”学生社区综合管理模式。推进社区书院制建设，将教师力量、管理力量下沉社区，在书院社区中探索建立师生成长共同体，形成书院育人体系。

4. 关注健康成才，将线上大数据精准关怀与线下环境文化浸润相融合

推进“一站式”学生社区综合管理模式建设试点，坚持广泛覆盖与分类指导结合起来。在社区育人阵地上，推进网上网下协同。线上打造学生发展大数据智能平台，建立学生精准画像，为学生思想政治教育提供靶向决策支持；线下建设“五型社区”阵地，实现大数据精准关怀与环境文化浸润相融合。同时精准对接学生实际发展需求，在学生社区功能设计上满足不同学生的个性化和多样化的需要，实现总体的“漫灌”与因人而异的“滴灌”的有效融合。

5. 坚持问题导向，将解决思想问题与实际问题相融合

遵循思想政治工作规律、教书育人规律和学生成长规律，合理设置试点目标和重点任务，把解决学生的思想问题与实际问题有效融合。把“一站式”学生社区综合管理模式试点工作当作思政工作头等大事来抓，围绕关键节点、重点领域，细化具体方案和重点举措。把握学生成长发展需要，精准对接学生学业、资助、就业、心理健康等实际需求，把解决实际问题与解决思想问题相结合，把立德树人、规范管理的严格要求和春风化雨、润物无声的教育方式结合起来，有效引导学生健康成长、努力成才。

（二）育人平台和工作载体

学校推进集先锋型、学习型、平安型、美丽型、活力型为一体的“五型社区”建设，搭建理想信念教育、优良学风培育、安全稳定保障、行为习惯养成、文化活动展示的“五位一体”立德树人平台，努力把学生社区打造成为党建和思想政治工作的高地、培养人才的园地、校园文化的产地、管理服务学生的基地、维护校园安全稳定的阵地。

1. 塑造“先锋社区”，搭建理想信念德育平台

充分发挥基层党组织在社区建设中的战斗堡垒作用和社区党员的先锋模范作用，形成“学生党员—寝室—楼层—楼栋—社区”的以学生党员为

中心的辐射体系。学校党委在新时期统筹推动学生社区功能化建设，专门投入资金、场地，建设区域党员活动中心、楼栋党员活动室，打造浸润式红色课堂。深化落实党支部联系班级制度、党员联系寝室制度、党员帮扶制度，完善以学生党员、班级骨干为主要力量的教育管理服务工作体系。建好本科生党建工作联席会，让学生党支部在学生社区发挥作用，组建“学生党员理论宣讲团”，推进党的理论学习进社区。鼓励学生党支部在学生社区广泛开展“支部结对共建”计划，制定《本科学生党支部和学生党员联系群众实践的实施办法》，把党员“1+1”结对帮扶、“党员亮牌”、“党员进寝室”、“党员接待日”等传统优秀载体作为贯彻党的群众路线工作在制度上固定下来，指导和协同各院系开展党群互动工作。建立“学生党员—学生社区管理服务委员会”“学生社区党员服务队”，实行院系党员、入党积极分子挂职锻炼制度，将学生党建工作覆盖至每个宿舍，做到“学生在哪里，哪里就有党的工作、党的教育”。同时，辅导员入住学生宿舍，与学生同吃同住同学习，目前有辅导员宿舍100余间。院系学生工作办公进宿舍，将思政工作搬到学生一线，目前院系共有各类学生活动室230余间，包括党员活动室、团学活动室、学业发展多功能室等。

2. 以崇文尚学的优良学风为目标，塑造“学习社区”，搭建优良学风智育平台

不断擦亮“学在华中大”品牌，2018年扎根学生社区成立“学业发展支持中心”，建设370平方米学业发展多功能室、寝室学习室，专业教师、辅导员、优秀学子三支学业导师队伍常驻社区，实现学教融合发展。围绕“立足学业、全面发展”教育理念，构建“学校—院系”两级学业发展与帮扶体系。构建“大学生学业发展与大学规划”课程，组织100余场讲座，覆盖7000余人，获高校“百门精品培训课程”立项，为我校首次获评该荣誉。至今为止，举办“师生茶座”35期、“明星学子面对面”53期，超过3500人次参加活动；举办“能力提升工作坊”123期，覆盖1.2万余名大一新生；“微积分”“线性代数”“大学物理”的“学业提升营”开课330期，课程助教微答疑超过600小时，线上线下累计超过3万人次参与；持续开展“小伙伴计划”习惯养成系列活动27

期，产生超过10万条打卡记录。每年培育本科生“优良学风班”超过600个，获评本科生优良学风班比例连续8年呈提高趋势，2021年达68.61%。以“共同成长、集体进步”为目标，在全校促进形成“比追赶帮超”的优良班风学风。每年在校外媒体、校主页、学工部官网和“HUST学工”公众号开展先进集体和优秀个人系列宣传报道100余期，营造向先进靠拢的浓厚氛围。

3. 以全面的安全教育和高效的工作机制为保障，塑造“平安社区”，搭建安全稳定保障平台

建立健全社区安全教育机制、社区安全检查机制、社区安全预警机制、社区安全应急处置机制，加强学生社区安全教育，丰富教育主题及形式。一是构建“学校—学院—班级—寝室”四级网格体系，压实工作责任制，联合本科生院、宣传部、保卫部、维稳办、总务后勤处、校医院等单位，不断完善“安全教育—安全排查—安全监督—应急处置”工作机制。充分发挥学生群体在安全知识宣传、安全隐患排查与危机预防等方面的重要作用，建立本科生安全员工作队伍，累计聘请安全员超过7000人，覆盖45栋本科生宿舍楼和全部本科生班级寝室，形成人人都是安全员的工作模式。二是开展多维度全方位安全教育。坚持日常教育与集中教育相结合，编印20余种安全警示教育折页，发放量达15万份。面向本科新生开展安全专题报告会，每年4月和11月组织“本科生安全教育月”系列活动，开学、放假做好《安全责任告知书》签订工作。坚持线上教育与线下教育相结合：45个本科生社区楼栋设立安全宣传栏，通过学生社区LED显示屏每天滚动播放安全教育视频；制作国家安全、防诈骗、消防安全、网络空间安全、疫情防控线上课程和线下主题班会教案，本科生学习率100%。坚持理论学习与实操演练相结合：每学期针对性开展学院、班级安全员理论培训6场、实操培训2场；每年深入军训场地开展消防演练、急救培训，做到本科新生全覆盖。在社区建设150平方米学生安全教育基地，实现国家安全、防范诈骗、宿舍隐患查找、消防逃生、医疗急救沉浸式教育。

4. 以“净化”“美化”为渠道，塑造“美丽社区”，搭建行为习惯养成平台

开展“劳动体验日”等活动，强调劳动育人，弘扬劳动精神。结合时代背景、专业特色等营造寝室文化、楼栋文化及社区文化，营造格调高雅、富有美感、充满朝气的社区文化环境。学校每年筹措专项经费开展宿舍维修改造和社区功能化建设，推动思政工作品牌化，将各类育人活动通过形象生动的标识体现出来，形成潜移默化的育人实效。每年举办寝室文化节、宿舍劳动月活动，评选标兵寝室、优秀寝室，让学生在美丽环境中发现美，享受美，用美育涵养心灵。

5. 以丰富多彩的社区活动为载体，塑造“活力社区”，搭建文化活动展示平台

扎根学生社区，开展具有院系特色、形式多样、贴近学生的社区文化活动，弘扬中华优秀传统文化、革命文化和社会主义先进文化。强化体育锻炼，引导学生走下网络、走出寝室、走向操场，增强体质、健全人格、锤炼意志。开展龙舟进社区、音乐思政课等工作，推出社区晚会、文化沙龙等传统体育项目、艺术类展演进社区，打造丰富多彩的美育、体育、劳动教育平台，让大学生活多姿多彩。

（三）组织建设和条件保障

学校将构建“一站式”学生社区综合管理模式，作为深入学习贯彻习近平总书记关于教育的重要论述、加强高校党建思政工作的重要体制创新，提升新时代高校思政工作系统化、精细化水平的重要改革举措。通过引导学校党员干部、教职员工践行“一线规则”，把校院领导力量、管理力量、思政力量、服务力量下沉到学生中间。

1. 党委统一领导，强化各方育人职责

加强资源整合，明确部门协同育人职责。发挥学校党校办、组织、宣传、人事、本科生院、学工、总务后勤等部门育人优势，各司其职统筹推

进试点工作。常态化引入心理咨询、生涯规划等专业力量，满足学生个性化需求，凝聚最大育人合力。落实“一线规则”，发挥部门协同育人作用。实施校领导带头深入基层联系学生的“五个一”：校领导每人定点联系1个班级、走访1次宿舍、开展1次谈心、关注1名毕业生、结对1名学生，常态化走进学生社区。机关干部、院系负责人、专业教师、辅导员1200余人入驻社区，将教学教务与学生工作统一起来，专业教育与思政教育融合起来，促进学生全面成才。夯实平台建设，建立部门育人长效机制。常态化开展“校领导接待日”“校长有约”“师生茶座”等活动，形成党建思政类、学业发展类、文娱健康类品牌活动30余项，促进校院领导、专业教师、辅导员、校外导师分对象、分阶段、分层次落实具体工作。

2. 完善制度建设，凝聚各方育人力量

为推进“一体化”学生社区的建设，建设系列工作制度，构建完善的制度保障体系，形成包含《关于开展“走进学生”活动的通知》《关于开展“三进三助”专项行动的实施意见》《关于加强学生社区思想政治教育和管理工作的指导意见》《校院领导联系学生党支部的实施方案》《华中科技大学党政部门与学生班级“结对子”的实施办法》《关于进一步加强学生社区思想政治教育的指导意见》《加强本科生学生社区文化建设的若干指导意见》《本科学生党支部和学生党员联系群众实践的实施办法》《辅导员工作十大制度》等在内的学生社区建设制度文件，为“一站式”学生社区建设提供政策保障。

3. 加强信息化建设，集成多方育人功能

实施信息化建设“十个一”，即“全校一张网”“基础一平台”“网站一个群”“数据一个库”“集成一总线”“上网一个号”“信息一个站”“消息一通道”“校园一张卡”“办事一张表”。“一站式”线上线下可办理评优申报、证书打印、盖章审批、宿舍申请等各类事务690余项，迄今已为师生群众办理各类事项逾70万件次，服务满意率近100%。建设学生发展大数据智能平台，打通信息孤岛，可观测学生学习、图书借阅、奖助勤贷、学生消费、生活日常等内容，把大数据分析与学生工作相结合，以问题为导向，动态开展精准画像、学情分析、资助育人等工作，为思想政治教育提供靶向决策支持。

4. 确保场地支持，搭建各方育人平台

设立学生社区综合管理建设专项经费，坚持专款专用，确保学生社区综合管理和育人活动顺利开展。一是在紫菘学生社区建设4000平方米学生活动综合体，引入学业辅导、心理疏导、就业指导、科技创新等专业力量，建立咨询室、学业多功能室、艺术排练厅等。实现思想引领、学业发展、安全教育、文化浸润、生活服务5大育人功能。二是在韵苑社区建设党员学生活动中心，内设会议室、阅览室和活动区，布置展览区、宣誓墙等，学生党员在此开展活动，加强党群互动。三是优化学生宿舍条件。优化紫菘学生社区13个本科生楼栋、韵苑学生社区26个本科生楼栋、沁苑学生社区4个本科生楼栋、网安基地学生社区、学子苑社区等社区的住宿条件。鼓励各院系在学生社区设立“党员之家”、“党团活动室”、“学工组办公室”、心理咨询室和阅览室等。

三、“一站式”学生社区建设案例点评

华中科技大学将以深入开展“一站式”学生社区综合管理模式建设试点为契机，大力推进党建和思想政治工作融入学生社区建设，探索形成“一体化”的社区育人体系、“多元化”学生服务平台和“品牌化”特色思政工作，可形成有效辐射、推广和复制的工作模式，探索构建具有华中大特色的“三全育人”思政格局，取得育人实效。

（一）案例典型特色

1. 构建“一体化”社区育人体系

围绕学校中心工作，立足学生社区实际，建设“一体化”的学生社区育人体系，从组织架构、制度体系、育人模式、育人队伍上形成全链条、

全周期、一体化的社区育人体系。

多维度的学生社区育人工作模式。有效发掘学生社区的育人功能和育人元素，探索形成融合线上线上的“二维思政”社区育人模式，建立线上的思政社区阵地建设模式、线下的“五型社区”建设阵地；探索融合课内课外的多阵地社区育人模式，建立“第一课堂”与“第N课堂”阵地的有效融合，实现全方位育人；探索全周期的社区育人模式，注重全过程关注学生发展，从学生入学到学生毕业，实现全链条指导学生发展。多层次的学生社区育人工作队伍。围绕学生全面发展为目标，探索形成“五育”导师制度。建立加强理想信念德育平台建设的社区德育导师队伍，包含思政辅导员、校外兼职辅导员、专业导师、教师班主任、班级导师、党建导师等各方力量，加强德育导师团队在社区对学生的教育引导。培养以塑造优良学风为特色的学业导师，构建以学业指导、学术发展、创新素养等为特色的学业导师团队。建立社区安全网格员机制，培育一批社区安全网格员。建设美丽社区育人队伍，强化以美育人、以文化人。建立劳育导师团队，培育劳动品质，弘扬劳动精神。

2. 创建“多元化”学生服务平台

围绕学生学习生活实际需要，夯实软硬件建设，搭建集理想信念教育、优良学风培育、安全稳定保障、行为习惯养成、文化活动展示于一体的多元立德树人平台。

建立学生党员服务平台。在学生社区中设立理论学习、文化建设、安全服务、心理咨询等学生党员服务岗，成立学生社区党员服务队，推进“党旗领航工程”深入开展。建立学生事务管理平台。完善“一站式”师生服务中心和信息化服务平台，满足学生日常生活、学习需要，简化学生事务办理流程，让学生少跑路，努力实现学生事务全线上办理。夯实学生成长发展平台。依托学生社区工作办公室、读书室、“党员之家”、红色基地、心理工作站等活动室，满足学生的发展需要和成长需求。建立学生文化宣传平台。持续运营社区大型LED显示屏和楼栋小型LED宣传滚动屏，在各楼层设置宣传栏，开通学生社区网站、微博、微信平台，加强学生沟通和交流，培育特色社区文化。

3. 打造“品牌化”特色思政工作

结合学校、院系工作实际，完善制度建设，激发工作活力，形成具有院系工作特色、与专业实际相结合的社区建设品牌。

体现学校精神的社区育人品牌。充分利用社区公共空间，打造文化识别系统，充分实现理想信念“浸润式”宣传教育。将“学在华中大”“文化素质教育”“创新创业教育”三张名片，及“大团结精神”“敢于竞争、善于转化”“敢担大任、勇攀高峰”“低调务实”等具有华中大风格、华中大特色的品质融入学生社区建设，让学生在润物细无声、潜移默化中受到教育。体现学科特色的社区育人品牌。鼓励院系结合专业特色，申报社区沙龙项目，明确项目内容和形式、开展意义和活动影响力，配套专项经费支持，并根据开展情况，组织“优秀组织单位”和“社区沙龙优秀项目”的评选，形成各院系积极参与、多方力量融入的良好局面。体现思政元素的社区育人品牌。坚持“五育并举”，实施精准思政，深度结合学生社区工作实际，协同思政教师、辅导员、教师班主任等建设若干重点项目。通过组织论坛、学术沙龙、座谈会等，形成以系列网评文章、研究论文、思政书籍为代表的理论研究成果，各社区的建设模式、建设理念、建设标准构成的实践研究成果。

（二）案例社会影响

1. 媒体报道

2018 年 12 月，教育部官网以“华中科技大学深化‘放管服’改革打造‘一站式’师生服务中心”为题，报道学校推进“互联网 +”服务、打造“一网通办”“一站式服务”、进一步提升师生获得感的做法经验。

2019 年 11 月，人民日报以“华中科技大学：‘十个一’工程解决‘一站式服务’难题”为题，将华中科技大学作为落实《教育部等五部门关于深化高等教育领域简政放权放管结合优化服务改革的若干意见》文件精神的典型，报道了学校“一站式”师生服务中心的探索实践。

2022年4月，全国高校思政网以“华中科技大学：坚持党旗领航，凝聚育人合力，积极探索‘一站式’学生社区建设试点”为题，介绍学校党委坚持党的领导，落实立德树人，积极探索“一站式”学生社区综合管理模式改革，推进集先锋型、学习型、平安型、美丽型、活力型为一体的实体化“五型社区”建设。

2022年7月，教育部官网以“华中科技大学积极推进‘一站式’学生社区建设”为题，介绍学校以“一站式”学生社区综合管理模式建设试点为载体和抓手，“强化统筹调度，凝聚协同育人合力”“激发内生动力，完善成长支持系统”“推动服务下沉，提升社区保障能力”，全员全过程全方位开展育人工作，努力培养堪当民族复兴重任的时代新人。

2. 工作交流

2022年5月，学校承办湖北高校“一站式”学生社区建设现场推进会。全省130所高校党委副书记参会，学校作为全国“一站式”社区建设试点单位做工作经验分享。

典型案例四：学生思想政治工作“一院一品”项目

一、案例概述

习近平总书记在全国高校思想政治工作会议、全国教育大会和学校思想政治理论课教师座谈等重要会议中，曾多次强调高等教育的根本任务是立德树人，主要任务则是培养社会主义建设者和接班人。学校根据第四次党代会精神，按照“系统化设计、特色化建设、持续化推进”的思路，希望创建一批体现学校历史文化、时代特征、独有特色，融思想性、教育性、时代性、艺术性为一体的校园思想政治工作品牌，推动全校思想政治工作再上新台阶，为培养德智体美劳全面发展的社会主义建设者和接班人，为建设新时代卓越华中大不懈奋斗，因而在2019年提出了推进学生思想政治工作“一院一品”项目建设的实施方案。

此方案以“坚持党旗领航，不断追求卓越；坚持育人导向，突出价值引领；坚持遵循规律，勇于改革创新；坚持问题导向，完善育人体系”四个方面为基本原则，进一步加强党对学校的全面领导，主动对标看齐，勇于改革创新，着力解决问题，推动思想政治工作成为学校“双一流”建设的政治保障、思想基础、精神动力。力争把立德树人融入思想道德教育、文化知识教育、社会实践教育各环节，推动知识传授、能力培养与理想信念、价值理念、道德观念的教育结合，建立系统化育人长效机制，帮助学生树立正确的世界观、人生观、价值观。在工作中坚持遵循教育规律、思想政治工作规律、学生成长规律，继承发扬传统工作优势，把握师生思想特点和发展需求，推进理念思路、内容形式、方法手段创新，增强工作时代感和亲和力。在建设过程中，落实主体责任，树立问题意识，找准问题和对症下药，构建“三全育人”体系，提高思想政治工作质量，提高思想政治教育的针对性、实效性。

二、案例实施

一方面，为确保学院申报项目有的放矢，同时兼顾项目建设的可操作性和培养全面发展大学生的支持作用，“一院一品”的创建包括党建引领、班团建设、学风建设、心理健康、日常管理、职业发展、实践公益、文化涵育和队伍建设 9 个方面，供各学生培养单位根据学科特点和学院实际，自主进行申报。

另一方面，为了督促各学院认真对待项目申报和建设工作，切实达到育人效果，学校采取了自主申报、评审立项、过程检查、评估验收和可持续发展的管理实施路径。即根据每年启动通知要求，各学院对照学校“一院一品”创建项目类别，结合现有工作基础，确定本学院年度申报项目，并将项目创建申报表报送学生工作部，每个学院限报 2 项。

成功立项的学院按照创建方案开展活动，学校适时对各学院项目的推进实施情况进行过程指导和中期检查。次年学院填写项目中期检查表报送校学生工作部，学生工作部会同有关部门及专家对各学院“一院一品”项目推进实施情况进行中期评估考核，督促推进项目开展。

在第三年，参与建设的学院对本年度项目建设情况及实施成效进行总结，填报项目结项审批表报送校学生工作部。校学生工作部会同有关部门及专家通过调查测评、听取汇报等方式，结合中期评估考核情况，对申报项目进行评估验收。

项目通过验收后，所在学院还要持续创新工作举措，推进项目建设，不断深化“一院一品”的内涵发展。同时，学校将对各学院项目建设过程中推出的实践经验和创新做法等，形成可推广复制的工作成果，并在学校积极推广运用，带动学生思想政治工作提质增效。

三、典型项目

自方案公布实施起，截至2022年已先后立项了三批共计30项“一院一品”建设项目，其中第一批立项项目已完成评估验收，第二批项目已完成中期检查。

（一）党建引领

学校设置“党建引领”类的建设方向，旨在引导学生深入学习习近平新时代中国特色社会主义思想，深入开展中国特色社会主义、中国梦宣传教育和社会主义核心价值观教育，帮助学生不断坚定中国特色社会主义道路自信、理论自信、制度自信、文化自信，牢固树立正确的世界观、人生观、价值观。以“新时代党旗领航工程”为引领，积极推进实施“做‘六有’大学生”计划，培养学生的社会责任感、创新精神和实践能力，引导学生勇于创新、敢于担当、追求卓越。

建筑与城市规划学院通过建立党员先锋服务队机制，秉承“发挥学科特长、服务地方建设，筑牢责任意识”的指导思想，每年都派出一支先锋服务队，利用学科专业特长，为地方做贡献，以社会实践为契机，筑牢师生责任意识，总结形成了“党员先锋服务队——志愿服务打造美丽中国”的“一院一品”建设项目。他们在2008年就形成了“学院领导—专业教师—辅导员—学生党员”四级联动的工作模式，每年都由专业老师和党委副书记带队，前往目的地开展调研和设计工作，足迹从茫茫戈壁到万里海疆，从贫穷落后的大山深处到灾后重建的第一现场。在实践过程中，着重开展以“学习实践中的典范，争做优秀党员”为主题的“四个一”活动，即“找一个榜样、做一次访谈、写一份心得、做一次分享”，师生一起举实例、讲故事、摆细节、谈体会。同时将实践内容精准对接建筑与城市规划学院规划、建筑、景观专业本科生的专业学习内容，将社会实践与专业学习相结合，完成场地调研、方案设计、阶段汇报、反馈修改、专家评审、成果输出几大实战环节。这些年来，学院已累计派出了十余支队伍，为超过二十余个乡镇进行了科学规划，为当地政府累计节约上千万元的规划和设计费用。在一次次的实践中，党员先锋服务队的工作已成为一个卓越的培养环节，既培养了学生解决专业实践问题的能力，又培养了学生“胸怀天下、心系民生”的责任意识，帮助他们牢记自己是对国家、对人民负责任的社会主义建设者和接班人，应该用自己的知识和品行建设美丽中国。

（二）班团建设

“班团建设”类的建设方向，突出班集体是高校思想政治教育的基本单元，是思想政治工作落实的“最后一公里”。开展学生骨干的遴选、培养、激励工作，开展学生党员、团员发展和教育管理服务工作，指导学生班团组织建设，培养学生集体荣誉感及集体主义观念。在实施“班级成长工程”中，突出以德立班、集体成才，将价值观融入“荣誉班级”建设，争创“胡吉伟班”“黄群班”等“荣誉班级”。

电气学院的“‘三全’体系下的班级成长工程”项目，是该学院坚持多年的品牌活动。在“一院一品”工作方案的支持和指导下，经过两年的建设，该学院实现了优化全员联动的课程思政教育、形成“团队化、全员化、项目化”实践运行体系、完善效果评估反馈体系和明确成果转化推广方向的全目标达成。通过“一班一方案，一生一计划”，贯彻了以班级为载体的育人模式，实现了对班级建设的全过程指导，紧密结合荣誉学位培养体系，为学生提供了个性化发展平台，深度融合课程思政教学体系，培养了学生的时代责任感，解决了班级内部凝聚力和氛围感不强、育人作用未能充分发挥的问题，将班级打造成了综合素质培养的实践育人阵地。电气学院从做好入学教育、加强过程管理、倡导个性发展、重视毕业教育等方面入手，让学生经历理论学习和研讨实践，深度参与“五育并举”四大计划，激励和引导学生胸怀理想、追求卓越、超越自我，建立开放包容的个性化选修制度，实现全体学生个性化培养，最终以“荣誉课程成绩单”

体现学习效果，择优授予荣誉学士学位。优异的培养成果，使该项目获湖北省高校学生工作精品项目和湖北省高校实践育人特色项目资助，其工作经验也被兄弟高校和行业企业广泛认可。

经济学院和船海学院建设的“荣誉班级”（“胡吉伟班”和“黄群班”），结合新时代新要求，按照工作方案，也参与到“一院一品”的建设中来。经济学院在建设新时代“胡吉伟班”的过程中，坚定政治方向不动摇，发挥党支部指导班级建设龙头作用；坚守价值取向不懈怠，凸显“三全育人”护航班级建设成效；坚持发展导向不停步，促进思政工作优势推动集体成长成才，培养德智体美劳全面发展的社会主义建设者和接班人。船海学院的“黄群班”建设，则以立德树人为根本任务，以传承发扬黄群精神为行动指南，秉持矢志科技报国的教育理念，围绕海洋强国建设的总目标，致力于培养船舶与海洋工程领域的领军人才。

（三）学风建设

“学风建设”类的建设项目，是希望能引导学生养成良好的学习习惯，掌握正确学习方法，弘扬科学精神，恪守学术道德。指导学生开展课外科技学术和社会实践活动，加强“学业发展支持中心”“能力提升工作坊”等建设，营造浓厚学习氛围，培育优良校风学风，让“学在华中大”品牌更加响亮。

化学学院的“CAT（Chemistry Academic Team）”学生自育组织，以习近平新时代中国特色社会主义思想为指导，与服务国家重大战略需求相结合，积极探索“三全育人”体系下学生自育模式的完善、朋辈教育在育人中的主观能动性，着力实现学生自我教育、自我成长。该组织是于2016年由一批有志向、有兴趣、有天赋的化学学院学生自发成立的，旨在为学院营造浓厚的学术氛围，加强学院学生与学生之间、学生与外界之间的学术交流，夯实学生们的专业知识基础，拓宽学生们的科学创新视野，提升学生们的专业学术素养，强化学生们的综合科研能力，助力基础学科领域拔尖人才培养。CAT组织开设答疑坊，编发《说化》学术期刊，组织“Shall We Talk”下午茶和C. A. T讲座，带领本科同学走进课题组。

其中，答疑坊旨在帮助新生从高中过渡到大学的学习生活，为全学院同学提供学习与生活上的答疑帮助。主要分为线上与线下两方面：线上工作集中在“化院答疑坊”群的管理，包括发布习题课通知，线上答疑解惑等；线下工作主要为习题课的开展，集中备课，习题课讲解，开展模拟期中考试等。

《说化》则为化学学院唯一一份由本科生进行自主编辑的学术期刊，是化学学院的本科学术形象代表。“说化”，即把化学说给你听，用通俗的语言介绍前沿的化学资讯，用诙谐的词句讲述化学历史，用专业的文字描述生活中的化学。

“Shall We Talk”大多以下午茶、座谈会的形式开展。活动对象主要为新生，旨在主动为刚进大学的新生解除生活与学习的疑惑，会邀请教学经验丰富的老师或优秀学长学姐，为新生提供前人的经验，为未来的发展方向提供参考。

C. A. T 讲座则与走进课题组活动相辅相成。前者由 CAT 成员亲自准备，从全国各个高校、中科院研究所邀请各界学术大牛，设计讲座海报，完成讲座的场地布置，为讲座进行主持，实现学生与各位院士等科研泰斗的近距离接触；后者则是连接学子与学院内科研实践的桥梁，邀请学院内的各位老师来介绍自己的课题，并组织各位感兴趣的同学前去老师的实验室参观。

因为 CAT 是以学生自身为主导、朋辈教育为主体、自发开展的各类科研学术、学习帮扶活动，所以学生积极性更高，参与面更广，学风建设效果更为显著。

公共卫生学院《“三全育人”背景下的“4+2+1+N”网格化学风培育计划》，旨在全面落实“三全育人”理念，以学风建设为抓手，积极探索卓越公共卫生人才培养规律，依托学院“学业发展支持中心”和“本科生综合能力提升训练营”，通过大力推进“四环节两基础一营地多举措”，努力营造深厚学习氛围，持续提升学习内驱力，不断提高学习和科研能力，形成全方位、多层次、立体化、精细化的网格化学风培育体系，引导学生养成良好的学习习惯，掌握正确学习方法，弘扬科学精神，恪守学术道德，让“学在华中大，学医在同济”的品牌更加响亮。他们通过加强

4个环节教育，构建“乐学—动力”体系，激发学生主动学习；加强2个基础建设，构建“督学—养成”体系，引导学生自律向上；加强1个营地打造，构建“优学—发展”体系，指导学生创新研究；加强N个活动助力，构建“导学—相长”体系，实现学生互促互学。对大一新生开展专业思想教育，大二结合专业开展暑期社会实践，大三组织开展大学生创新创业项目，大四、大五动员学生参加公共卫生综合知识和技能大赛、全国大学生健康科普大赛。探索“班级—寝室”的精细化管理模式，完善班级管理制度体系，实行月主题班会、学业专题活动等制度，落实班主任日常工作规范制度，强化班主任对班级、寝室建设的指导，建立本科生个人成长档案。以“本科生综合能力提升训练营”为依托，结合学科特点、专业特色，积极鼓励本科生参与各类学科知识竞赛，推进学术创新实践研究立项。举办师生面对面的育人论坛，邀请专家学者与学生分享成长经历，用对话促交流、用交流促成长、用成长促成才。开展学风建设座谈会，征求教师对学风建设的意见和建议，优化课堂教学管理，提高教学质量。开展学风建设先进个人表彰及优秀学生事迹宣讲活动，通过宣传先进典型事迹，发挥示范引领作用。举办学习、考研、就业等各类经验分享交流会，覆盖全体学生，指导帮助开展学业和职业规划。

该项目将思政教育与专业教育相结合，从解决学风建设的“痛点”入手，推进思想政治教育浸润，有效实现育“人”和育“才”，促进学生全面发展；将朋辈教育与自我教育相结合，调动学生的主观能动性，让学生积极求解准备活动中涉及的专业知识，让个体积极提高自我综合能力，在优秀的榜样引领下不断完善自身，养成优秀的习惯；将科研育人与竞赛育人相结合，引导师生积极加入科技创新团队，参加科研创新训练和技能大赛，及时掌握科技前沿动态，培养集体攻关、联合攻坚的团队精神和协作意识。

（四）实践公益

学校整合实践资源，拓展实践平台，依托高新技术开发区、大学科技园、城市社区、农村乡镇、工矿企业、爱国主义教育场所等，广泛开展社会调查、生产劳动、社会公益、志愿服务、科技发明等社会实践活动，深入开展暑期“三下乡”“公德长征”“衣（医）援西部”“红色寻访”“国际义工”“国际组织任职实习”等项目，教育师生在亲身参与中增强实践能力、培育国际视野、树立家国情怀。

这其中，第一临床学院的“‘治小家，医大家’——‘亲友健康管理’医学人文实践”项目，充分结合学科特点，旨在服务健康中国发展战略，加强医学人文实践教育，以亲友健康管理为切入点，树立“治小家、医大家”的人文理念，实施医学人文实践育人，递进性地促进医学学科与医学人文的有机结合，全面提升医学生综合素养。通过整合学校相关学院和社区卫生中心医疗资源，组建了一支包含主任医师、副教授在内的 39 名内科、外科、妇科、儿科、全科等临床教师，以及 14 名社区教师共同组成的教学团队，以宣讲会和“一封信”的方式面向学生和家长进行宣传，利用微信公众号和 QQ 群等新媒体平台，指导培训老师和学生。在实践过程中，要求医学生为 3 名不同年龄段亲友进行健康管理，形成“建档—记录—追踪—反馈”的建档管档模式，搭建“家—校”互动平台，实施线下线上相结合的健康评估与指导，形成“自主学习、团队学习、互助学习、研究性学习”的学习方式，以及“以学习者为中心”“以亲友健康问题为中心”的教育理念。经过两年多的项目实践，目前已有 1328 名学生建档 2551 份，共有 1369 名师生加入讨论群开展交流学习，并且由于项目对医学生职业素养和职业能力的良好促进作用，已于 2020 年起纳入了本科专业的培养计划。参与该项目的同学，在抗击新冠肺炎疫情的战斗中也展现出了优秀的品质，百余人参与志愿服务，撰写 8 篇原创科普文，事迹被教育部、人民网采写报道，荣获华中科技大学“疫情防控学生先进集体”和“最佳实践团队”称号，根据教学经验撰写发表的科研论文获华中科技大学医科 2020 年优秀教学论文一等奖。

法学院“构建‘法治微生态圈’法律志愿服务”项目，旨在发挥法学专业特色，以“立足校园、辐射周边、影响武汉、面向湖北”为目标定位，融合发展多元业态，集全链条、全要素的法律服务、法治教育、法治文化功能于一体，形成专业化的“学研民居一体化”的法务资源集聚区，构建一个紧密联系、相互依赖、相互赋能的“法治微生态圈”。发挥高校智库优势，服务地方经济社会发展，强化青年社会建设使命感，弘扬社会主义法治精神，传播法治理念，恪守法治原则，注重对法治理念、法治思维的培育，充分发挥法治文化的引领、熏陶作用。利用重大纪念日、传统节日等契机开展群众性法治文化活动，组织青年普法志愿者开展法治文化基层行活动，推动法治文化深入人心，大力加强法治文化阵地建设，展现华中大学子的法治素养，实现以点带面，助力法治中国、法治社会、法治政府的一体化建设，为国家治理体系和治理能力现代化发展事业添砖加瓦。

同时打破高校和社会之间的壁垒，将法治实务部门的优质实践教学资源引进高校，加强法学教育、法学研究工作者和法治实际工作者之间的交流，开拓创新优化法学人才培养模式的新路径，搭建学校与社会的双向学习轨道，形成学以致用、回馈社会的优良学风，以星星之火可以燎原之势助力实现中国特色社会主义法律体系和法治中国的建设目标。

他们始终秉持着“传播法律、服务社会、奉献智慧、践行公正”的宗旨，依托学院的法律服务中心给深陷法律纠纷、遭遇法律问题的人给予法律服务，帮助他们解决法律问题，并且及时跟进，不断拓宽自身的服务领域，积极创新法律援助方式，自主开通微信公众号、QQ 等新媒体平台，并与学校宣传媒体共同开设法律援助板块，提供线上法律服务，满足求助者的需要。

该项目在注重解决问题的同时，重视法律知识的宣传，结合实际情况，法律服务中心的同学们进社区、进中小学开展普法宣传活动，致力于提升大家的法律意识，而且不局限于辐射周边的师生群众，还进一步深入对偏远贫困地区的群众予以法律上的支持与帮助。法律服务中心作为先头部队与我校的对口帮扶地区建立定向帮扶工作关系，包含湖北孝感、云南临沧基层司法部门，彼此建立了长期合作交流机制，为当地的群众提供法律援助，为法律扶贫的开展奠定了良好基础，从法治的角度为基层社会治理提供新思路、新方法。

法律服务中心为青年法律人搭建起一座沟通校园和社会工作的桥梁，使我校法学生在进入工作前了解社会法律现状、学习案件处理过程、提升法律文书写作技能、升华理论知识，以此明晰职业发展规划，确定职业发展路径，实现校园学习和社会工作的快速协调、理论与实务的快速衔接，助力华中大卓越法治人才的培养计划。法律服务中心的毕业生在一线基层工作岗位上发挥着重要作用，不断为基层法治事业建设蓄力。

电气学院的“‘电气化+’大国实业实践育人工作的探索与实践”项目，面向国家建设、社会进步的需要，围绕“立德树人”根本任务，结合专业特色、学科内涵革新，以社会实践、科创竞赛、企业调研为抓手，以“电气化+国防军工”“电气化+装备制造”“电气化+能源产业”“电气化+乡镇基层”四个板块为主题，构建了以校内校外教育实践共同体、全方位指导管理共同体、校企合作实践育人共同体三个共同体为核心的实践育人体系，使得理论实践深度融合、实践内容持续革新、管理体系不断健壮，达成了培养“宽口径、厚基础、强能力、重创新”的高素质创新人才和领军人才的目标。

该项目构建了以校内校外教育实践共同体、全方位指导管理共同体、校企合作实践育人共同体三个共同体为核心的实践育人工作体系。以深化理论实践结合为目标，打造校内外教育实践共同体，通过“荣誉学位——明德课程”设计，克服原来理论课程与实践相脱离的问题，根据不同年级学生身心发展规律和认知规律制定理论与实践相结合的课程方案，用理论指导实践、用实践巩固理论学习，不断提升学习实效性。以提升实践育人前瞻性为目标，打造校企合作专业实践共同体，以学科内涵延伸为契机，将企业调研、实习纳入实践环节，引导学生在企业中了解学术前沿，并将相关问题纳入科研环节、科创项目中，集结优势导师、朋辈资源加以研究解决，不断培养具有前瞻性的高层次创新人才，打造校企相互促进、相互合作的专业实践共同体。以强化实践育人支撑力量为目标，打造全方位指导管理共同体，以《高校思想政治工作质量提升工程实施纲要》为指挥棒，将政府、企业、高校中的领军人才纳入指导管理体系，在校党委统筹和校团委指导下，学院以“电气未来精英训练营”为核心，以院分团委、学生会、研究生会为抓手推进落地实施，形成能为实践育人效果提供强有力支撑的全方位指导管理体系。

“‘电气化+’大国实业实践育人工作的探索与实践”项目在“一张蓝图干到底”的执着追求下，逐年取得突破性进展。报道学生实践活动的新闻稿件获中国青年网等校外媒体报道，微博推送阅读量累计超过5万次，校内外新闻阅读量累计超过20万次。在实践中学生服务意识不断加强，电气学院的社会实践参与度由50%提升至90%，人均参与公益活动的时间超过40个小时/年，学院到西部地区和重点行业就业的比例超过70%，入选西部计划的学生人数连续数年在全校各院系中位列第一。在实践中进一步擦亮实践育人品牌，近四年共有两支团队荣获“全国大学生百强暑期实践团队”称号，共有四支团队荣获“湖北省优秀暑期社会实践团队”称号。

（五）文化涵育

根据习近平总书记关于弘扬中华优秀传统文化、革命文化和社会主义先进文化的重要讲话精神，学校着力推进音乐、戏曲、话剧等高雅艺术进校园，统筹体育美育资源，开展具有时代特征、校园特色和教育特质的体育美育实践活动，弘扬社会主义核心价值观，营造格调高雅、充满朝气的校园文化环境，营造积极向上、品位高雅、青春灵动的文化育人氛围。

能源学院的项目“美美与‘工’——‘新工科’背景下大学生弘扬美育精神的实践”，聚焦高校美育的新路径，开展“新工科”背景下大学生弘扬美育精神的创新实践，依托三项机制、立足四大平台、打造五支团队，着力实现工科生美育建设目标。该项目聚焦学生个性化的需求，为学生美育能力提升进行定制化培养，构建个性化美育工作机制；加强中华优秀传统文化、革命文化和社会主义先进文化教育，传承中华文明，全面提升人文艺术素养；聚焦“新工科”建设标准，日常教育中弘扬美育精神，促进理工科学生综合能力提升，培育全面发展的“新工科”人才。通过打造班级合唱大赛、入学毕业仪式、“动力之夜”文艺汇演三个品牌活动，指导蓝天剧社、吉他协会、博雅古典音乐协会三个艺术社团，推动学生阅读一本书、参加一次体验活动、坚持一项兴趣爱好、参加一次艺术表演、加入一支艺术团队，实现了新生100%参与人文艺术活动，全面扩大美育覆盖面，艺术团队的业务水平也得到了业内专家的高度认可，形成了良好的社会效应。

典型案例五：高校思想政治工作队伍培训研修中心（华中科技大学）

一、案例概述

2018年底，为贯彻落实全国高校思想政治工作会议精神，切实加强高校思想政治工作专门力量建设，不断提高队伍的素质能力和工作质量，落实高校立德树人根本任务，培养德智体美劳全面发展的中国特色社会主义建设者和接班人，华中科技大学结合自身特点，整合已有工作经验和成果，做大做强自身优势，加强制度和措施保障，成功申报了教育部高校思想政治工作队伍培训研修中心，实现了高校思政工作理论研究和实际工作的相互促进、相互支持。

在前期工作的基础上，学校认真对照全国高校思想政治工作会议和全国教育大会精神要求，明确了以加强思想政治工作队伍建设为核心，立足本校、带动全省、示范区域、辐射全国的研修中心建设思路，并集合学校优质资源，努力将中心建设成为全国示范性的培训研修中心。学校结合实际，积极学习兄弟院校建设经验，编制完成了《高校思想政治工作队伍培训研修中心（华中科技大学）建设方案》。

（一）建设目标和建设周期

在第一个建设期（2018年到2019年），通过打基础建平台，建成立足全国、区域示范的研修中心。加强中心制度化、信息化、特色化建设，提升中心工作质量和效率。健全完善“部省校”三级培训体系，办好全国和湖北省的示范培训班。构建人才培养体系，建设交流互动平台，优化中心管理范式，推动中心创新发展，为提升思政工作队伍育人能力建立长效机制。

在第二个建设期（2020年到2021年），通过提质量、强特色，建成示范全国、品牌鲜明的研修中心。建成完善的线上线下思想政治工作队伍培训研修体系，培育建设若干门精品课程等成果，实现国家级培训出精品、省级培训有特色、校级培训多资源的目标。切实发挥示范引领作用，培养一批思想政治工作领军人物和中青年杰出人才，推出一批思想政治工作研究成果，把中心打造成教育部思想政治工作的新型智库，成为走在全国前列的研修中心。

（二）基础保障

学校推进高校思想政治工作队伍培训研修中心（华中科技大学）建设。由学校党委书记担任主任，分管学生工作校领导担任常务副主任。中心设立办公室，办公室挂靠学生工作部，办公室主任由分管辅导员队伍建设的学生工作部副部长兼任。

中心成立了人才培养工作委员会。主任由分管学生工作的校领导担任。成员由学生工作部、研究生院和马克思主义学院、公共管理学院等相关培养单位的人才组成。

中心成立了建设发展指导委员会。主任由分管学生工作的校领导担任。成员由教育部思想政治工作司和湖北省教育厅相关负责人、学生工作部相关负责人、部分院系副书记、优秀辅导员组成。

根据《教育部思想政治工作司关于建设高校思想政治工作队伍培训研修中心的通知》要求，工作人员实行专兼结合，配好工作人员，负责中心日常事务、教学组织、业务拓展、学员学生管理等工作。

学校落实了中心专门的办公场所，保障50平方米的日常办公场地，配备必要的办公设备，建设专门图书资料室、资料库等。学校为研修中心建设了官方网站，内含中心介绍、理论园地、政策法规、在线教学、专题研讨等功能模块，实现在线报名、在线管理、在线教学，实现培训工作全程信息化管理，着力打造思想政治工作的资料库。开通建设中心的微信公众号，扩大中心的影响力。

中心自身也加强了管理工作规范化、制度化建设，制定包括档案管理、财务管理、培训研修、学历提升、人才培养等方面的管理制度和工作办法。研究制定并出台《中心建设规划方案》《中心办公室主要职责》《中心培训研修管理办法》《中心档案管理办法》《关于加强思政辅导员学历提升工作办法》等制度。

学校还设计了中心标志，增强中心品牌辨识度。凝练中心核心工作理念，展现中心特色文化。制作中心简介宣传画册，设计含有中心标志和理念的文化产品。

二、案例解析

近年来，研修中心坚持立德树人根本任务，严格对照《普通高等学校辅导员队伍建设规定》和《高校思想政治工作质量提升工程实施纲要》《教育部等八部门关于加快构建高校思想政治工作体系的意见》等要求，完成了一系列的建设和培养工作。

（一）注重功能发挥，抓实培训研修

一是健全培训体系。学校构建了“部省校”三级培训体系，加强培训研修过程管理，促进思政工作队伍提高综合素质、增强解决实际问题的能力。中心按照教育部思想政治工作司统一安排，结合我校红色基因和历史传统，面向全国（全省）高校思政工作队伍举办示范培训活动，打造示范培训特色品牌。在培训中增加实地考察、现场教学等实践教学环节，充分发挥湖北的红色资源、国企单位等的育人功能，教育引导思想政治工作骨干走向社会、了解国情、增长才干。组织办好五类培训：高校思想政治工作专题培训班、全国高校思想政治工作骨干示范培训班、扶贫干部专题培

训班、湖北省骨干培训班、本校思政工作队伍培训。

2019年至今，中心举办了5期省级和国家级培训班（其中1期为国家示范培训班），承接1所高校委托的校级培训班，举办了本校3期培训班，全年组织培训人数达1000人，包括“新时期高校精准思政的形势与任务”“湖北省高校本科生辅导员骨干能力提升研修班”“湖北省高校心理健康教师适岗履职培训班”，以及“湖北省高校心理健康教育专职教师能力提升（华中科技大学督导班）”项目和“湖北省高校心理健康教育专职教师能力提升（华中科技大学督导班）”项目，并为湖北师范大学开办了1期辅导员素质能力提升培训班。中心还专门针对学校新入职的辅导员进行入职培训。为拓宽队伍的知识视野、历史视野、国际视野，2018年组织20余名思政骨干赴德国美因茨约翰内斯·古腾堡大学进行海外研修，2019年组织20名思政工作骨干赴英国里丁大学（教育部全国高校思想政治工作队伍海外研修基地）研修访学15天。在全校开展“共抗疫情显担当，爱国力行育新人”辅导员培训班，全体专职、兼职辅导员共计270人参加。

二是健全课程体系。结合思政司工作要求和我校资源优势，中心构建了面向高校组织部部长、宣传部部长、统战部部长和辅导员等思政工作人员的课程体系。设置“思想政治工作理论与方法创新”“党建工作与组织育人”“思政工作队伍能力提升”“精准思政的形势与任务”“网络思政工作创新”等10个培训专题，选优培强培训师资。组织建设1—2门培训研修精品课程。

中心围绕培训主题、培训对象、培训课程，实行“专题报告+体验式案例式教学”相结合、“课堂教学+实践教学”相结合、“线下教学+线上教学”相结合的培训模式。“理论型”课堂教学，以研究的角度分析理论、讲授理论，进行研究型理论教学。“案例型”体验教学，发挥“深度中国”等课程思政的案例式教学作用。“互动型”研讨教学，围绕培训内容，进行互动交流。“实践型”现场教学，开展红色实践教育、扶贫实践教育等教学活动。

三是完善师资力量。为完善专家来源结构，中心对师资来源进行了分类：一类由高校党政领导、教育主管部门领导、国企领导、思想政治教育领域专家等思政工作骨干组成，如教育部思想政治工作司原思政与网络处处长吕治国，华中科技大学副校长梁茜，华中科技大学国家治理研究院院长欧阳康教授等；二类由马克思主义理论、教育学、公共管理、党史党建、哲学、社会学等专业教师学者组成，如华中科技大学马克思主义学院原院长黄岭峻教授，中央财经大学马克思主义学院院长冯秀军教授；三类由全国道德模范、时代楷模、改革先锋、全国辅导员年度人物、业务骨干、杰出校友等先进模范人物组成，如时代楷模、大连海事大学教授辅导员曲建武教授，最美高校辅导员、辅导员年度人物、上海交通大学辅导员汪雨申，辅导员年度人物、高校思想政治工作中青年骨干队伍建设项目入选者、武汉理工大学靳敏教授等。目前已聘请了近 100 位专家学者和一线代表，形成“党政领导 + 专家学者 + 业务骨干”的师资库体系。

（二）加强示范引领，深化内涵发展

一是坚持以赛代训、以赛促建。结合辅导员素质能力大赛备赛工作，坚持以赛代训、以赛促建，针对部分参赛的辅导员骨干，举办系统的素质能力提升培训。积极举办学术沙龙活动，加强辅导员的沟通交流和经验分享，全面提升辅导员育人能力，通过校内和校外相结合、理论与实践相结合、案例分析与问题讨论相结合，构筑融学术性、研究性、开放性为一体的辅导员交流平台。每年度开展常态化培训 20 余期，推进系列学术沙龙成为辅导员成长发展的重要平台。

中心每年举办华中科技大学辅导员素质能力大赛，连续三年承办湖北省高校辅导员素质能力大赛和湖北省高校辅导员育人故事分享会，工作均得到了湖北省委教育工委的高度评价。

二是坚持总结经验，做好决策咨询。为做好决策咨询工作，中心编印了工作简报，结合中心工作，每两个月编印 1 期工作简报，向教育部思政司和湖北省教育主管部门呈送。并计划每年出 1 个专题咨询报告，供上级部门决策参考。

中心每年编辑 6—8 期工作简报。其中教育部《高校思想政治工作简报》（〔2019〕第 14 期）以“华中科技大学党委深入推进‘新时代党旗领航工程’”为题，介绍我校以习近平新时代中国特色社会主义思想铸魂育

人，深入推进“新时代党旗领航工程”的思想政治工作经验。教育部《高校思想政治工作简报》（〔2020〕第5期）以“华中科技大学聚焦‘四精’助力打赢疫情防控阻击战”为题，介绍我校充分发挥辅导员在立德树人工作中的重要作用，切实推动“战疫”与“育人”相结合、“引路”与“暖心”相协同的工作经验。

三是做好课题研究，提高工作针对性。积极开展高校思想政治工作特别是队伍建设等方面的专题研究，为教育部、湖北省教育厅掌握高校思政队伍工作现状提供可靠依据，让培训研修中心成为立足全省、面向全国的思想政治教育智囊机构。2019年，中心获批教育厅学生工作精品项目和实践育人项目6项。中心以自设课题的方式，共确定学校2019年学生思想政治工作“一院一品”立项项目9项。中心近年来持续开展“辅导员队伍思想状况调研”“学生思想状况调查”“学生党员质量调查”“民族学生思政状况调查”的工作，2020年已经开展“学生思想状况调查”“学生党员质量调查”的工作。中心通过比较分析近年来的调研数据，为学校党委了解学生思想状况提供一手资料。中心接受教育部思政司和湖北省教育厅委托，或自设课题，开展高校思想政治工作特别是思政工作队伍建设等方面的专题研究。申报成功3—6项教育部人文社科专项、湖北省人文社科专项课题。面向校内校外单位、省内省外高校，委托开展3—5项课题研究。依托中心辐射，“新时代党旗领航工程”入选2019年教育部首批高校思想政治工作精品项目。“坚持以德立班，探索‘荣誉班级’建设模式”入选2020年教育部高校思想政治工作精品项目。

（三）做好人才培养，提高研究能力

中心联合研究生院、相关院系共同做好思政工作队伍在职攻读博士生专项计划招生、培养、毕业等全过程管理工作。面向学校思政工作队伍，探索实施在职攻读硕士生专项计划。

每年由中心和研究生院招生办公室制定发布招生简章。中心负责审查报考资格，组织复试录取工作。由中心负责人、相关院系负责人、博（硕）士生指导教师等5人及以上人员组成复试工作小组。科学构建准入

机制，把好录取关。

根据教育部思想政治工作司关于思政工作队伍在职攻读博士生专项计划相关要求，中心和马克思主义学院、公共管理学院等院系共同选聘了优秀教授专家担任中心的博士生导师。

中心坚持理论与实践相结合，依托学校马克思主义理论、哲学、教育学、管理学、社会学等特色学科，联合相关院系合理设置课程体系，根据思政工作热点、考生研究成果和导师研究方向，制定培养计划，创新思政工作队伍培养模式。实行专题报告与体验式案例式教学相结合、课堂教学与实践教学相结合、线下教学与线上教学相结合的培训模式。

严格培养管理，中心目前培养博士生 9 名，强化选课学习、论文开题、论文答辩等环节过程管理，实施“一生一计划”，培养能够立足大学生日常事务管理和思想政治教育的工作实践，研究和探索学生成长成才规律，为学生工作科学化、专业化建设提供智慧的领军人才。

（四）做好专项工作，凝聚育人合力

一是做好教育部专项任务。研究思想政治工作创新发展的前沿问题，把握人才培养的历史经验和客观规律，遴选一批思政工作学术专著、案例分析、研究报告、专题论文集等学术成果，争取申报入选教育部《高校思想政治工作研究文库》。

通过完成学校年度“辅导员队伍思想状况调研”“学生思想状况调查”“学生党员质量调查”“民族学生思政状况调查”等工作，并和近年的数据做比较分析，为教育工作部门制定相关政策提供参考。

为了加强新时代高校思想政治工作的实践探索和理论研究，着力推出一批有价值、有分量、能服务决策和解决基层实际问题的研究成果，更好地发挥中心思想库、智囊团作用。

中心聚焦高校思想政治工作创新发展，发挥好思想库和智囊团作用，为教育部和湖北省教育工作部门推进高校思政工作队伍建设提供可靠依据。中心每年出 1 份专题咨询报告，每两个月编辑 1 期工作简报，每年发表高校思政工作队伍建设类论文或在中央级报刊媒体上发表思政工作队伍

建设类文章不少于 3 篇。

为扩大中心在全国的影响力，加强对外交流合作，每年面向全国高校思政工作队伍提供 3 至 5 个访学研修的交流岗位，妥善安排工作和后勤保障条件，让他们来有所学、学有所获。同时，推进学校思想政治工作队伍赴主管教育工作部门、兄弟高校交流访学、挂职锻炼。

每年围绕党建和思想政治教育等相关主题，面向高校党建和思政工作队伍，开办专题研讨会，着力打造思政工作对外重要窗口。同时加强对外沟通交流，积极承办湖北省级及以上辅导员素质能力大赛、辅导员年度人物评选等活动。

二是着力提升我校队伍育人能力。中心在做好全国思想政治工作队伍培训研修的同时，服务于我校思政工作队伍育人能力提升的目标，努力造就一支与学校“双一流”建设相适应的思政工作队伍。

狠抓队伍培训学习，充分体现日常学习交流与集中培训相结合、案例分析研讨与专项工作相结合、理论素养提升与实务操作相结合、国内业务实践与海外研修相结合的特点。举办“立德树人讲堂”、辅导员沙龙。定期编印《学工战线学习资料》，每年编印《辅导员手册》。大力开展理论宣讲，积极组织学校思政工作队伍以多种方式与干部师生进行面对面宣讲、互动化对谈。结合培训研修中心自身优势，一方面将校外优秀辅导员群体请进来，推进党的创新理论落地生根；另一方面组织我校优秀辅导员骨干走出去，扩展我校辅导员队伍影响力。持续推进辅导员队伍专业化发展，推动辅导员骨干上讲台，主讲形势政策课、心理健康教育课、就业指导课、学习能力提升课、国防教育课等思政课程。开办辅导员素质能力大赛，提高辅导员队伍育人能力，展现华中大辅导员队伍风采。培育思政工作领军人物和中青年骨干，推选全国示范性的辅导员年度人物，推进全国高校思想政治工作中青年骨干队伍建设项目。

2022 年 2 月，学生工作部副部长兼本科生工作办公室主任刘雅然入选教育部高校思政工作中青年骨干队伍建设项目，为我校首次入选该项目。2018 年，生命学院占艺入围全国辅导员年度人物；2022 年，第二临床学院辅导员奚哲提名全国高校辅导员年度人物。2018 年，学校选派生命科学与技术学院辅导员段政参加第七届全国高校辅导员素质能力大赛，获得二等奖；2021 年，学校选派建筑与城市规划学院辅导员杨柳和经济学院辅导员彭鹤翔参加第八届全国高校辅导员素质能力大赛，杨柳荣获学校第一个全国一等奖，彭鹤翔荣获全国三等奖；2022 年，学校选派能源与动力工程学院辅导员孙伟参加全国辅导员素质能力提升骨干训练营，获“最佳表现高校辅导员”称号。

三、案例进一步规划

尽管基本完成了预定的第一阶段建设任务，但对照长远建设目标，仍任重道远。中心将进一步加强顶层设计和统筹协调，坚持“立足本校、服务湖北、示范区域、辐射全国”的建设思路，稳步推进工作开展。

一是加强资源整合，组织示范培训。在教育部思政司领导下，中心依托学校优质的学科资源、深厚的红色基因、雄厚的师资力量和卓有成效的思政工作队伍建设优势，依托学校作为中央党建工作领导小组联系点的平台优势，发挥好“示范点”“试验田”“智慧库”作用。下一步，中心将建立完善队伍培训核心课程体系，优化培训师资库建设，丰富教育教学方式，优化讲座报告、实践教学、案例分析、观摩研讨等环节，着力提升培训培养的专业化科学化水平。

二是立足特色优势，加强理论教育。大力提升高校思政工作队伍的理论素养和宣传教育水平，组建思政工作队伍理论宣讲团，结合培训研修中心自身优势，积极组织思政工作队伍特别是辅导员队伍参与各类理论宣讲活动。在今年常态化疫情防控背景下，继续讲好众志成城、万众一心的全民战疫故事，讲好共产党领导和中国特色社会主义制度优势的鲜活故事，用生动的教材讲好战疫思政大课。

三是坚持问题导向，开展工作研究。着力推出一批有价值、有分量、能服务决策和解决基层实际问题的研究成果，供上级部门和学校党委做决策参考。下一步，要结合高校思想政治工作中的重点、热点和难点问题，面向校内校外单位、省内省外高校，委托开展相关课题研究。依托培训研修中心就“辅导员队伍建设状况”“辅导员队伍职业期待及思想状况”等问题开展专项调研，全面把握湖北省高校辅导员队伍状况。

四是打造特色品牌，组织实践探索。下一步，围绕队伍建设开展辅导员素质能力大赛，争取湖北省教育厅支持承办省级赛事，举办全国赛事湖北选手培训会，在发挥辅导员队伍建设工作所取得的成果优势的同时紧密联系新形势、新任务以及辅导员的思想和工作实际，切实为辅导员队伍的发展和成长提供有力支持。同时，中心每年举办 1 期工作专题研讨会，邀请全国知名专家和学科带头人举行学术研讨会，汇聚学术资源，为中心开展研修工作提供助力和支持。

典型案例六：
“135”青年政治骨干培养模式

一、案例概述

2010年1月22日，时任中共中央政治局常委、中央书记处书记、国家副主席的习近平同志到学校考察，参加党旗领航主题党日活动，勉励青年大学生要有正确的择业观，志存高远、脚踏实地，到党、祖国和人民最需要的地方去，从小事做起，持之以恒。高校思想政治工作关系“高校培养什么样的人、如何培养人以及为谁培养人”这个根本问题。当前，实现第二个百年奋斗目标的新征程已经全面开启，需要准确把握新发展阶段，深入贯彻新发展理念，加快构建新发展格局。面对世界百年未有之大变局，面对严峻复杂的形势，如何为党培养一批能适应未来高质量发展需求、对党忠诚可靠的青年政治骨干，应该成为高校一项重要的政治任务。应当把它作为一个科学问题来系统谋划和实施，着力选拔和锻造一批在新时代堪当民族复兴大任、真正学懂弄通做实习近平新时代中国特色社会主义思想的青年政治骨干。

2007年，学校启动实施了青年政治骨干培养工作，逐步打造了“大学生骨干培训班”“喻园英才培训班”“团干部轮训班”等青年人才培养项目。2017年，在总结多年学生骨干培养经验的基础上，学校梳理形成了一套完备的全方位、多维度、宽领域的“135”青年政治骨干培养模式。“1”是指一个明确的培养目标，即为党培养一批具有忠诚的政治品格、浓厚的家国情怀、扎实的理论功底、突出的能力素质，忠恕任事、人品服众的青年政治骨干。“3”是指三个清晰的培养层次及以校级“青马班”和西部计划（研究生支教团）为示范引领，以“团干部培训班”“大学生骨干培训班”“红色领航员训练营”等青年骨干培养计划为骨干支撑，以“团支部书记培训班”、院系团学骨干培训班、校院两级新生骨干训练营等覆盖式培训为培养基础的青年政治骨干培养体系。“5”是五项完善的培养机制，即本硕博“全链条”培养机制，青马学校、培养院系“双轨道”培养机制，思想政治教育“双学位”培养机制，社会实践“三学期”培养机制，理论、实践“双导师”培养机制。

该模式以立德树人作为根本任务，将思想政治工作贯穿培养全过程。在培养对象上，逐级选拔有理想追求、有担当意识，积极参加社会实践、志愿服务，学有余力且有志到基层、到西部、到国家重要行业和关键领域就业的学生党员、入党积极分子和积极向党组织靠拢的团员进行培养。在培养主线上，围绕“信仰入头脑、实践长才干、基层立功业”的培养主线，在学生的党性教育、理论学习、实践锻炼、素质提升、就业引导等方面着手开展培养工作。

十余年来，学校在加强青年政治骨干培养的实践探索方面取得了显著成效，培养了一批又一批对党忠诚、信仰坚定、素质优良、作风过硬的青年政治骨干。学校共选派 21 人参加中国大学生骨干培养学校培训学习，42 人参加湖北省大学生骨干培养学校培训学习，25 人参加湖北省“青马工程”。2017 年以来，共培养校“青马班”学员 457 名，选派 3 人参加全国“青马工程”高校班。近三年来，仅校“青马班”就有 50 人前往党政机关（包括地方选调生等）、事业单位就业，20 人前往国有企业就业，36 人参与西部计划等基层服务项目。除继续深造外，到以上单位就业的比例超过 90%，直接为中国共产党治国理政服务。

二、案例解析

1. 案例思路与理念

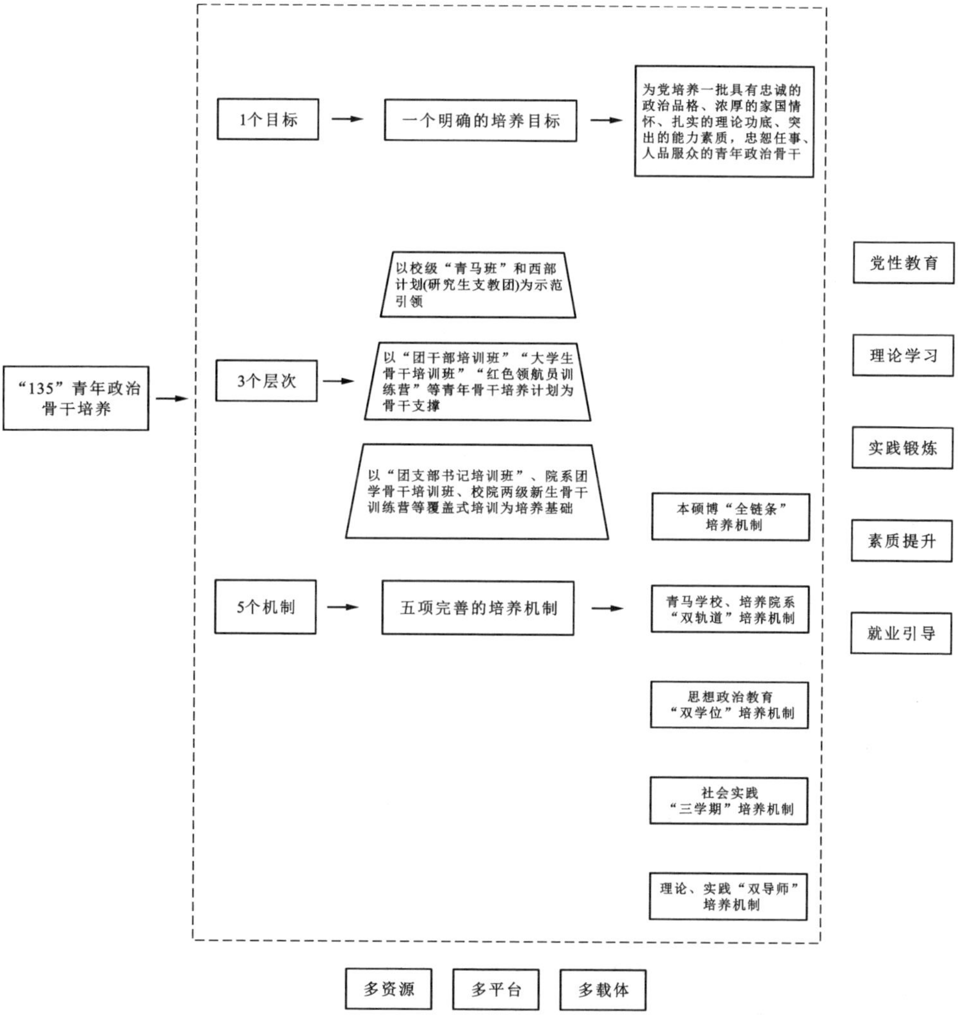

"135"青年政治骨干培养的实践载体平台与培养内容

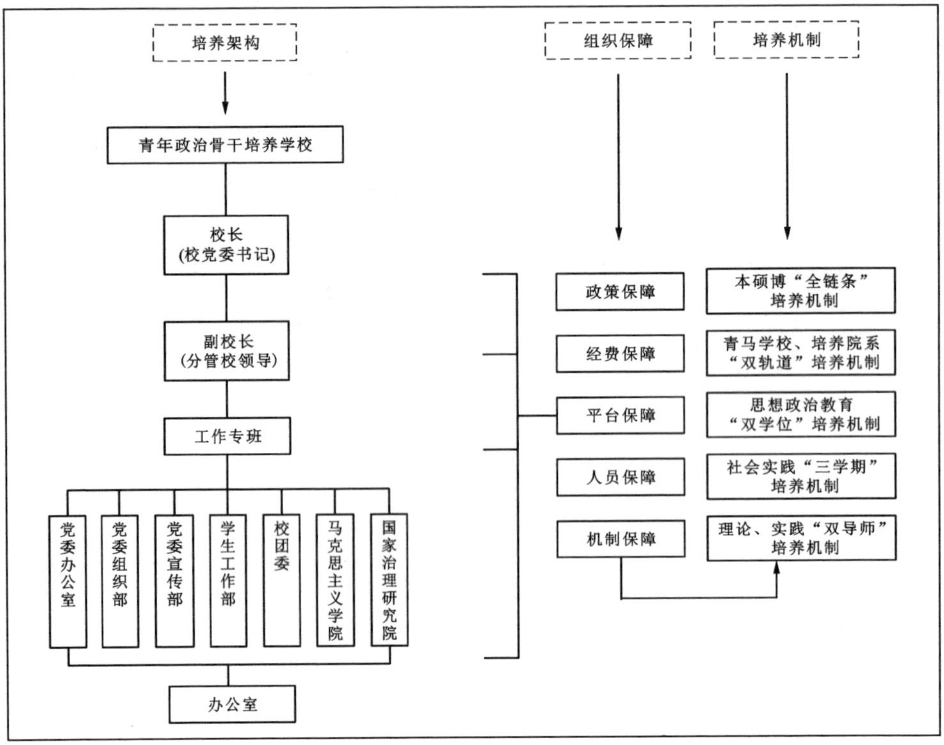

“135”青年政治骨干培养工作体系图

2. 案例设计与实施内容

一是搭建了多层次、全覆盖的育人载体。基于全员、全口径，构建了以校级“青马班”和西部计划（研究生支教团）为示范引领，以“团干部培训班”“大学生骨干培训班”“红色领航员训练营”等青年骨干培养计划为骨干支撑，以“团支部书记培训班”、院系团学骨干培训班、校院两级新生骨干训练营等覆盖式培训为培养基础的青年政治骨干培养体系，通过建立分层一体化的培养模式，基本涵盖了学校学生骨干队伍。学校广泛发掘理想信念坚定、发展潜力大的培养对象进行培养。

二是打造了强理论、重实践的育人平台。该培养模式以理论学习、实践实习为发力点。在理论学习方面，构建了完备的理论学习体系，深入学习习近平新时代中国特色社会主义思想，着力在深度和广度上提升学生理论素养；在实践实习方面，以强化党性教育、服务社会需求、提升能力素质为目标，组织学生开展社会实践，强化校内岗位实践和校外实践锻炼等，提升青年政治骨干的事务处理能力和综合素养。

三是丰富了全领域、多维度的育人内容。具体包括：党性教育、理论学习、实践锻炼、素质提升、就业引导等内容。组织学生赴井冈山、韶山等爱国主义教育基地、革命老区和北京、上海、深圳等经济社会发展领先地区接受革命传统教育和改革开放教育，不断锤炼党性；打造“青马大讲堂”培养品牌，开设习近平新时代中国特色社会主义思想系列专题课程，邀请校内外党政领导、专家学者为学生授课，全方位加强学生对习近平新时代中国特色社会主义思想的“学思践悟”；打造“青梧课堂”理论学习课程，以月为单位邀请马克思主义学院、哲学院等学院的教授导读马克思主义哲学、政治经济学、科学社会主义经典著作，引导学生读原著、学原文、悟原理，组织学习研讨时事政治要闻等；组织学生赴云南省临沧市、孝昌县巴石村等学校对口帮扶地区开展助力精准扶贫、帮扶留守儿童类实践，在艰苦环境中磨炼意志，服务社会需求，助力学校扶贫工作；在提升能力素质方面，利用寒暑假，在校外开展集中性的深度调研与政务见习，让学生到基层、一线历练本领，在平时以月为单位开展“总—分—总”式实践，即结合国家大政方针、民生热点、关键时间节点，围绕同一社会实践主题，以小组为单位在校内外分散式开展，以班级为单位集中性总结。突出“问题导向”，聚焦能力提升，针对学生的兴趣点、薄弱点，提升学生能力素养，促进学员全方位发展。在学生心中“种下理想信念的种子”，引导学生到基层去，到祖国最需要的地方去。

3. 体制机制

一是完善“青年政治骨干培养”的组织架构。成立了由学校党委书记任校长，分管校领导任副校长的青年马克思主义者培养学校，整合党委办公室、党委组织部、党委宣传部、学生工作部、校团委、马克思主义学院、国家治理研究院等力量组建工作专班，切实加强对青年政治骨干培养工作的领导。聘任了各级党政领导、各领域专家学者、社会知名人士等为培养导师。建立了助理班主任制度，将学校青年教师、专职团干部等纳入工作力量，加大对学生指导力度。同时，还把院系党组织领导和加强青年政治骨干培养工作纳入院系党组织书记抓党建工作的重要考核内容，加大了工作推动力度。

二是夯实“青年政治骨干培养”的资源保障。学校将青年政治骨干的选拔培养纳入人才培养整体部署，提供全方位的平台支持和资源支持保障，包括政策、经费、平台、人员、机制等方面的支持，因材施教地为青年政治骨干培养提供平台，满足群体和个体的培养需求。

三是提升“青年政治骨干培养”的机制效能。学校建立了本硕博“全链条”培养机制，青马学校、培养院系“双轨道”培养机制，思想政治教育“双学位”培养机制，社会实践“三学期”培养机制，理论、实践“双导师”培养机制，建立学生跟踪信息库，对已结业学生定期走访交流，了解发展情况和困难，为其学习与工作提供支持和帮助。

4. 重点工作

一是培养学生骨干。2007 年以来，华中科技大学逐步打造了“大学生骨干培训班”“喻园英才培训班”“团干部轮训班”等青年人才培养项目。2017 年，系统梳理、形成了全方位、多维度、宽领域的“135”青年政治骨干培养模式。依托现有平台和资源，培养了一大批青年学生骨干，并形成了良好的示范带动作用。

二是拓宽载体平台。搭建校内、校外实践锻炼平台，强化校内岗位实践，推荐学员参加校院两级主要学生干部选拔，或推荐至校内党政机关实习实践。扩展社会实践基地，推荐学员到地方开展实习见习、挂职锻炼等。

三是加强品牌推介。为了推进青年政治骨干培养的宣传和教育，先后通过人民日报、人民网、共青团中央公众号、中国青年报、西部志愿汇、中青网等主流媒体对“135”青年政治骨干培养进行宣传报道，提升品牌美誉度。

三、案例点评

（一）案例典型特征

1. 鲜明的育人特色：培养青年政治骨干

党的十八大以来，习近平总书记高度重视在青年群体中开展马克思主义教育，强调要加强对青年的政治引领，在广大青年中加强和改进理论武装工作，引导广大青年运用马克思主义立场、观点、方法观察分析问题。该模式实施以来，在推动马克思主义理论在青年中广泛传播、加强青年政治骨干培养实践探索等方面取得积极成效。在育人方面，该模式并不仅仅聚焦于所培养的人的能力提升，而是着眼于“为党育人、为国育才”的工作大局。

2. 成熟的育人模式：理论与实践相结合

该模式突出学生综合素质特别是政治素质的锤炼提升，在理论学习和实践实习方面发力，逐步形成了统一标准的科学培养方案。一方面深化理论学习，主要目标是帮助学生加深对党的科学理论的理解掌握，学深悟透习近平新时代中国特色社会主义思想，掌握马克思主义的立场、观点和方法，进一步坚定跟党走中国特色社会主义道路的信心和决心。在理论学习方面，主要是引导学生读原著、学原文、悟原理，深读《习近平谈治国理政》等马克思主义经典著作，跟进学习习近平总书记重要讲话精神。另一方面加强实践锻炼，主要目标是帮助学生深入了解我国国家制度和国家治理体系，加强社会观察，在基层一线、困难艰苦的地方磨炼意志、锤炼品格、增长才干，不断增进与人民群众的感情，树立群众观点，坚持群众路线。在实践锻炼方面，主要是开展集中实践，组织学生到有代表性的基层地区和行业进行实地锻炼。深化日常实践，培养期内设置跟岗见习、志愿服务等内容，组织学生就近就便开展常态化实践训练。

通过“理论+实践”的培养模式促使学生在实践中学深悟透用好习近平新时代中国特色社会主义思想，既把论文发表在学术期刊上，也把论文书写在祖国大地上。

3. 有效的育人成果：培养后奔赴基层

该模式根据国家发展战略要求和学校人才培养战略布局，结合不同学生的专业能力、学术水平和兴趣爱好，分层次引导学生毕业后报考选调生、公务员，进入高精尖行业深造就业，自觉投身社会主义建设的关键领域、重点地域，建功立业。

对于有志愿服务意愿且符合西部计划和研究生支教团选拔要求的本科生，择优推荐参加西部计划（研究生支教团）选拔，赴基层锻炼一年。自2003年开展西部计划工作以来，19年里，我校共有750余名党员志愿者主动奔赴新疆、西藏、云南、贵州等西部基层，服务脱贫攻坚、边疆安全等国家战略，在西部的砥砺奋斗中经风雨、受教育、长才干、做贡献，得到了各界肯定。

（二）案例育人实效

1. 师生反响和教育效果

一是在绿色校园里掀起了“红色风尚”。青年政治骨干培养工作不仅要落地生根，更要遍地开花。从青年政治骨干培养学校走出的学生都有着浓厚的家国情怀和责任担当，“到基层去，到祖国需要的地方去”成为学员的一种普遍的人生志向和价值选择。主动报名选调生、西部计划（研究生支教团）等边远地区及基层治理岗位的青马学子逐年递增。“点燃一盏灯，照亮一大片”。青马学员坚持追求卓越，用奋斗影响着身边的同学，经常出现在校三好学生标兵、“优秀共产党员”、“先锋党员”等名单上。用身边人影响身边人，青马学员发挥了很好的典型引领示范作用。

二是在中国大地上镌刻了“青马印记”。2020年暑假，有108名青马学员在家乡开展“疫情冲击下基层城乡社会治理研究”暑期社会实践。他们带着思考，结合专业特色，奔赴全国21省70个市、区、县走访实践。(中国青年报以“到一线去，那里是最好的思政课堂”为题进行了头版头条报道)。2021年暑假，学校组建华中科技大学青马学校百人政务见习团，到东湖技术开发区、江汉区、汉阳区、洪山区4个区的53个党政机关和企事业单位开展政务见习、课题调研、志愿服务等工作。在政务见习中体悟“治理”之本。在为期一个月的政务见习中，帮助学员将理论与实践相结合，进一步强化了政治意识，锻炼了综合能力，强化为民服务的意识。在学习实践中融入城市血脉。政务见习团围绕“探索武汉疫后重振的‘治理密码’”的主题，结合武汉市各区重点工作，开展社会调研，寻访一批武汉高质量发展的案例。学员个人开展了“1181”行动，即每位青马学员在见习期间至少完成一份资政建议、一次红色寻访、八篇读书笔记或见习小记、一次微党课或微团课分享。在抗疫志愿服务中展现青年担当。见习期间正赶上德尔塔病毒来袭，武汉遭遇散发疫情。8月3日，武汉市启动全民核酸检测，近百名青马学员主动请缨，在与家人充分沟通的前提下，跟随见习单位下沉社区，协助开展分流疏导、秩序维护、信息登记、居民宣传等工作，受到见习单位、下沉社区和社区居民的广泛好评。“虽然累，但是很开心，也很值得。”青马学员陈俊说道，“关键时刻我们得站出来，我们作为党员，作为青马学员，不能困难一来我们就跑了，我们有责任和义务去到抗疫一线，抗疫有我，请党放心!”(中国青年报、长江日报等主流媒体以“抗疫一线就是最好的青马课堂”等为题进行了专题报道。)

三是在人生事业中做出了“无悔选择”。近三年来，一批批学生毕业后前往党政机关、事业单位、国有企业就业。除继续深造外，到以上单位就业的学生比例超过90%，直接为中国共产党治国理政服务。一批批学生心怀强国梦，胸怀报国志，建设西部，扎根基层，到祖国最需要的地方奉献青春。

2. 社会评价和媒体报道

华中科技大学“135”青年政治骨干培养相关事迹被人民日报、人民网、共青团中央公众号、中国青年报、西部志愿汇、中青网等主流媒体报道390余次，在校内外引发热议，形成了青年政治骨干培养的良好氛围和品牌效应。

3. 所获荣誉和工作成果

2019年全国大中专学生志愿者暑期“三下乡”优秀社会实践队（校“青马班”、“疫情冲击下基层城乡社会治理研究”暑期社会实践队）。

2019年湖北省大中专学生暑期“三下乡”优秀社会实践队（校“青马班”、“青春心向党　基层建功业”暑期社会实践队）。

2020年全国大中专学生志愿者暑期“三下乡”优秀社会实践队（校“青马班”、“建设美丽中国，共筑绿色家园”暑期社会实践队）。

2021年第十七届“挑战杯”红色专项活动全国二等奖（校“青马班”参赛作品《人民是中国共产党执政的最大底气——“伟大精神”红色寻访》）。

2021年第十七届“挑战杯”红色专项活动全国三等奖（校“青马班”参赛作品《建设美丽中国，共筑绿色家园》）。

2021年第十七届“挑战杯”红色专项活动湖北省特等奖。

2019—2021年连续三年获评全国优秀等次西部计划项目办，并作为唯一高校代表受邀在全国西部计划工作会议上做经验分享。

华中科技大学西部计划项目团队先后有100余名志愿者获评全国优秀西部计划志愿者。

2021年5月，研究生支教团志愿者王一苇作为全国西部计划志愿者典型代表在全国高校毕业生基层就业座谈会上发言，并受到副总理孙春兰亲切接见。

典型案例七：西部计划（研究生支教团）

一、案例概述

习近平总书记高度重视青年、热情关心青年、耐心教育青年，在关于青年工作的讲话中和给青年朋友的回信中，多次强调广大青年要“努力成为堪当民族复兴重任的时代新人，让青春在为祖国、为民族、为人民、为人类的不懈奋斗中绽放绚丽之花”，并鼓励同学们选择到社会最需要的，到党、祖国和人民最需要的地方去，从小事做起，最后做成大事，成长为德智体美劳全面发展的社会主义建设者和接班人。

长期以来，我校团委在全国项目办和省项目办的关心指导下，按照学校党委部署要求，始终从学习贯彻习近平同志视察学校的重要指示精神的政治高度出发，从践行“为党育人、为国育才”使命的政治责任出发，定位和推进西部计划（研究生支教团）工作。自 2003 年以来，学校投入大量资源，不断加强对西部计划（研究生支教团）志愿者的培训培养，切实引导更多华中大学子到西部去，到党、国家和人民最需要的地方去建功立业。

二、案例解析

（一）坚持党旗领航，主动融入“为党育人、为国育才”使命

1. 加强党的领导，完善顶层设计

学校党委高度重视西部计划（研究生支教团）工作，出台专门文件，将西部计划工作纳入学校人才培养大局，与立德树人相结合、与思想教育引领相结合、与青年马克思主义者培养相结合，作为学校青年政治骨干培养的重要环节，与学校服务精准扶贫、西部边疆建设等国家战略一体谋划、融合推进。推动形成了学校党委统一领导、校团委具体负责、校内多部门齐抓共管、同向发力的工作机制。

2. 严格政治要求，加强系统培养

严把政治标准，明确选拔基础条件为中共党员，该政策自 2003 年开始一直坚持至今。突出政治训练，成立临时党（团）支部和党小组，组织志愿者系统学习习近平总书记关于青年工作、志愿服务工作等重要讲话精神。强化实践锻炼，组织到红色革命教育基地学习，参与校团委项目工作，参加寒假返家乡社会实践。注重业务培训，开设社会调研、急救知识、心理健康、公文写作、演讲口才等系列培训课程。注重系统培养，制定专门管理办法、培养方案和考核评价细则，全面提高西部计划志愿者政治能力和综合素养。

3. 服务艰苦地区，淬炼理想信念

我校西部计划（研究生支教团）志愿者服务地均为西部边疆艰苦地区，直接参与脱贫攻坚、乡村振兴等国家战略，参与服务地各项建设和教育发展，一个人就是一面旗帜。志愿者毕齐擎在西藏因严重高原反应而患上气胸，带病坚守岗位；志愿者梁栋在西藏期间采购制氧机，一边吸氧一边完成工作；志愿者侯全飞在新疆深入兵团偏远团场，在戈壁环境下负责

胡杨林的养护；志愿者刘梦虎在贵州黔东南州老屯乡克服环境关、方言关，用一年时间走遍乡镇所有贫困户等。为期一年扎根西部边疆的志愿服务，切实增强了同学们对国情、社情、民情的真实认知，厚植了同学们对人民和西部基层的真实情感，坚定了同学们服务党和人民的人生理想与价值追求。

（二）弘扬志愿服务精神，引领青年知行合一、奋斗实干

1. 坚持教学相长，服务学生发展

研究生支教团志愿者十八年如一日坚守教学一线，深耕教学技能，注重理想培育，坚持志智双扶，用实际行动把华中大勤学笃行的实干精神贯彻到服务西部地区学生发展中去。新疆分队连续 5 年派遣 24 名志愿者，教授课程 14 门，覆盖了全校 9 个专业 80 余个班级。恩施分队连续 15 年选派 120 余名志愿者服务 8 所学校，覆盖 1 万余名学生。自 2016 年以来，云南分队志愿者所在的服务学校累计有 27 名同学考入华中科技大学，实现了走出大山、入读名校的梦想。

2. 创新方式方法，帮助学生筑梦

长期以来，志愿者们始终立足华中大丰厚的教育和智力资源，结合专业特长，守正创新，在支教学校打造具有华中大特色的育人品牌项目，不断提升育人成效。云南分队策划开展“见信如晤”“乐知课堂”活动，组织支教学校历史上首次少先队入队仪式，与华中大联动开展书信交流、健康讲座、实践活动数十场。新疆分队创新“互联网 +”教育扶贫模式，打造“喻华计划”，搭建博识讲堂，先后邀请“中国青年五四奖章”获得者周宁医生等开展线上讲座，并开展特色课程教学、爱国主义教育近 40 次。广西分队联合地方团委打造“乐晓课堂”，周末为当地留守儿童重点围绕爱国主义教育和理想信念培育开设特色课程。恩施分队每晚坚持为学生答疑辅导两小时，从课本知识到生活、思想，全面关心帮助支教地学生。

3. 投身战“疫”一线，展现青年担当

志愿者们始终牢记奉献友爱、互助进步的志愿精神，牢记初心使命，在关键时刻挺身而出，用行动彰显敢于担当的志愿者形象。2020 年初，面对新冠肺炎疫情，志愿者们迅速响应到社区（村）报到和“停课不停学”的号召，就地参与疫情防控。2019 届全体研究生支教团志愿者坚持在家开设网课，2020 届全员参与“您战一线，我助后方”关爱医务人员家庭志愿服务活动。研究生支教团志愿者王一苇主动返乡参与武汉市的疫情防控工作，成为陈薇院士团队第二批接种试验疫苗志愿者。服务于新疆生产建设兵团十四师昆玉市的 2019 届西部计划志愿者安荣荣，春节假期留守兵团，帮助地方医院搭建临时发热门诊，为当地疫情防控贡献力量。2019 届西部计划志愿者于诚信，在新疆疫情严重时刻，主动申请延长服务时间，吃住均在单位办公室，全力投入疫情防控工作。

（三）讲好华中大青年故事，线上线下唱响青春主旋律

1. 组建宣讲团，合奏青春主旋律

成立西部计划青年讲师团，走进院系、支部进行宣讲，用西部奋斗故事引领更多同学树立到祖国最需要的地方建功立业的价值追求，截至目前，已累计完成宣讲一百余场。志愿者王一苇于 2021 年 4 月，受团中央邀请赴北京参加“青马学员说”党史学习教育公开课录制。为进一步扩大影响，营造氛围，西部计划青年讲师团长期面向全校党团支部、班级等开放预约，宣讲常态化。志愿者们不断总结经验、提炼感受，用西部奉献的故事鼓舞影响更多人选择到西部奋斗。

2. 讲好新媒体故事，引领网络正能量

为进一步总结经验、传递精神，自 2019 年开始，以志愿者事迹为蓝本，先后制作了《向阳生长》《志愿西行》《我和我的学校》《一生难忘那一年》《我在云南当老师》《你好，少先队》等专题影像作品近 10 部。近

两年，志愿者事迹和有关工作在主流媒体平台上累计被报道200余次。全方位立体式唱响了网络正能量之歌，持续引领广大青年厚植家国情怀，不懈奋斗。

3. 深化朋辈教育，传好志愿服务接力棒

优秀志愿者服务期满返校后继续在校“青马班”接受学习锻炼，推荐优秀志愿者入选全国青马工程，确保培养不断线。每一届志愿者都秉持“功成不必在我，功成必定有我”的决心参与西部志愿服务。近年来，自愿报名西部计划的人数持续增长，在校内外形成了引导青年到西部去、到基层去、到祖国和人民需要的地方去建功立业的良好氛围。

三、案例点评

自2003年以来，我校稳步扩大志愿者规模，目前2022届研究生支教团达60人，系全国高校中规模最大的研究生支教团。截至目前，已累计选派680余名西部计划（研究生支教团）志愿者赴新疆、西藏、云南、贵州、四川、广西、湖北等西部基层，服务脱贫攻坚、乡村振兴、西部边疆建设等国家战略。

2021年，学校受邀在全国西部计划工作会议上作为唯一高校代表作经验分享。2021年5月，研究生支教团志愿者王一苇同学作为全国西部计划志愿者唯一代表在全国高校毕业生基层就业座谈会上发言，并受到副总理孙春兰亲切接见。华中科技大学西部计划（研究生支教团）志愿者团队获评2021年全国第十三届中国青年志愿者优秀组织奖（学校首次获评该奖项），在2022年学雷锋志愿服务“四个100”先进典型评选中，华中科技大学西部计划（研究生支教团）志愿者团队获评全国最佳志愿服务组织，一名研究生支教团成员获评全国最美志愿者，学校项目办近4年连续获评全国优秀等次项目办。

未来，在推进和实施西部计划（研究生支教团）项目过程中，将进一步立足新发展阶段、贯彻新发展理念、融入新发展格局，坚持“围绕中心，服务大局”，坚持“为党育人、为国育才”，落实共青团中央深化改革的要求，全面提升项目管理水平，使西部计划（研究生支教团）项目成为工作理念先进、组织运行高效、社会动员广泛的引领性、标志性志愿服务项目，推动西部计划（研究生支教团）实现高质量发展。进一步引导广大志愿者真诚奉献、不辞辛劳，在基层一线展现青春风采、贡献青春力量。同时，立足全面落实高校毕业生等重点群体就业工作相关要求，立足于防范化解重大风险，服务就业工作，提升项目综合效益。

典型案例八：
“行走的思政课堂”——社会实践

一、案例概述

习近平总书记在全国高校思想政治工作会议上强调，要坚持把立德树人作为中心环节，把思想政治工作贯穿教育教学全过程，实现全程育人、全方位育人，提出思政工作要因事而化、因时而进、因势而新。

作为一所与共和国同行、与新时代共进的高校，华中科技大学历来高度重视实践育人工作，秉持“为党育人、为国育才”的初心使命，在学校党委的领导下，全面部署、持续推进实践育人工作，将实践育人质量建设纳入学校“双一流”建设整体规划，始终坚持将思政教育与实践养成相结合，把社会实践活动作为人才培养的重要手段，开展了一系列品牌实践活动，立德于心、育人于行，充分发挥了党旗领航、团旗聚力、实践育人的作用，取得了良好成效。

“行走的思政课堂”——大学生暑期“三下乡”“返家乡”社会实践活动是我校“新时代党旗领航工程”中一项重要的育人项目，是极具华中大特色的实践育人品牌。近年来，学校在实践育人工作中不断投入资源，为充分发挥社会实践工作实效、引领和服务青年成长成才开展了一系列探索。

二、案例解析

1. 做好周密部署，强化组织动员

学校紧紧围绕立德树人根本任务，坚持“第一课堂”与“第二课堂”相融合，构建协同育人工作机制。明确了校团委统筹、院系党团组织管理、教师指导、学生团队全程参与为一体的项目管理制度，促进了社会实践与科研项目、课题研究、青年政治骨干人才培养、课程思政和思政课程教育、就业引导等的融合互补，形成了“纵横兼具”“聚零化整”“点、线、面”结合的社会实践工作格局。

2. 加强专业指导，优化支撑保障

突出专业性，明确以服务地方、创造价值为导向，以专业结合、地方需求为基础，为每一个项目团队配备指导老师，并加强在选题方向、调研方法、成果总结等多方面的指导。整合校院两级资源，对每个校级重点团队提供实践经费支持。积极利用和扩充学校和院系的专业实习实践基地资源，鼓励学生积极参加家庭所在地开展的“返家乡”实践活动，与地方党政部门做好需求对接，将零散的“返家乡”实践个人，“聚零为整”，凝聚成“返家乡”实践团队，畅通学生参与社会实践的渠道资源。为防范疫情冲击和风险，将同一个主题的实践团队分散到不同地域开展实践活动，“化整为零”，应用“云组队”“云调研”“云支教”等新形式，增强实践的可行性、有效性和覆盖面。

3. 严守安全底线，做好协同管理

全校范围内构建起党委领导、团委归口、统一部署、分级管理、合力保障的协同管理体系。学校、院系、团队分级管理三级联动。规范审核报备流程，制定安全指南，强化安全教育，对接地方单位，提供配套支持，做到全方位合力保障。使用 iHuster 微平台社会实践管理系统，实现立项报备、团队组建、院系审核、校级审核、签到打卡、资讯发布、总结提交、评奖评优等环节全流程管理。通过系统对实践地、实践日志进行大数据分析，密切关注疫情形势、地质条件、学生心理动态等。如 2021 年，通过系统观察，及时对 20 余支受河南洪灾及各地疫情影响的实践团队启动了应急预案，为学生送去人性化关怀。

4. 突出成果运用，营造工作氛围

学生层面，将社会实践经历纳入“第二课堂成绩单”认证；学院层面，将社会实践开展情况纳入院系综合改革年度考核指标，压实院系领导责任；学校层面，开展社会实践答辩交流会、优秀项目展演，组建“青春力行”青年讲师团，开展“青春告白祖国”主题宣讲，走进院系、课堂、支部，出版《青春力行》系列优秀社会实践调研报告集。形成了项目选育、创建、实施、评价、总结、宣讲的全链条工作模式，社会实践工作逐渐呈现循序向前的发展态势。

三、案例点评

近年来，学校社会实践工作逐步形成了“3 + 3 + 3”的工作思路，即围绕立德树人根本任务和学校“双一流”建设、卓越华中大建设，立足 3 个服务，构建 3 个体系，营造 3 种氛围，全方位、多层次、多角度齐抓共管，扎实推进社会实践育人工作。

学校社会实践工作时间线由寒暑假集中时间段向全年延展，由暂时性、阶段性、临时性向系统性、规划性、全年性工作布局转变，逐步由学生自发、院系组织、主题分散、兴趣导向向全校统筹、全员参与、立项审核、育人导向工作态势转变，在社会实践工作中引领青年深化认知、收获本领、增长才干。

近三年来，在社会实践工作中，学校和学生团队也取得了一些认可和荣誉。学校获评全国大中专学生志愿者暑期“三下乡”社会实践活动优秀单位 3 次，获评社会实践优秀实践团队 3 个、百篇优秀调研报告 1 篇，获评中国青年报社评选的全国最佳实践大学 1 次，获评全国最佳实践团队 3 个、全国优秀实践团队 1 个，获评省优团队数量始终名列全省第一。社会实践工作被光明日报报道，连续三年分别被中国青年报头版头条、头版、专题报道。

积累的实践成果在2021年第十七届“挑战杯”全国大学生课外学术科技作品竞赛红色专项活动中，获评全国特等奖1项（湖北省唯一）、一等奖1项（湖北省唯二）、二等奖3项、三等奖3项，获奖总数全国第五，也是湖北省获奖等次最高、数量最多的高校。

不论是在理论研究上，还是在制度实践上，社会实践活动都对当代大学生有着深刻的意义，是大学生进入高校后的一堂必修课，是大学生成长成才的有效环节。通过有组织、有目标、有制度保障地规范化开展社会实践活动，华中科技大学“行走的思政课”社会实践活动让大学生走出学校、走向社会、走向基层，用足迹丈量祖国的每一寸河山，用热血青春书写了青年担当，为拔尖创新人才的培养、美好社会的建设以及中华民族的伟大复兴做出了重要贡献，同时实现了实践育人的目标。

典型案例九：研究生红色理论学讲团

一、案例概述

华中科技大学研究生红色理论学讲团诞生于党的十九大召开前夕，始终走在学习宣传贯彻党的十九大和十九届历次全会精神的最前沿；见证了新中国成立七十周年盛典和中国共产党的百年华诞，深度融入党史学习教育工作大局，在服务华中大立德树人生动实践中，实现了跨越式发展。

五年来，学讲团始终坚持党旗领航，矢志“让有信仰的青年学生讲信仰”，充分发挥朋辈教育优势，“用青年话语，发时代新声”，用青年人的方式，将党的创新理论讲到了青年学生心田里，引导广大学子听党话、跟党走，也让青年人主动学党史、讲党史在华中科技大学蔚然成风。学讲团经过五年的发展积淀，特别是在党史学习教育中的淬炼考验，正日益成长为华中大学生党建思政工作中的一张靓丽名片和“大思政”格局的重要一环，相关工作受到了新华社、人民网、学习强国、中国教育电视台、全国高校思政工作网、长江日报、教育部党史学习教育简报、湖北省党史学习教育简报等主流权威平台的推荐报道，累计浏览量百万余人次，工作案例入选湖北省《党史学习教育典型案例》，于 2022 年 5 月获评校“青年五四奖章（集体）”。

二、案例解析

（一）案例思路与理念

习近平总书记在全国高校思想政治工作会议上强调，要坚持把立德树人作为中心环节，把思想政治工作贯穿教育教学全过程，实现全程育人、全方位育人，努力开创我国高等教育事业发展新局面。中共中央、国务院印发的《关于加强和改进新形势下高校思想政治工作的意见》提出，要坚持全员全过程全方位育人（以下简称“三全育人”），把思想价值引领贯穿教育教学全过程和各环节。

“全员”是“三全育人”体系中的主体能动要素，是实现立德树人中心工作的基础和保障，做好“三全育人”工作，十分有必要调动一切能动要素，切实发挥华中科技大学党旗领航优良传统，合力构建全员思政工作格局。通过“党旗领航工程”系列培养，华中科技大学锻造了一批批信念坚、政治强、本领高、作风硬的学生带头人，在学生群体中有着较强的影响力和朋辈示范效应，是思想政治工作形成“头雁领航、群雁齐飞”“大思政”工作格局的重要抓手。通过选树优秀青年学生组建理论宣讲团，“让有信仰的青年学生讲信仰”“用青年话语，发时代新声”，以广大青年学生喜欢的方式、听得懂的方式，把党的创新理论讲清楚、讲明白、讲到广大群众的心坎里面去，先学再讲，以讲促学，既发挥好有信仰青年的朋辈育人作用，筑牢思政育人基本盘，同时又让理想青年在“学”与“讲”的双重锻炼中铸就更深层、更坚定的理想信念根基，打造红色标杆，全力培育堪当民族复兴大任的时代新人。

（二）案例设计与实施内容

1. 让有信仰的青年学生讲信仰

以信仰传递信仰，宣讲才会更有力量。学讲团始终坚持高标准，严把入口关，经二级单位党委推荐、笔试面试选拔，严选信念坚、政治强、本领高、作风硬的青年学生加入学讲团。学讲团所有讲师均为中共正式党员，以近30个院系研究生骨干为主体，成员中2/3以上的人为党支部书记、德育助理、红色楷模，校级荣誉获得者占比70%。目前，学讲团每月深入校内学生支部宣讲的场次已逾100场，2021年全年共覆盖了校内400多个学生支部，开展宣讲500余场。在学讲团的服务带动下，学生支部理论学习质量显著提高，朋辈教育项目不断涌现，一大批华中大青年投身讲党史、讲校史的行列，“学理论、讲信仰”在华中大蔚然成风，党旗在学生群体中高高飘扬。

2. 学得扎实才能讲得精彩

“学”是“讲”的基础，学讲团始终坚信“只有学得扎实才能讲得精彩”，将扎实理论学习作为立身之本，在学工部和马克思主义学院的共同指导下，通过专家学者讲学、经典著作集体学、重要讲话及时学、备课内容专题学，打造全流程学习培训体系，构建起了先学再讲、以学促讲的“学讲”机制，为理论宣讲讲得精彩打下了坚实基础。

值得一提的是，对于习近平总书记最新讲话精神、中央最新决策部署，学讲团始终做到第一时间组织集体学习、第一时间邀请专家导学、第一时间开展专题备课、第一时间深入学生群体宣讲，走在华中大青年思想引领最前沿。

3. 用青年话语、发时代新声

围绕“习近平新时代中国特色社会主义思想，党的奋斗历程、历史经验、精神谱系，习近平总书记重要讲话精神”等重要内容，学讲团积极把青年学生的学习生活实践与党的创新理论相结合，用青年人的视角和话语来进行阐释，积极从同学们的专业出发进行微党课选题，把华中大青年自身的故事搬上讲台，以小见大、生动深刻，努力推动党的创新理论更加“接地气”、更加贴近学生，更加注重引起青年人的共鸣。

为了“讲”得精彩，学讲团始终紧抓课程质量生命线，由学生工作部、马克思主义学院教师进行指导把关，以严抓“三轮评审”机制为抓手，狠抓课程质量建设，坚持课程成熟一个上线一个、讲师合格一个推出一个，确保了每门课程讲得好，每次出讲有成效。

4. 让信仰成为一种力量

经过学讲团的“学”和“讲”的双重锤炼，学讲团讲师在长期的理论学习与宣讲中，进一步坚定了理想信仰，提升了综合素质，将理论宣讲的经历转化成自身成长成才的有效助力，实现了育己育人的有机统一，既实现了“让有信仰的青年学生讲信仰”，又实现了“让信仰越讲越坚定”，越来越多学讲青年在学讲团中找准了人生航向，自觉以党旗领航、信仰为帆，立志成为民族复兴接力赛上的一员。

三、案例点评

五年来，研究生红色理论学讲团坚持“用青年话语，发时代新声”，积极发挥朋辈教育和组织育人优势，让党旗在学生群体中高高飘扬，实现了“学”与“讲”的有机统一，形成了特色鲜明、成效显著的“研究生红色理论学讲团模式”。

一是青年讲给青年听，容易引发共鸣，也能在朋辈群体中树立起够得着的榜样。青年学生的理论宣讲与专家学者存在着一定的不同，专家学者的宣讲更加注重理论的厚度，而青年学生的宣讲，更多的是从同学们的专业背景以及学习、生活、实践出发，以小见大，用青年人的视角和话语来诠释党的创新理论。这样的理论宣讲微课程，在青年学生群体中更容易引发共鸣，能够形成对专家宣讲的有效补充。

二是以学生党支部为载体，发挥组织育人优势，提升党支部理论学习质量。学讲团以学生支部为主要阵地开展工作，常态化深入支部开展理论宣讲，给支部送来的不仅是课程内容中的理论知识，更是微党课讲授的示范。同时随着学讲团规模的扩大，特别是诸多党支部书记加入学讲团，他们在经过学讲团的备课、讲课历练后，将学讲团学习、备课、分享模式又带回了党支部，助推支部理论学习走深走实。

三是以课程建设为重点，坚持学讲结合，实现育己育人的有机统一。让青年学生进行理论宣讲，既是育人更是育己。为了能够讲得好，同学们在台下花了很大的功夫。通过“学”与“讲”的双重锻炼，团队成员在理想信念、理论水平和表达能力等方面均有了显著提升。我们欣喜地看到，越来越多的同学，在学讲团中找准了人生的航向。2021 届毕业生中，75％的团队成员走上了社会治理和立德树人的第一线。

未来，团队将继续坚持华中大党旗领航的精神底色，持续扩大社会影响力，带动更多的华中大青年投身“学理论、讲信仰”的行列，努力构建更有力的朋辈思政格局。

第二章 学教融合 集体成才

总述：华中科技大学本科教育教学工作回顾

20 世纪 80 年代，华中科技大学确立了由单纯的工科院校向理、工、文、管相结合的综合性大学转变的基本思路，2000 年，三校合并后，学校本科专业门类进一步丰富。现阶段，学校本科专业建设依托现有学科体系，以“坚持‘综合性、高水平、厚基础、强特色’定位，加强战略性、前瞻性布局，深入推进‘交叉创新工程’，重点谋划、布局、支持学科交叉与创新，建立支撑中国特色世界一流大学建设的学科体系”的学科建设思路为前提，围绕立德树人根本任务，坚持“四个面向”，紧密对接数字中国、制造强国、网络强国、海洋强国、航天强国、健康中国等国家战略，围绕经济社会发展需求和“新工科”“新医科”“新文科”建设要求，继续扩大工科优势，加强基础学科建设，加强学科交叉融合，深入推进专业优化调整，主动布局、自主增列战略前沿、新兴交叉学科等相关专业，建立起与研究型、综合性、开放式大学相匹配的本科专业结构。

目前华中科技大学共有本科专业 112 个，分布于哲学、经济学、法学、教育学、文学、理学、工学、医学、管理学、艺术学 10 大学科门类。其中工学学科门类专业 51 个，占比 45.5%；医学学科门类专业 8 个，占比 7.2%；理学学科门类专业 15 个，占比 13.4%；大文科门类专业 38 个，占比 33.9%。2019 年以来，学校以一流本科专业建设“双万计划”为契机，共计获批 74 个国家级一流专业建设点，15 个省级一流专业建设点，获批国家级一流本科专业建设点的招生专业占比超过 70%。

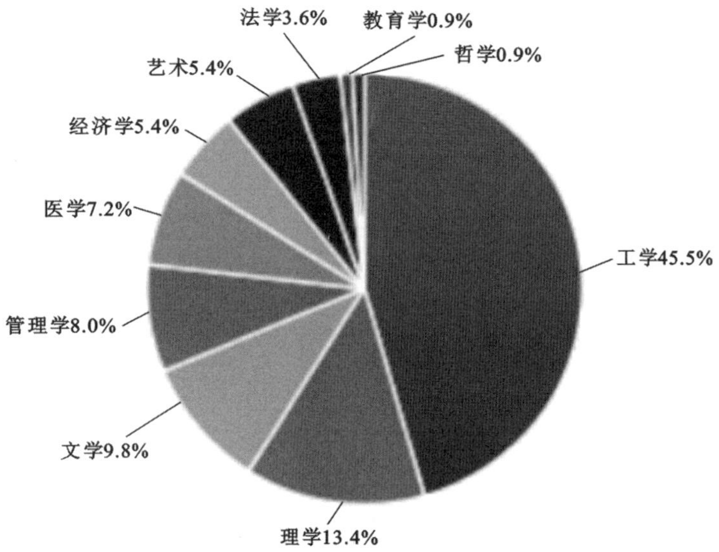

各专业门类专业数占比

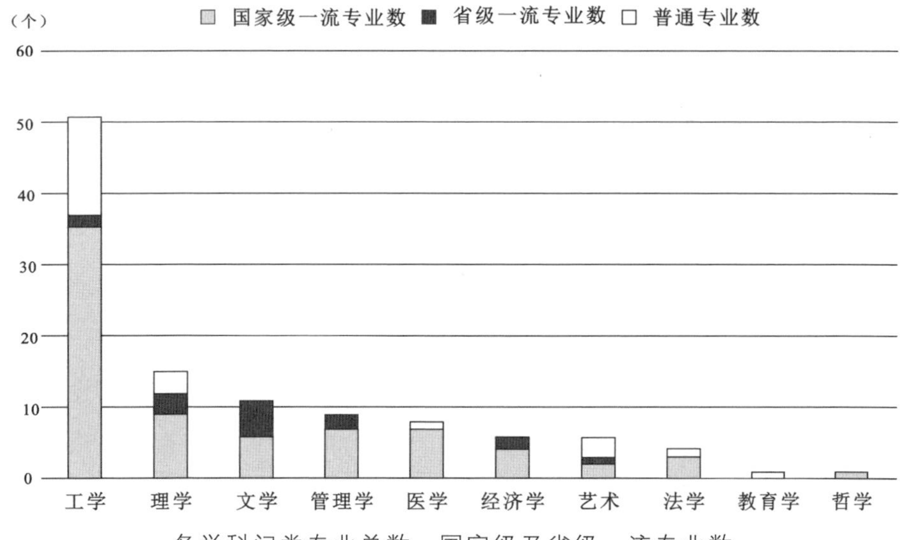

各学科门类专业总数、国家级及省级一流专业数

学校建立了专业动态调整机制，坚持“面向国家战略需求、面向世界科技前沿”，需求导向，质量导向，动态调整。一方面，学校适应人才市场需求、知识创新、科技进步等因素的发展变化，结合学科建设发展，积极谨慎地增设新专业、调整现有专业或恢复传统专业。2000年以来，学校

在工学、医学、理学、文学、管理学、经济学、教育学、艺术学等学科门类新增相关专业 59 个。另一方面，在专业退出机制上，鼓励院（系）对专业发展不断进行自我动态评估，自主提出调整申请，停止招生。2001 年以来，院（系）主动停招专业 9 个。2017 年，学校启动按院（系）招生及专业分流改革，2018 年，按院（系）招生全面铺开，以推动专业设置的进一步优化。

一、课程建设

课堂是育人的主渠道，课程是育人的载体。近些年来，华中科技大学始终坚持立德树人根本任务，持续推进高水平课程建设，不断提高课程教学质量，在精品课程、精品视频公开课程、精品资源共享课程、精品在线开放课程和一流课程建设方面取得了显著成效，具体情况如下：

学校国家级高水平课程建设情况

课程类型	门数	获批年份
国家级精品课程	49	2003—2010 年
国家级精品视频公开课程	7	2011—2014 年
国家级精品资源共享课程	49	2012—2016 年
国家级精品在线开放课程	14	2017—2019 年
国家级一流课程 （包括前期国家级精品在线开放课程）	55	2020 年

学校积极推进课程教学方法和教学模式的改革，注重信息化技术与教育教学的深度融合。一方面，大力推动在线开放课程（慕课）等新型课程资源的建设工作，到目前为止，学校在中国大学 MOOC（慕课）等平台上线的在线课程达到 105 门左右。

另一方面，我校还建设了本科课程平台，着力提升教师信息化教学能力，推动混合式教学模式的开展，为课程教学的改革与创新奠定了坚实的基础。

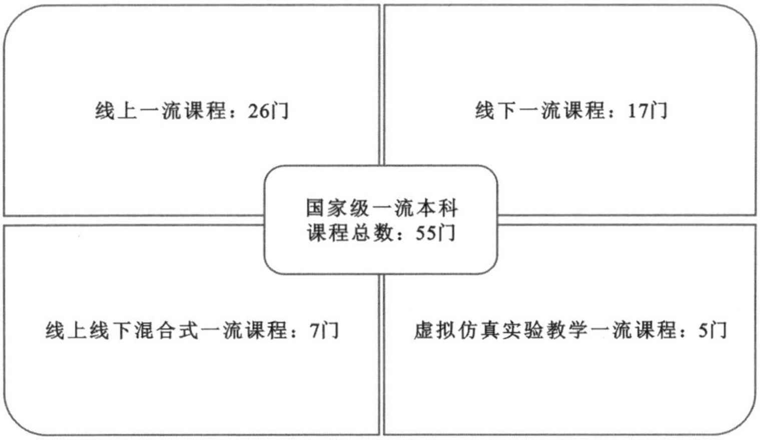

学校国家级一流课程类型分布

自动控制原理

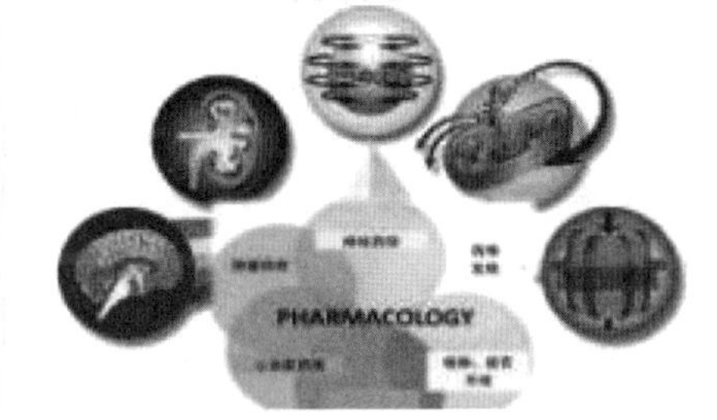

药理学

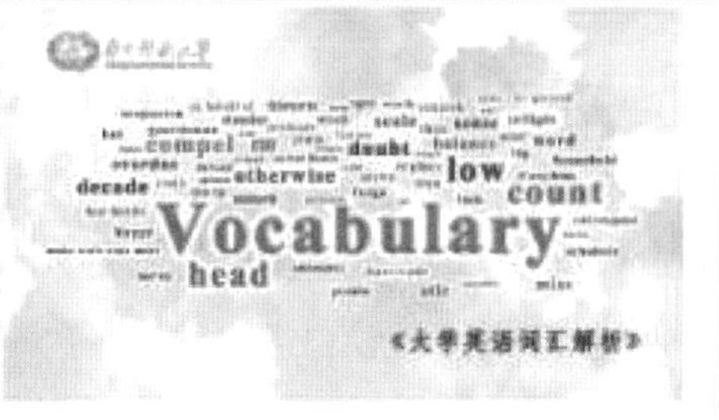

大学英语词汇解析

部分国家级一流课程展示

二、人才培养模式

（一）探索人才培养模式

我校不断探索人才培养新模式，建立了适应学生不同发展定位和发展路径的专业人才培养模式。

① 学科交叉培养模式：依托未来技术学院，选择光电信息科学与工程、机械工程、生物医学工程、自动化与人工智能等四个国家一流本科专业，聚焦“大工程　大健康”未来战略产业发展，探索学科交叉本研贯通人才培养规律；依托启明学院，围绕创新人才的培养目标，选择机械、光电、生医、土木四大学科门类，实行跨学科联合培养。② 校企联合培养模式：学校与企业联合制定学生培养计划和培养方案，共同负责学生的培养，创新“卓越工程师教育培养计划”产学研联合培养模式，强化学生工程实践能力培养。③ 本硕博贯通培养模式：学校在机械、电气、临床医学等 11 个我校工学和医学优势学科专业实施本硕博贯通培养。④ 科教协同人才培养模式：学校与中国科学院生物物理研究所联合举办贝时璋菁英班，与中国科学院物理研究所联合开设天眷英才班、严济慈英才班，为本科生提供一流的导师群体和先进的实验设备，实施科教协同人才培养。⑤ 国际联合培养模式：我校与世界许多知名大学建立了良好的校际合作关系，采取“2 + 2”“3 + 1”“3 + 2”等培养模式，开设中英、中美、中法、中德等国际合作班，实施国际联合培养。⑥ 复合型人才培养模式：为满足学生个性化成长需要，多年来推行学生辅修双专业、双学位制度，并通过校际交流和国际交流与国内外知名高校互认学分，着力培养复合型人才。⑦ 优才优育模式：选拔品学兼优的学生为学习特优生，配备专业导师，以学生兴趣和能力为导向，实施优才优育培养。

（二）设立人才培养特区

学校持续推进人才培养模式的综合改革，探索教学理念、培养模式和管理机制的全方位创新，先后获批建设国家级人才培养创新实验区、试点学院、国际化示范学院、示范性微电子学院、网络空间安全学院等人才培养特区，形成了有利于多样化创新人才成长的培养体系，影响和带动了其他专业乃至其他高校人才培养模式的改革和创新。

1. 国家级人才培养模式创新实验区

2007—2009 年，我校获准成立了 13 个国家级人才培养模式创新实验区。实验区遵循以学生为中心的教育理念，实行开放办学的运行机制，建立基于能力的评价体系，成为改革的示范区，并在启明学院加以集成。我校国家级人才培养模式创新实验区情况如下表。

华中科技大学国家级人才培养模式创新实验区一览表

序号	实验区名称	年度
1	基于工程技术平台的艺术设计人才培养模式创新实验区	2009
2	CDIO 型光电工程创新创业人才培养实验区	2008
3	生命科学与技术人才培养模式创新实验区	2008
4	中德医学教育人才培养模式创新实验区	2007
5	全员育人和全员自育互动：构建以培养高素质优秀人才为目标的大学生文化素质实践教育体系	2007
6	华中科技大学长江学院创新教育示范区	2007
7	工学拔尖创新人才培养模式综合实验区	2007
8	数理提高班专业创新人才培养实验区	2007
9	机械设计制造及其自动化专业提高班	2007
10	材料学科创新型人才培养实验区	2007
11	基于项目的信息大类专业创新人才培养实验区	2007
12	面向群体创新人才培养实验区	2007
13	具有国际竞争力的电气学科创新人才培养实验班（提高班）	2007

2. 启明学院

2008 年 9 月 6 日，学校与业界共同创办启明学院。启明学院是学校本科生拔尖创新人才培养的特区，创新创业教育全校中枢，致力于培养具有创新能力、创业精神和国际视野的未来杰出人才。学院贯彻以学生为中心的教育思想，因材施教，引导学生进行研究性学习、主动实践和科技创新，开发学生潜能，探索创新教育、创业教育和创造教育的新途径，营造多学科交叉的创新教育生态环境，构建本科拔尖创新人才培养的新模式，为达成“一流教学、一流本科”的目标发挥示范和辐射作用。学院坚持“开放办学、创新机制、学科交叉、拔尖示范”的办学思路，围绕拔尖创新人才培养，形成了“学生自主”“强化实践”“学科交叉”“团队协同”人才培养特色。选拔优秀本科生，按照实验班、创新团队和本科特优生三类，与院（系）共同培养。集聚优质资源，开展面向全体学生的创新创业教育和实践。

3. 光电信息试点学院

2011 年底，光电信息试点学院被列为国家教育体制改革试点学院（全国 17 所，华中地区仅此 1 所）。作为我国高等教育改革特区之一，学院借鉴国际一流大学的办学经验，贯彻“基于课程、面向群体、强化数理、突出实践、项目驱动、协同育人”的教育理念，逐步推进国际化、探究式、小班化教学，培养具有国际竞争力的应用科学家和卓越工程师。2018 年获评高等教育国家级教学成果一等奖。

4. 国际化示范学院

2014 年，工程科学学院（国际化示范学院）是全国首批 4 所国际化示范学院之一。学院依托学校武汉光电国家研究中心建设，共建的生物医学工程是教育部 A+学科。学院通过海外高端引智，与国家研究中心一流师资组建国际化课程团队，采用与国际名校接轨的人才培养模式，致力于将研究中心一流的学科、课程、科研和国际交流平台等优质资源转化为本科生培养优势，培养具有多学科视野、扎实的科学和工程基础知识，能够开展工医理交叉学科前沿研究的创新拔尖人才，着力建设工医理交叉国际化实验班，打造生物医学工程“新工科”国际化教学示范区。

5. 示范性微电子学院

2015 年，我校获批筹备建设示范性微电子学院。学院秉承“拔尖示范、产学融合、协同育人、自主创芯”办院思路，着力构建一流的微电子/集成电路人才培养中心和一流的微电子/集成电路技术研发中心，努力打造中国微电子产业中的“武汉芯”品牌，培养具有国际竞争力的科技创新型及工程应用型微电子/集成电路产业紧缺人才，具备如下 4 种能力：科学思维能力、工程实践能力、交叉创新能力、国际交往能力。学院已经构建了“博士后—博士—硕士—本科”完整人才培养链。

6. 网络空间安全学院

2019 年，我校入选第二批国家一流网络安全学院建设示范项目高校。我校以建设“一流网络安全学院”为目标，以“德才兼备、软硬兼修、特色强院、学科一流”为办学方针，近几年来，在人才培养方面实施“分级通关”综合实践能力培养方案，是目前国内唯一在本科教学中系统性推行综合实践能力培养的学校。

（三）完善人才培养方案

建立与人才培养目标定位相适应的科学合理的人才培养方案是保障人才培养质量最重要的环节。在专业人才培养目标和培养方案的设计中，坚持科学教育与人文教育相融合，提升学生的综合素质；坚持专业建设与学科建设相结合，发挥研究型大学的办学优势；坚持理论教学与实践教学相结合，强化学生的实践创新能力；坚持共性要求与个性发展相结合，为学生提供更多的发展机会；坚持课内教学与课外活动相结合，统筹优化教育的全过程。

2003 年，我校已基本建立起以学科大类平台课为核心的培养方案。在通识教育课程平台基础上进行各学科大类核心课程的设计，分别建立了信息、机械、能源、土木、建规、环境、医学、人文等学科的大类平台课程，基本实现了本科培养计划前半年只有文科和理科之分，前两年只有学科大类之分，第三年进入专业基础和方向课程学习。为了强化实践能力的培养，要求尽量针对学科平台课程设置课程设计和独立实验课程，与后期专业课程和独立设置的综合性设计性实验课程一起形成递进式的实验实践教学体系。

2007年，学校依据本科教学工作水平评估要求，对培养方案进行了调整。依据学校和院系发展目标，进一步明确人才培养的目标定位，在重点调研和分析国内外一流大学相同或相近学科专业人才培养计划的基础上，结合我校特色，构建与定位相适应的培养方案，建立与培养方案相适应的课程体系。

2009年，本科人才培养方案进一步强化了通识教育基础课程、学科基础课程、专业课程、集中性实践教学环节的建设，提高实践教学的比例，降低总学分要求，减轻学生学业负担，提高学生主动学习的意识。

2014年，学校本着引导个性化发展、促进自主学习、强化核心课程、加强实践教学的原则进一步完善人才培养方案。进一步强调培养方案与培养目标的适应性，要求重构、优化、固化核心课程，显著降低总学分要求，加强实践教学环节。提出重构培养方案，给学生自主学习的时间，重构课程体系，给学生自主学习的空间，改进教学模式，帮助学生自主学习。重点完善了以学科大类课程为基础的培养体系，突出了“宽口径、厚基础、强实践、重特色”的特征，总学分要求控制在160学分以下，确保理工医科专业的实验课程学时数不低于总学时的25％，文科专业的实验课程学时数不低于总学时的15％，课外学分的要求弹性化。

2017年，学校重新梳理构建了“素质教育通识课程（必修＋选修）”“学科（专业）基础课程”“专业课程（必修＋选修）”的“三大类、五小类”的课程体系。改革原有基于“自然科学”“人文社会科学”分类的素质教育通识选修课程体系，重构了依托“思维与方法”“文学与艺术”“沟通与管理”“历史与文化”“经济与社会”“科技与环境”6个课程模块的素质教育通识选修课程体系。

2019年，学校构建了创新意识启迪、创新能力培养、创新实践训练三个层次共计6个学分的创新创业课程体系。将创新创业教育与各专业培养计划有机融合，构建了依托学科专业导论类课程的创新意识启迪类课程，依托具有较高挑战性的专业核心课程的创新能力培养类课程，依托科研训练、学科竞赛、创新实践等环节的创新实践训练类课程。

2020 年，学校在数学与应用数学、物理学、化学学、生物科学、基础医学、汉语言文学、哲学 7 个基础学科专业设立“强基计划”实验班，在机械、电气、医学等 11 个我校优势工学、医学学科专业设立本硕博贯通培养实验班。此外，进一步推进大类招生培养改革，在“宽口径、厚基础”基本原则指导下，进一步优化专业人才培养方案，夯实学生学科基础知识，加强学生“大工程观”教育，推动学科交叉和融合，开设“人工智能”“云计算”等相关课程。

2021 年，学校全面深入推进课程思政建设，落实立德树人根本任务。学校贯彻落实教育部《高等学校课程思政建设指导纲要》精神和《华中科技大学关于进一步加强课程思政建设的实施方案》工作部署，全面深入推进课程思政建设。修订专业人才培养计划，明确课程思政教育对专业人才培养目标的支撑作用；修订各门课程的教学大纲，挖掘相应思政元素并有机融入课程教学内容中，明确课程思政教学内容对课程教学目标的支撑作用。

（四）教学成果奖

华中科技大学始终坚持立德树人根本任务，积极践行以学生全面发展为中心、成效导向和持续改进的教育理念，不断深化教育教学改革，成果丰硕。2012 年以来，学校牵头获高等教育国家级教学成果奖 11 项。

华中科技大学牵头获高等教育国家级教学成果奖项目名单

序号	成果名称	完成人	获奖年份	获奖等级
1	研究型大学机械专业拔尖创新教育体系构建与实践	丁汉、何岭松、尹周平、吴波、吴昌林、陶波、丁雨葵、凌玲、徐江、张俐	2018	一等奖

续表

序号	成果名称	完成人	获奖年份	获奖等级
2	融合产业学科优势，基于“一课三化”举措，推进光电专业创新人才的群体培养	张新亮、杨晓非、江建军、刘劲松、刘继文、柯昌剑、李元杰、聂明局、曹丹华、王英、邓前松、鲁平、吴裕斌、崔晟、杨振宇、李玲	2018	一等奖
3	能源动力类“535”创新人才全方位、多层次培养体系改革与实践	刘伟、罗小兵、杨昆、舒水明、陈刚、姚洪、陈汉平、成晓北、冯晓东、许国良、叶晓明、王晓墨、黄晓明、邬田华、龙妍、吴晶	2018	二等奖
4	发挥学科优势，依托班级平台，创建研究型大学电气专业高素质人才培养体系	李红斌、康勇、程时杰、尹项根、张蓉、杨德先、叶齐政、尹仕、王学东、何俊佳、潘垣、颜秋容、文劲宇、罗珺、熊永前、杨勇	2018	二等奖
5	创建“六轮齐驱、四能并举”全方位立体化育人模式，培养八年制卓越医学人才	陈建国、厉岩、王芳、季湘年、晏汉姣、鲁友明、李和、刘争、吴雄文、胡豫、王建枝、沈关心、冯作化、秦选斌、舒涛、章敏、文历阳	2018	二等奖
6	以核心胜任力为导向，预防医学人才培养模式的创新与实践	邬堂春、刘烈刚、杨克敌、姚平、张均岳、梁渊、魏晟、王芯、赵金辉、严薇荣	2018	二等奖
7	新闻评论人才培养创新体系的构建与实施	赵振宇、张昆、顾建明、何志武、刘义昆、牛静	2018	二等奖

续表

序号	成果名称	完成人	获奖年份	获奖等级
8	生物技术特色专业复合型创新人才培养体系的改革与实践	余龙江、鲁明波、杨英、吴元喜、刘曼西、李为、刘幸福、杨广笑	2014	二等奖
9	引导学生自由发展的机械专业工程教育改革与实践	李培根、吴昌林、吴波、何岭松、周莉萍、李斌、杨家军、张国军	2014	二等奖
10	以能力培养为导向的预防医学人才培养模式的创新与实践	邬堂春、杨克敌、刘烈刚、陈国元、姚平	2014	二等奖
11	全国高校教学基本状态数据库系统研究及其在新建院校中的应用	许晓东、季平、李延保、王战军、李昕、周爱军、李小梅、刘旭、张勇、王士贤、屈琼斐	2014	二等奖

三、海外交流

学校坚持开放式办学理念，积极开展全方位、多层次的国际交流与合作，在“十三五”发展规划、“双一流”建设方案等一系列重要文件中，对人才培养与国际接轨提出了明确要求。

近些年，为提高我校国际化办学水平，培养具有国际竞争能力的创新人才，学校持续推进本科生国（境）外学习交流计划。在机制建设上，逐步建立较为完善的学校职能部门、院系二级管理运行模式。学校坚持放权和监管同步：一方面“抓大事、谋全局”，通过放权充分调动院（系）等二级单位和学生的积极性；另一方面，通过信息化手段，以资助为导向，实现大学生国际“双创”访学交流的宏观管理。同时，增强激励机制，修订《华中科技大学本科生赴海外交流资助办法》，加大对海外交流学生的资助力度。梳理整合海外访学交流项目，完善学校本科生海外学习交流学籍管理规范与工作流程。在平台建设上，构建集交流项目宣传、选拔推荐、申报公示、经验交流、成果展示为一体的本科生海外“双创”学习交流信息化平台。整合全校各种国（境）外交流项目，实现本科生海外“双创”交流申报和返校审批的信息化管理，达到让“信息多跑路、院系少跑路、学生不跑路”的目的。在项目（课程）建设上，建立起“N+N”合作办学、国际交换生、寒暑期海外课程、海外冬夏令营、国际竞赛、国际会议、社会实践、科研实习、创业企业参观交流等多种国际交流学习形式，鼓励院（系）结合学科、专业开设创新创业和前沿科技访学项目，鼓励有条件的专业将海外“双创”学习（包括实践实训）经历纳入本科生培养体系。

通过实施本科生国（境）外学习交流计划，本科生海外交流工作取得长足进步。

1. 参与人数逐年增多

2015 年本科生海外交流人数为 470 人，占当年招生人数的 7%；2016 年本科生海外交流人数为 900 人，占当年招生人数的 12%左右，达到学校“十三五”规划中本科生海外交流比例 10%的目标；2017 年，本科生海外交流人数达到 1381 人，约占当年招生人数的 18%，超出规划目标 8 个百分点；2018 年参与海外交流学生已达 1522 人，交流人数比例接近 21%；2019 年参与海外交流学生已达 1828 人，交流人数比例接近 25.6%；2020 年至 2021 年度，因受世界范围的新冠肺炎疫情影响，出国人数分别为 62 人及 73 人。

2015—2021 年本科生海外交流情况

年份	本科生海外交流人数	占当年招生人数比例
2021	73	1%
2020	62	0.86%
2019	1828	25.6%
2018	1522	21%
2017	1381	18%

续表

年份	本科生海外交流人数	占当年招生人数比例
2016	900	12%
2015	470	7%

学校不断拓展国际交流形式。2022年度，在新冠肺炎疫情持续肆虐全世界的情况下，我校遴选外方学校及机构，精选学科发展前沿课程，通过开设网课的方式开展交流。

2. 交流质量不断提升

根据本科生海外交流网络信息平台统计，我校学生出行国家（地区）共27个，地域分布为欧洲、美洲、大洋洲、亚洲，涉及美、英、加、德、法、日、澳、新等经济科技发达国家，涉及122所高校及科研机构。项目以院系组织为主，学生出国均在组织体系中成行。访学人数较多的高校有加州大学伯克利分校、新加坡国立大学、斯坦福大学、曼彻斯特大学、剑桥大学、哈佛大学、麻省理工学院、亚琛工业大学等大学。目前与我校签订了校际交流中外联合办学项目协议的名校超过20所。

3. 创新创业主题更加突出

学校持续推动与斯坦福大学、加州大学伯克利分校等世界顶尖高校创新创业专题访学项目的高水平开展。同时，依托海外引进人才、海外校友等资源，调动院（系）积极性，结合学科、专业开展高水平学术科研访学交流。目前，国际“双创”访学体验项目体系日趋完善，实现了理、工、文、管、医学科全覆盖。

四、“荣誉学士学位称号”

为深入贯彻落实习近平新时代中国特色社会主义思想关于教育的重要论述精神，切实落实中共中央、国务院印发的《深化新时代教育评价改革总体方案》，以人才培养为中心，树立科学的教育评价导向，激发学生学习兴趣和发展潜能，鼓励优秀学生脱颖而出，进一步落实立德树人根本任务，助力学校“双一流”建设，学校 2021 年出台《华中科技大学“荣誉学士学位称号”评选工作暂行办法》，建立了面向全体本科学生、多元化评价的华中大“荣誉学士学位称号”制度。

该制度旨在鼓励本科生立大志、明大德、成大才、担大任，教育和引导学生在坚定理想信念、厚植爱国主义情怀、加强品德修养、增长知识见识、培养奋斗精神、增强综合素质上下功夫，努力成为具有过硬政治素质、扎实专业知识与实践能力、深厚人文情怀、强烈创新精神、宽广国际视野的德智体美劳全面发展的时代新人和未来领军人才。

“荣誉学士学位称号”是学校对本科生学术学业表现的最高认可。制度实施两年来，2021 届、2022 届本科毕业生中分别有 202、204 名优秀学子喜获“荣誉学士学位称号”，在年均 7000 名毕业生中占比不超过 3％。

荣誉学生的遴选体现了学校坚守“为党育人、为国育才”的初心使命，把政治标准放在首位，选拔具有坚定正确的政治方向和积极践行社会主义核心价值观的优秀学子。据统计，2021 年获得荣誉称号的 202 名学生中党员和预备党员为 107 名，占比 52. 97％，2022 年获得荣誉称号的 204 名学生中党员和预备党员为 129 名，比例跃升至 63. 24％，超过面上毕业生中党员和预备党员 36. 24％的比例。

学校在荣誉学生选拔中强调德智体美劳全面发展，除了要求学习成绩优异，更鼓励学生多元发展，要求从创新研究能力、文体和劳动素养、国际视野、团队合作、领导力、社会责任等多方面、多维度对学生进行综合评价。如在获得荣誉称号的学生中，既有大学四年加权总成绩 95. 32 分，专业排名稳居第一的“超级学霸”（电气学院电气工程及其自动化专业 2018 级张从佳），也有专业知识扎实，斩获 2021 年世界大学生超级计算机竞赛一等奖的“竞赛高手”（计算机学院计算机科学与技术专业 2018 级赵云霏）；既有主持省级和国家级“大创”项目，发表学术论文多篇的“科研能手”（人文学院汉语国际教育专业 2018 级贺荣）；也有工作认真、成效突出，代表学校参加教育部“高校党组织战‘疫’示范微党课”的“党员先锋”（能源学院能源与动力工程专业 2017 级郭子奇）；既有大学四年累计跑步里程近4000公里，热爱运动的“体育健将”（光电信息学院集成电路设计与集成系统专业2017级柳帅），也有积极投身社会实践、在志愿服务中奉献自我、累计工时超200个小时的“公益达人”（第一临床学院临床医学专业（八年制）2018级冯子珊）；既有多次赴英国伯明翰、美国UCLA、斯坦福等大学学习的“交流之星”（第二临床学院临床医学专业（八年制）2017级胡颍洁），也有热爱歌唱，参演作品获全国第六届大学生艺术展演一等奖的“小艺术家”（哲学学院哲学专业2017级鲍紫莹）。这些荣誉学子取得的骄人成绩充分诠释了“明德、厚学、求是、创新”的校训精神，充分彰显了“一种底色，三张名片”的新时代华中大办学特色。

近年来，学校着力推进教育评价改革，努力构筑科学的学生评价体系，突出质量导向，强调过程评价。出台了《关于加快实施一流本科教育改革与建设工程的意见》（“本科教育50条”），全面深化“三全育人”“五育并举”的人才培养体制机制，倡导素质教育，提出“一生一艺”“一生一技”计划。2021年新修订的本科生学籍管理细则，进一步强化了体育、美育、劳动教育评价。将体测达标、修满相应艺术、劳动教育课程学分作为毕业标准，严把出口关，不断擦亮“学在华中大”的名片。

五、本科转专科

学校以习近平新时代中国特色社会主义思想为指导，深入贯彻时任教育部部长在新时代全国高等学校本科教育工作会议上的讲话精神，认真落实《普通高等学校学生管理规定》，创新教学管理制度，探索分流培养、分类成才的学籍管理新机制。

一方面，坚持“育人为本”的办学理念，严把质量关，严把出口关，保障本科生的培养规格和质量，使“学在华中大”的品牌在新时代更响亮。学校坚持“以本为本”，推进“常识回归”，围绕学生刻苦读书办教育，引导学生求真学问、练真本领，真正把内涵建设、质量提升体现在每一个学生的学习成果上。为了给学生合理“增负”，提高学生的学业挑战度，激发学生的学习动力和专业志趣，学校不断强化本科生学业过程性管理，多年来坚持针对普通本科生的学业警示和淘汰制度。另一方面，学校秉承“育人为本、创新是魂、责任以行”的办学理念，采取多种举措，深化教育教学改革，构建和完善充满活力的创新人才培养体系。更加注重维护学生的权益，鼓励学生实行自我管理，最大限度地尊重学生成长过程的多样性，保护学生受教育的权利，架构起本科淘汰之后的“出口”和“出路”，以激发学生的自主学习力和自我约束力。2017 年学校发布了《华中科技大学普通本科生转专科管理办法（试行）》，改变原有的“一刀切”式的培养模式，尝试按照学生的学业基础差异、学习能力差异与个性需求差异，给学业淘汰的本科生多一次选择的机会，试行本科生转专科制度，为淘汰学生顺利完成学业提供缓冲。

截至 2022 年 6 月，全校共有 100 名本科生申请转专科，其中 2018 年 11 名、2019 年 22 名、2020 年 19 名、2021 年 9 名和 2022 年 8 名，近五年来共 69 名本科生转入专科学习后，按专科毕业。

六、转专业

学校近年来给予学生更多专业选择空间，激发学生的学习动力和专业兴趣，不断加大转专业力度，具体情况详见下表：

2017—2021 年级转专业情况

年级	转专业人数	在校生数	转专业比例
2021 级	1248	7068	17.66%
2020 级	1715	7054	24.31%
2019 级	1525	7086	21.52%
2018 级	1721	7182	23.96%
2017 级	1351	7135	18.93%

从 2017 级开始，本科生转专业信息平台实现了学生网上申报、院系和本科生院在线审核，真正践行了“转出无门槛，转入有要求”的转专业政策和理念，系统自动实现转专业成功学生退课以及部分选课功能，获得了师生好评。

从 2018 级本科生开始，学校进一步以需求为导向，提高院（系）转专业接收转入人数的上限，推动专业动态调整机制的稳步实施。

为完善个性化育人制度，构建多元化本科人才培养模式，学校于2017年开始在部分院系实行按院系招生的招生模式。2018年3月至2022年3月，已有5个年级的学生通过专业分流信息平台完成了从大类培养到专业培养的平稳过渡，分流人数达14300人。

2018—2022年专业分流人数明细表

专业分流学期	2017级	2018级	2019级	2020级	2021级	总计
2017—2018第2学期	1639	—	—	—	—	1639
2018—2019第1学期	253	134	—	—	—	387
2018—2019第2学期	747	2547	—	—	—	3294
2019—2020第1学期	—	626	129	—	—	755
2019—2020第2学期	—	907	2747	—	—	3654
2020—2021第1学期	—	—	698	332	—	1030
2020—2021第2学期	—	—	873	1823	—	2696
2021—2022第1学期	—	—	—	297	548	845
总计	**2639**	**4214**	**4447**	**2452**	**548**	**14300**

七、“大创”计划

2019年，学校提出实施创新创业“双向百分百”计划，推动师生全面参与科研训练，学校逐步形成了从课内到课外、从创新到创业，校内校外相结合，以自主实践、创新驱动、团队协同、学科交叉为鲜明特色的大学生创新创业教育体系。

（一）发展历程

2006年，教育部领导在考察学校创新型人才培养模式后提出：应依托“高等学校本科教学质量与教学改革工程”设立“大学生科研训练计划”项目。自此，全国大学生创新创业训练计划应运而生，学校作为首批十所试点院校最先参加该计划，当年立项创新实践项目45项。

2008年，为做好拔尖创新人才培养，学校与业界共同创办了启明学院。作为教育改革的试验田和示范区，启明学院秉持“开放办学、创新机制、学科交叉、拔尖示范”的办学思路，通过多渠道因材施教，引导学生开展研究型学习和科技创新实践，培养一批具有创新思维、创业意识和国际视野的拔尖创新人才。

2009年始，学校专项设立大学生自主创新基金，每年划拨专款配套支持大学生开展创新创业训练。

2012年，为进一步贯彻《教育部　财政部关于“十二五”期间实施“高等学校本科教学质量与教学改革工程”的意见》（教高〔2011〕6号）的精神，根据《教育部关于做好“本科教学工程”国家级大学生创新创业训练计划实施工作的通知》（教高函〔2012〕5号）要求，学校成立了以分管教学工作的校领导为组长，教务处、科学技术发展院、设备处、财务处、学生工作处、产业集团、后勤集团等部门主要负责人为组员的大学生创新创业工作领导小组。小组下设跨部门的创新创业训练计划项目管理办公室，全面负责学校各级各类大学生创新创业项目的组织、管理和实施工作。同年，学校印发《华中科技大学大学生创新创业训练计划项目管理办法》（校教〔2012〕30号）文件，进一步规范了学校大学生创新创业训练计划项目的管理，明确了“双创”工作从院（系）到校级再到国家级的项目培养输送体系和管理模式。

2014年，学校获得教育部国家级大学生创新创业训练计划专家工作组颁发的“2012—2014年度国家级大学生创新创业训练计划实施工作先进单位”的荣誉称号。

2016年，学校印发《华中科技大学深化创新创业教育改革工作实施方案》（校发〔2016〕4号）文件，深入贯彻《国务院办公厅关于深化高等学校创新创业教育改革的实施意见》（国办发〔2015〕36号）的文件精神，细化分工，落实责任，着力加快推进学校的创新创业教育改革。

2017年，国务院办公厅印发《国务院办公厅关于建设第二批大众创业万众创新示范基地的实施意见》（国办发〔2017〕54号），学校成功入选全国第二批“双创”示范基地建设单位，学校结合自身特点，研究制定工作方案，明确建设目标和重点，并按照工作方案落实和完善相关政策举措，加快推进“双创”示范基地建设。

2017年，学校获评教育部国家级大学生创新创业训练计划专家工作组颁发的“国家级大学生创新创业训练计划最佳组织奖”荣誉奖项。

2019年，为贯彻落实全国教育大会和新时代全国高等学校本科教育工作会议精神，进一步推进学校大学生创新创业训练计划项目实施和管理，根据教育部《国家级大学生创新创业训练计划管理办法》文件精神，学校于2019年修订《华中科技大学大学生创新创业训练计划项目管理办法》（校教〔2019〕19号）。明确了“大创”计划校、院两级管理模式，细化了激励措施，鼓励师生参与“大创”计划项目。

2019年，学校印发《华中科技大学关于加快实施一流本科教育改革与建设工程的意见》（“本科教育50条”），提出实施创新创业“双向百分百”计划，全面开展科研训练，推动本科生早进课题、早进实验室、早进团队。鼓励教师指导学生参与高水平教学研究，培育学生创新意识、创新能力和创新精神。把创新创业教育全方位、深层次融入人才培养全过程，推动创新创业教育与专业教育、思政教育紧密结合。

2021年，为了落实习近平总书记在科学家座谈会上提出的“四个面向”要求，推动创新驱动发展，加快科技创新步伐，不断向科学技术广度和深度进军，结合学校实际情况，学校申报并获批“国创计划”（国家级大学生创新创业训练计划）重点支持领域项目3项。

2021年，学校施行“本科创新创业成绩单”，全面记录本科生在校期间开展的创新创业活动。2021年，“大创”计划覆盖面达年招生人数的86%。

（二）实施现状

2006年，学校作为首批十所试点院校最先参加“国创计划”大学生创新创业训练计划。十五年间，学校建立了以国家级项目为牵引的国家、省级、校级、院（系）级四级“大创”计划建设体系，“大创”计划已成为学校创新创业教育的重要内容，在启迪学生创新意识、培养学生创新能力等方面发挥了重要作用。近五年，学校累计立项各级各类“大创”项目

7077 项，总计支持 3951 万元，参与学生人次数达 23627 人，每年各级“大创”计划覆盖面已超过当年招生人数的 80%。学校 2006—2022 年国创项目整体情况详见下表。

2016—2022 年“国创计划”项目整体情况表

内容	年份						
	2006—2017	2018	2019	2020	2021	2022	总计
立项“国创计划”项目数	1052	120	153	150	153	181	1809
获批“国创计划”资助经费（万元）	1190	121	191	150	213	287	2152
参与学生数	4219	464	587	568	601	775	7214

学校“大创”计划实行学校、院（系）两级管理。本科生院是学校本科生“大创”计划项目管理部门，院（系）是各级各类“大创”计划实施和管理的主体，负责项目的具体实施。

在项目管理模式上，按照教育部“本科教学工程”大学生创新创业训练计划的总体思路，学校建立了以国家级项目为牵引的国家、省级、学校、院（系）四级大学生创新创业训练计划项目资助体系，以院（系）孵育、校级完善、省级和国家级深入的方式，层层引导大学生创新创业项目逐步走向成熟。学生“大创”计划研究层层递进，培养学生创新实践思维和能力。

学校“大创”计划实行项目制管理：在类型上分为创新训练项目、创业训练项目和创业实践项目；在级别上分为国家级、省级、校级和院（系）级；在项目类别上自 2021 年起分为重点支持领域项目、学科交叉项目和一般项目。

在大学生创新创业训练计划项目的推进过程中，学校着重培养学生批判性思维的能力，养成学生理论联系实际、审慎求证、大胆实践的务实学风，提高学生科研实践能力和工程应用能力，并鼓励学生在创新基础上大胆尝试创业实践。

（三）主要经验

1. 政策与措施

1）制度保障

学校十分重视大学生创新创业能力的培养，多年来，通过一系列举措，为大学生创新创业训练项目的开展搭建各种资源平台，给予相关政策，鼓励学生积极开展创新创业项目的探索和实践。

2012 年，学校印发《华中科技大学大学生创新创业训练计划项目管理办法》（校教〔2012〕30 号）文件，进一步规范了学校大学生创新创业训练计划项目的管理，明确了“双创”工作从院（系）到校级再到国家级的项目培养输送体系和管理模式。2016 年，学校印发《华中科技大学深化创新创业教育改革工作实施方案》（校发〔2016〕4 号）文件，细化分工，落实责任，着力加快推进我校的创新创业教育改革。2019 年，学校修订《华中科技大学大学生创新创业训练计划项目管理办法》（校教〔2019〕19 号）。明确了“大创”计划校、院两级管理模式，细化了激励措施，鼓励师生参与“大创”计划项目。

2）经费保障

多年来，学校探索建立了多元化的经费体系，保证各级各类大学生创新创业训练项目正常开展。以 2021 年为例，学校支持各级项目的经费共约 932 万元，其中，校级项目支持经费 542 万元，省级项目支持经费 240 万元，国家级项目支持经费 150 万元。

3）场地设备保障

学校、各院（系）、启明学院、各学生创新实验基地为各项目组提供场地、设备等方面的支持。各示范性实验教学中心、各类学科实验室和重点实验室、科研基地向参与项目的学生免费提供实验场地和实验仪器设备。鼓励大学科技园参与“大创”计划，为学生提供支持服务。

4）政策支持

学校将教师指导大学生创新创业训练计划项目所开展的工作视为对本

科生授课，予以认定一定学时的教学工作量；对于业界导师对项目开展指导工作，学校给予相应的工作补贴；对于通过大学生创新创业训练计划项目经费资助所取得的成果，遵照《华中科技大学成果署名管理办法》（校发〔2012〕31号）执行成果认定管理。

2. 案例与经验

1）丰富“大创”层次，建设多元项目类别

2021年起，学校将项目类别划分为重点支持领域项目、学科交叉项目和一般项目。重点支持领域项目旨在鼓励引导大学生根据国家经济社会发展和重大战略需求，结合创新创业教育发展趋势，在重点领域和关键环节取得创新创业成果。我校重点打造的学科交叉项目旨在推动学科交叉融合，鼓励打破学院和学科壁垒，探索构建多学科交叉融合人才培养新模式，促进高层次复合型人才成长，引领学生教育内涵式发展。该项目自启动以来，学生申报热情高涨，已有500余个团队获得学科交叉项目支持。

2）依托真实项目，打造“真刀真枪”项目

以真实项目为牵引，将创新计划项目和真实项目相结合。这种方式使大学生的创新实践活动一开始就进入“真刀真枪”的实战状态。学校Dian团队本科生承担的国家大学生创新性实验计划项目，多来自导师真实的科研项目，在以真实项目为牵引的训练方法中，除了在源头利用真实科研项目的牵引，在过程管理中也要引入真实科研项目的监督机制，并强调有价值的成果输出。要求学生要像承接真实科研项目那样进行严肃的立项论证，学校对项目研究训练过程严把监督关，进行有计划的定期监督和指导。

3）依托学科竞赛，丰富“大创”项目内涵

学校推动“大创”项目与专业教育融合、与学科竞赛结合，整合优质科研资源协同育人，以学科竞赛为牵引，学校将创新创业训练计划项目与参加开放性学科竞赛相结合，将创新项目与竞赛的选题结合起来，将项目的进程安排与竞赛的时间要求结合起来，将项目的结题与参加决赛结合起来，建立实现赛训结合、以赛促训、以赛促教、以赛促改的竞赛训练体系。“大创”计划和学科竞赛相互促进、协同发展，带动了学校人才培养范式变革，培养了大学生敢闯会创的可贵素质，展现了当代大学生的自我风采，为服务国家提供了新平台。学校在2017—2021年全国普通高校大学生竞赛榜单中位列全国第三。

4）深化“国创计划”，推动培养模式改革

自“国创计划”实施以来，学校围绕创新创业教育体系建设，将各类创新创业训练教育纳入本科教育培养方案中，以此推动人才培养模式的全方位改革。学校将创新创业训练计划项目与学生科研训练相结合，通过创新创业项目训练了解和掌握科研的基本程序和方法，提高学生们的实验动手能力、分析问题和解决问题的能力，培养学生们的科研思维及创新能力。将大学生创新创业训练计划作为实践教学环节纳入教学计划，在培养计划中设置相应的创新课外学分要求。

5）实施“五个一”工程，提供全方位的服务

“五个一”工程，以“一处创客空间、一套创意实现服务、一组工坊课程、一本制造技术培训证书、一个工程实践创新活动数据库”为主要内容，作为工程训练课外拓展，实现网上预约、工艺审核、技能培训、加工指导全流程服务，支持学生实现创意设计，形成创新产品、产业化创新成果，推进“创意—创新—创业”全链贯通。

（四）主要成绩

1. 教育教学改革举措

学校十分重视大学生创新创业能力的培养，将创新创业教育贯穿人才培养全过程，通过一系列举措，开展多学科交叉融合创新创业项目等，助力学生创新创业，为本科生“大创”计划的开展搭建各种资源平台，给予相关政策支持，鼓励学生积极开展“大创”计划的探索和实践，建立以创新创业为导向的新型人才培养模式。

1）领导重视，建立健全组织保障

学校最早在2003年便成立了由校领导牵头、各部门负责人参与的大学生科技创新活动指导委员会、大学生科技创新基金管理委员会等组织机

构。2012 年，学校成立了以分管教学工作的校领导为组长，教务处、科学技术发展院、设备处、财务处、学生工作处、产业集团等部门主要负责人作为组员的创新创业训练计划项目工作领导小组。

学校从顶层设计做好全校创新创业教育的统筹规划和协同推进，提出新形势下要传承和发扬人才培养的优良传统，“让创新创业教育成为新名片”。学校第四次党代会进一步提出，“打造创新创业教育升级版”“将办学优势转化为学生的最优质教育资源”。制订并出台了《华中科技大学深化创新创业教育改革工作实施方案》（校发〔2016〕4 号）。成立了由校党委书记、校长任组长的创新创业教育工作领导小组。通过一系列卓有成效的工作，在全校建立起统一领导、齐抓共管、运转有效的创新创业教育工作机制。

2）开放平台，充分发挥科研资源优势

学校不断完善全校教学及科研平台向全体学生开放的制度。制订了《华中科技大学关于加强科研基地向本科生开放的若干意见》（校科技〔2019〕15 号），将面向本科生开展创新创业教育作为科研平台开放的重要内容，各重点实验室都落实了对外开放共享的工作计划。不断丰富重点实验室开放共享的形式，组织参观活动，进行科普宣传，举办大学生开放日、开放周、夏令营等活动，落实本科生进实验室开展科研训练的制度。

3）融入体系，推进创新创业教育改革

学校始终坚持把创新创业教育贯穿人才培养全过程。各专业人才培养方案设立了不少于 6 个创新创业必修学分课程，建设了 300 余门创新创业课程，建设创新与创业管理辅修专业并面向全校招生。每年专项经费支持本科生赴斯坦福、伯克利、哈佛等海外一流大学参加“双创”课程学习。投入 1 亿元打造智能制造工程实践平台，在全国率先将智能制造相关技术引入本科实践教学。修订学籍管理制度，实施“本科创新创业成绩单”方案，推行“一生一方案”“一生一课表”，形成个性化培养方案。实施“转出无门槛，转入有要求”的转专业政策。通过一系列自主选择，学生可确定学术型、管理型/复合型、创新型/创业型的学习发展路径。对于学生科研训练、发表论文、获得专利、大赛获奖、创新创业实践等予以课外学分认定。在校大学生取得突出创新创业成果者可获得保送研究生加分。

2. 创新创业成果

1）“国创计划”成果丰硕

“国创计划”实施十五年期间，学校获2012—2014年度“国家级大学生创新创业训练计划实施工作先进单位”称号。在教育部主办的2017年“国创计划”十周年庆典活动中，我校获“国家级大学生创新创业训练计划最佳组织奖”、副校长许晓东获“卓越成就奖”、刘玉教授获“最佳导师奖”。

“大创”计划产出许多优秀的成果。以2021年为例，全校各类项目共获得奖项198项，其中，获国家级奖项94项，省级奖项104项；共发表论文95篇，其中，国际期刊论文45篇，国家级期刊论文33篇，省级期刊论文17篇；发明专利33项。

2）华中大创新创业现象备受社会赞誉

学校创新创业人才培养成效显著，创新创业教育教学改革成果丰硕，创新创业教育华中大现象被社会广泛认可。教育部通过简报、网站等形式连续推介我校创新创业教育。我校是大学生创新创业训练计划的源头单位之一。与兄弟高校发起成立“教盟”“实盟”“众创空间联盟”等创新创业教育组织，先后被评为“全国高校实践育人创新创业基地”“全国大学生创业示范园”“深化创新创业教育改革示范高校”“大众创业万众创新示范基地”。人民日报、光明日报、中国教育报、中国青年报、中央电视台、新华网等中央媒体广泛报道我校创新创业教育经验和成果。

学校在前七届中国国际“互联网+”大学生创新创业大赛中累计获22金15银7铜，金奖数稳居全国第二。在近四届“挑战杯”中国大学生创业计划竞赛中获得16金6银4铜，金奖总数居全国第二。

QS2021全球毕业生就业能力排名，我校位居中国高校第六。“雇主与学生关系”指标连续5年全球第一。8人入选华为“天才少年”，入选人数居全国高校首位。30余位青年校友登上“福布斯30 UNDER 30”创业精英榜。

八、学科竞赛

学校秉承实践育人的理念，以学科竞赛为抓手，聚焦大学生创新创业能力培养。经数十年的探索，学校创新创业教育步入良性发展，创新创业成就备受社会赞誉，学科竞赛已成为大学生增强创新精神、提高创造能力和团队合作意识的有效途径和重要载体，是展示大学生创意创造成果的重要舞台。

（一）概况

学校十分重视大学生创新创业能力的培养，将创新创业教育贯穿人才培养全过程。学校通过一系列举措，助力学生参与各级各类学科竞赛，为本科生参赛搭建各种资源平台，给予相关政策支持，鼓励学生积极参与学科竞赛。学校以学科竞赛为抓手，不断深化创新创业教育。

学校建立统一高效的竞赛管理机制，本科生院统一领导本科学科竞赛工作，各个院（系）具体牵头实施，有关部门和院（系）密切配合，扎实推进竞赛工作的有序开展。学校将全校各级各类竞赛进行分类管理和奖励，每项竞赛均指定一个单位（学院）具体负责组织工作，做到每项竞赛都有具体负责人、每项竞赛有详细的组织方案、每项竞赛均发布校级通知。各项竞赛从时间推进到教师配备，从培养计划到经费预算，都有前期准备和后勤保障。

华中大学子在各类竞赛中屡获佳绩。2021 年，我校学生参加了国际性、全国性和省级（地区级）竞赛 170 多个种类，获奖 1064 项，其中：国际性竞赛获奖 211 项；全国性竞赛获奖 491 项；省部级竞赛获奖 362 项。竞赛获奖项目涉及理学、工学、医学、经济学、管理学、文学、法学、艺术学、体育等学科门类的各相关专业，获奖学生 2836 人次。

自 2017 年中国高等教育学会发布全国普通高校大学生竞赛排行榜以来，学校在榜单中的成绩在全国名列前茅，且不断稳步提高。学校在 2017—2021 年全国普通高校大学生竞赛榜单中位列全国第三；在全国普通

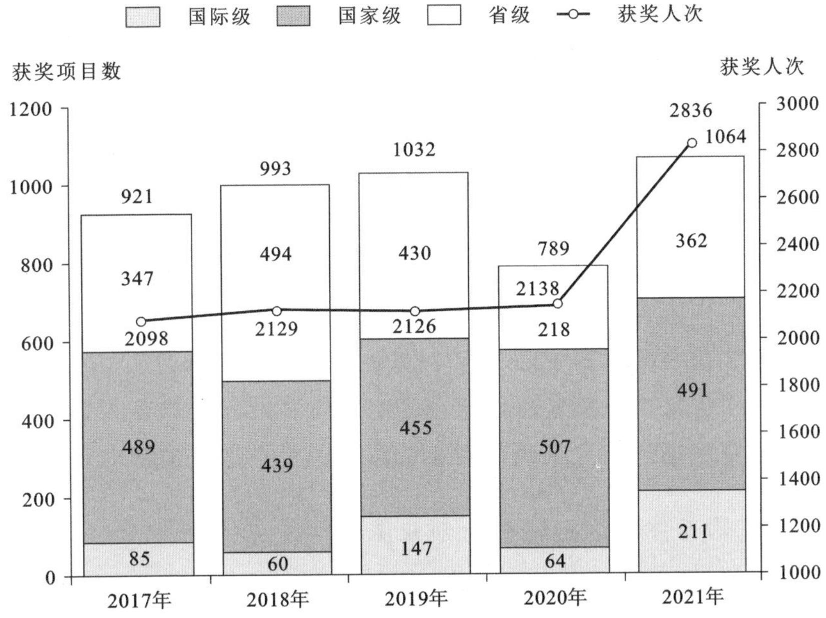

2017—2021 年学校学科竞赛获奖情况

高校大学生竞赛排行榜六轮（2012—2021 年）总排行榜中位列全国第五；在 2021 年全国普通高校大学生竞赛榜单中位列全国第四。2017—2021 年学校在中国高等教育学会学科竞赛排行榜中排名情况如下表：

2017—2021 年学校在中国高等教育学会学科竞赛排行榜中排名情况

发布年份	榜单名称	排名
2022	2021 年全国普通大学生竞赛排行榜（本科）	4
2021	2020 年全国普通大学生竞赛排行榜（本科）	5
2020	2019 年全国普通大学生竞赛排行榜（本科）	2
2019	2018 年全国普通大学生竞赛排行榜（本科）	9
2018	2017 年全国普通大学生竞赛排行榜（本科）	9

（二）主要举措

1. 坚持改革创新，完善学科竞赛管理机制

学校根据竞赛的主办部门、参赛高校情况及规模、竞赛影响力等因素，将竞赛类别分为 A、B、C 三类。A 类竞赛主要为中国国际“互联网+”大学生创新创业大赛、“挑战杯”全国大学生课外学术科技作品竞赛和“挑战杯”中国大学生创业计划大赛；B 类竞赛主要为纳入全国普通高校大学生竞赛排名的竞赛中除 A 类以外的竞赛项目和部分覆盖面广的基础竞赛项目；C 类竞赛为没有列入 A 类、B 类竞赛的其他竞赛。A、B、C 类赛事的范围可根据国家有关政策和相关赛事的举办情况进行动态调整。

2. 融入培养体系，打造创新创业课程体系

学校始终坚持把创新创业教育贯穿人才培养全过程。各专业人才培养方案设立了不少于 6 个创新创业必修学分课程。对于学生科研训练、发表论文、获得专利、大赛获奖、创新创业实践等予以课外学分认定。在校大学生取得突出创新创业成果者可获得保送研究生加分。

3. 开放各类平台，充分发挥科研资源优势

学校不断完善全校教学及科研平台面向全体学生开放的制度。制订了《华中科技大学科研基地共享平台建设管理办法》，将面向本科生开展创新创业教育作为科研平台开放的重要内容，学校各重点实验室都落实了对外开放共享的工作计划，丰富了开放共享的形式，组织了各类科普宣传与参观活动，举办了大学生开放日、开放周、夏令营等活动，严格落实本科生进实验室开展科研训练的制度。

（三）支持保障

1. 制度保障

为深入贯彻《国务院办公厅关于深化高等学校创新创业教育改革的实

施意见》（国办发〔2015〕36号）文件精神，2016年，学校印发《华中科技大学深化创新创业教育改革工作实施方案》（校发〔2016〕4号）文件，细化分工，落实责任，着力加快推进我校的创新创业教育改革。

为深化创新创业教育，提高人才培养质量，2021年，学校印发《华中科技大学推荐优秀应届本科毕业生免试攻读研究生工作管理办法》（校本〔2021〕29号）、《华中科技大学推荐优秀应届本科毕业生免试攻读研究生奖励加分细则》（校本〔2021〕30号），在可获推荐免试研究生综合成绩奖励加分和获奖者中纳入：全国普通高校大学生竞赛排行的各类赛事获奖者、各学科领域认可的或有关行业主办的国际国内学科竞赛获奖者。

为进一步鼓励学校教师参与指导各类创新创业竞赛，激励在各级各类创新创业竞赛中表现突出的师生和单位，学校加强创新创业激励制度建设，将教师指导学生参加竞赛取得成绩等纳入职称评聘。

2. 经费保障

为提高学校实践教学质量，提升学科竞赛水平，本着广泛参与、重点奖励的原则，学校针对A、B、C三类赛事及获奖级别的不同，探索建立了多元化的经费体系。学校每年资助重点学科竞赛总经费超500万元。

3. 场地设备保障

学校、各院（系）、启明学院、各学生创新实验基地为各项目组提供场地、设备等方面的支持。学校各示范性实验教学中心、各类学科实验室和重点实验室、科研基地向参与项目的学生免费提供实验场地和实验仪器设备，为学生提供支持服务。

（四）特色与成绩

1. 深化教学改革，聚优育人资源

学校积极推进“竞赛+课堂”特色模式。学校鼓励院（系）将本科教学、工程实践与科学研究相融合，将“第一课堂”与“第二课堂”相融合，将课程建设与学科竞赛相融合，以学科竞赛为抓手反哺教学及专业发展。学校逐步形成学科竞赛的模式化培育体系，并在相关大赛中取得优异竞赛成绩。

学校将创新创业训练计划项目与参加开放性学科竞赛相结合，将创新项目与竞赛的选题结合起来，将项目的进程安排与竞赛的时间要求结合起来，将项目的结题与参加决赛结合起来，建立实现赛训结合、以赛促训、以赛促教、以赛促改的竞赛训练体系。

学校一直致力于集聚优质育人资源，增强学生享受优质教育的获得感。将办学优势转化为学生的最优质教育资源，推动高水平科研成果融入课堂教学、实习实践等育人环节，鼓励高层次人才积极参与本科生培养全过程，促进高水平研究基地向本科生无门槛开放。加大力度引进国际优质教育资源，拓展与业界的合作，营造丰富多元的育人环境。

2. 聚焦顶级赛事，学子屡获佳绩

各类赛事的举行，点燃了学校大学生创新创业的激情，学生在国内外一系列顶级科技创新竞赛中获得突出荣誉。

2003 年，全国大学生电子设计大赛成绩揭晓，我校夺得该项赛事唯一特等奖，捧得“索尼杯”。

2007 年，比尔·盖茨为我校参赛队伍颁发 2007 年微软“创新杯”软件设计项目中国区冠军奖。

2010 年，我校温伟球同学获得 2010 年微软“创新杯”IT 挑战赛全球总冠军。

2013 年，我校在全国大学生电子设计大赛中再次获得最高奖“瑞萨杯”。

2014 年，我校与上海交通大学以团体总分第一的成绩共同捧得“创青春”全国大学生创业大赛“冠军杯”。

2016 年，我校在美国大学生数学建模竞赛中，再次获得特等奖，并夺得 INFORMS Award 特等奖。这是继 2010 年、2012 年和 2014 年后，我校学子第四次荣获特等奖的殊荣。

2016年，在ASC16世界大学生超算竞赛中，我校代表队通过在“DNN智能学习应用优化”一题中对深度神经网络优化方案的设计，一举摘下了总冠军的桂冠，同时获得e Prize计算挑战奖。

2016年，我校在中国国际“互联网+”大学生创新创业大赛中勇夺4金，金牌数全国第一。

2017年，我校在高教社杯全国大学生数学建模竞赛中获“高教社杯”。

2018年，我校在第十四届全国大学生“恩智浦”杯智能汽车竞赛中获全国一等奖（全国冠军）。

2019年，我校在第十八届全国大学生机器人大赛（ROBOCON）中获亚军。

2019年，我校夺得iGEM国际遗传工程机器设计大赛金奖。

2019年，我校在第二届全国大学生公共卫生综合知识与技能大赛中获特等奖。

2020年，我校在第十二届全国大学生节能减排社会实践与科技竞赛中获特等奖。

2020年，我校在第十四届“西门子杯”中国智能制造挑战赛企业命题赛项中获特等奖（赛题第一名），并获得企业奖金。

2020年，我校在第四届全国大学生集成电路创新创业大赛中获得“艾为杯”全国一等奖，为该项赛事的全国最高奖。

2021年，我校在中国大学生工程实践与创新能力大赛智能网联汽车设计赛项中获金奖第一名。

2021年，我校在第十四届全国大学生信息安全竞赛创新实践能力赛中获全国亚军。

2021年，我校在第13届全国大学生广告艺术大赛中获策划类国家级一等奖、现场最佳口才奖。

2022年，我校在第十七届“挑战杯”全国大学生课外学术科技作品竞赛中荣获最高等次奖项12项（特等奖8项，黑科技最高奖项4项），获得全国奖项共46项，最高奖项数和获奖总数均居全国第一。

（五）结语

作为一所具有创新创业教育历史传承的高校，学校一直致力于探索实施创新创业实践和科研训练“双向百分百”计划，发挥科研育人的重要作用，把科研性教学纳入教学体系。全面开展科研训练，推动本科生早进课题、早进实验室、早进团队。学校通过“本科教育 50 条”等政策保障，把创新能力培养作为人才培养质量重要抓手，面向全体学生开展。

学校秉承“育人为本、创新是魂、责任以行”的办学理念，坚持“一流教学一流本科”的建设目标，采取多种举措，深化教育教学改革，全面推进素质教育，构建和完善充满活力的创新人才培养体系。

九、教师队伍

学校致力于构建一支品德高尚、学术卓越、教学优秀的高水平师资队伍，为提高人才培养质量打下坚实基础。为实现“一流教学 一流本科”的办学目标，学校以课堂教学质量为核心，多维度考评教师课堂教学效果、教学改革研究、教学突出成果等多方面教学工作业绩，不断加强教学质量监控与综合评价工作；完善教授为本科生上课制度，将承担本科教学任务作为教授聘用的基本条件，牢抓课程责任教授制及主讲教授（教师）制，把教授给本科生上课比例作为教学工作评估的核心指标，采取多种措施保证高水平学术带头人为本科生授课；配套教学激励政策，开展如国家级、省级、校级教学名师，教学质量优秀奖，课堂教学卓越奖、优质奖的评选工作，颁布“华中学者”教学激励实施细则、优秀教材及在线开放课程奖励办法；发放主讲教师、责任教授课程奖酬金，举办教师教学竞赛等。充分调动教师从事教育教学工作的积极性，推进教师个人与学校整体的共同发展。在本科教学工作中，我校已出现 12 个国家级教学团队，同时还涌现出一批以教学名师为代表的优秀教师群体。现有国家级教学名师 13 人（16 人次），省级教学名师 17 人，湖北省名师工作室主持人 13 人，校级教学名师 107 人。国家级教学团队、国家级教学名师情况如下所示。

我校国家级教学团队情况一览表

序号	团队名称	团队负责人	所属单位	批准时间
1	机械基础系列课程教学团队	吴昌林	机械科学与工程学院	2007年
2	外科学教学团队	陈孝平	第二临床学院	2007年
3	电工电子教学团队	严国萍	电信学院/电气学院	2007年
4	工程力学教学团队	陈传尧	航空航天学院	2008年
5	医学免疫学教学团队	沈关心	基础医学院	2008年
6	计算机系列课程教学创新团队	欧阳星明	计算机科学与技术学院	2008年
7	机械学科测控课程群教学团队	杨叔子	机械科学与工程学院	2009年
8	材料加工工程教学团队	李德群	材料科学与工程学院	2009年
9	病理生理学教学团队	王建枝	基础医学院	2009年
10	基础物理课程教学团队	熊永红	物理学院	2010年
11	电机系列课程教学团队	陈乔夫	电气与电子工程学院	2010年
12	生物技术特色专业教学团队	余龙江	生命科学与技术学院	2010年

我校国家级教学名师名单

序号	教师姓名	院（系）	获奖年份
1	龚非力	基础医学院	2003
2	李元杰	物理学院	2003
3	陈孝平	第二临床学院	2006/2014
4	吴昌林	机械科学与工程学院	2006
5	王建枝	基础医学院	2007/2014
6	陈传尧	航空航天学院	2008
7	严国萍	电子信息与通信学院	2009
8	何岭松	机械科学与工程学院	2011/2018
9	熊永红	物理学院	2011
10	胡丽华	第一临床学院	2016
11	余龙江	生命科学与技术学院	2018
12	欧阳康	人文学院	2019
13	胡豫	第一临床学院	2020

十、教学信息化

学校开展本科教学信息化工作，坚持“信息多跑路，师生少跑腿”的原则，秉持“服务教学，服务师生”的宗旨，目前已经完成了“一生一方案”“一生一课表”“一生一档案”教学改革相关的信息系统配套建设。目前我校本科教学信息化系统已经基本涵盖了教务业务全流程，包括人才培养计划管理、排课管理、考试管理、成绩管理、本科生各类选课管理、教室管理、本科生学籍管理、创新创业管理、质量评价管理等。

本科教学信息化建设过程中综合考虑系统的稳定性、可维护性以及易用性，坚持“三个统一”设计原则。

统一登录门户：所有业务模块都可以通过一个域名（hub. hust. edu. cn）进行访问，同时为师生提供 PC 端、移动端、自助服务终端等多维度的“一站式”访问服务，避免师生记忆不同的域名。

统一基础数据：所有业务系统的数据最终汇聚到核心数据库，进行统一的数据管理，数据共享。通过不断完善学生、教师、课程、培养方案、教学设施、教学资源等重要数据，消除“信息孤岛”，为提升教学数据资源利用的深度和广度奠定基础。

统一开发框架：整合不同业务模块的底层架构，形成围绕本科教务管理工作的有机整体，为系统的稳定运行和持续拓展奠定基础，以便进行日常维护和升级。

学校在 2019 年出台《华中科技大学关于加快实施一流本科教育改革与建设工程的意见》，其中明确提出“推进现代信息技术与教育教学深度融合”的要求。回顾教务信息化 1.0 阶段，主要解决了信息化手段从无到有的问题。近年来，我校不断推进本科教务管理服务的个性化、移动化、智能化。

个性化服务方面，针对学生、任课老师、教务工作者分别提供了自习教室推荐查询、课程短信/微信提醒、考试短信/微信提醒、待办事项提醒等个性化服务。目前正在推进本科教务管理系统常见问题、使用方法和智能问答、智能推荐等模块进行对接，并且根据不同用户的个性化需要，设计建设特色本科教学服务门户。

移动化服务方面，随着移动技术不断深入日常生活，传统的管理系统的缺点在新形势应用下日趋明显，建立移动管理系统是必然的趋势。目前基于“华中大微校园”微信企业号构建了移动教务管理系统，已经实现课表查询、成绩查询、考试安排查询、空闲教室查询、专业变更管理等功能。移动端选课、重修/补考报名、临床实践管理等业务开发也在进行中。

十一、智慧教学环境

（一）项目简介

为贯彻落实《教育信息化2.0行动计划》《关于加快建设高水平本科教育全面提高人才培养能力的意见》（简称为“高教40条”）相关文件精神，充分发挥物联网、人工智能、大数据等新兴技术在教育教学中的应用，学校从发展战略高度规划建设智慧教学环境，以教室形态改革倒逼课堂教学改革。

2017年，学校建设了首批智慧教室15间；2019年，学校启动了大规模的智慧教学环境建设工作，建设智慧教室101间。目前，公共教学楼中智慧教室占总教室的26.5%。智慧教学环境结合学校特点和人才培养优势，融入“学在华中大”元素。通过构建线上线下一体化的智慧教学环境，建设六大应用场景、十种类型的智慧教室，将学习空间延伸，提供个性学习、交流互动、启发探究、数据支撑的新型教学模式，为推动课堂教学改革和提高人才培养质量提供了坚实基础。

（二）功能特点

在小班化与互动研讨教学场景下，通过移动桌椅、多屏互动、无线投屏、教学助手等，让教室形态灵活多变、互动便捷，激发学生积极参与课堂学习、交流互动研讨、自主学习探究。

在优质资源共享与线上线下跨区教学场景下，通过远程实时互动教学实现教学资源共享、双向互动交流、自动录制课堂、回溯教学过程，促进学生学习和教学质量提高。

在复杂概念与特色教学场景下，通过 3D、VR 技术将可视化、立体化、实景化应用于工程、医学等学科，将抽象问题具体化、复杂概念形象化、深奥问题简单化。

在实践教学与理论课堂同步实现教学场景下，采用导轨电源实验桌和云终端群组实现课堂实验、仿真等操作，满足实践与理论教学结合的需求，培养学生创新精神和实践能力。

在精品课程与教学资源建设场景下，利用实时跟踪、定位切换、多镜头同步、虚拟背景自动融合等功能，实现教学多角度全程录像，用于微课、慕课、“金课”建设。

在教学观摩与研讨场景下，通过单向观察窗实时观摩课堂实景，组织开展示范观摩课和研讨活动，提高教师教学能力、教学水平、课堂质量。

利用三大控制中心构造智慧教学环境“大脑”，通过集管控平台、云平台、督导平台、大数据平台为一体的智慧教学管理中心，实现智慧的“教、学、管、评”，打造智慧教学新形态，创新教育教学新模式。

（三）应用成效

“学在华中大”智慧教学环境在教学支撑体系、教学方法手段、教学管理、应用培训等维度进行了全方位、体系化的创新，推动了信息技术与教育教学的深度融合。

系统化的智慧教学环境有效地支撑了教育教学改革及智慧的“教、学、管、评”，六大应用场景、十种类型智慧教室以及泛在化学习空间，满足了多学科个性化的教学需求。其建设和投入使用使教学模式更加多样，学习氛围更加浓厚，校本资源更加丰富，极大地促进了学校的教学水平和人才培养质量的提高。

十二、工程实践创新中心

学校工程实践创新中心（以下简称“工创中心”）起源于华中工学院机械厂。1954年，机械厂车间里已经有机器在运作生产。建厂伊始，实习车间面积6500平方米，有200多台机器，可供400名学生同时实习。学校十分重视实践教学，学生在5年本科学习中要花19周在工厂进行3次实习。

2006年，学校整合分散在机械、材料、动力等学院及机械厂的工程实践教学资源，组建金工实训中心。2008年，学校又将电气学院电工电子实习中心并入，将其改名为“工程实训中心”。随着“两期智能制造工程训练实践平台”项目建设的完成，2019年工程实训中心更名为“工程实践创新中心”，是学校工程实践教学公共平台和学校创新教育实践平台。

工创中心建设发展近70年来，秉持“明德、厚学、求是、创新”的校训，不断努力奋进，见证了华中大对学生工程实践和创新能力培养的一贯重视，体现了华中大“以学生为中心”的办学理念，给无数华中大学子留下了难忘记忆。

进入新时代，工创中心的发展融入学校建设世界一流大学的进程中，伴随着“面向‘新工科’的工程训练实践教学课程体系与平台构建”项目的完成，形成了“四二二一”的实践教育格局：机械制造、材料成形、电工电子、智能制造四个实验室，智能制造和材料成形两个虚拟仿真实践平台，涡喷发动机实践室和机器人研究室两个创新示范区，一个工程认知机床展示区。逐步形成了华中大特色工程实践教学模式：坚持“三化”路径，应用“三国”方案，培养“三观”品质，“为党育人、为国育才”。坚持“工程实践条件平台化、工程训练模块单元化、工程教学方案个性化”路径。应“新工科”建设而“需”，随大学生工程素质养成而“化”，延新时代发展而“续”，建成厚基础、宽专业、重实践、强个性的工程训练教学体系。应用“国产智能装备、国产数控系统、国产工业软件”方案。扎根中国大地，锚定世界一流，将学校最新科研成果反哺本科教学，构建现代化、智能化的工业场景和实践平台，建设应用全校、辐射全国的工程实践教学公共平台和创新教育实践平台，凸显“中国制造”“华中大造”特色，既开拓青年大学生视野，提升工程实践能力，又培养青年大学生的国家自豪感和民族自信心，培养大学生“工程观、质量观、系统观”品质。面向工程实际，让大学生通过实践和汗水来理解工程，在成功的喜悦或失败的苦闷中诠释工程。回归工程，让大学生懂工艺、有技能、守规范、求卓越。崇尚实践，带领大学生学习和掌握未来工程活动应有的基本立场、观点和方法，培养能够适应和引领未来工程需求的工程创新人才。

工程实践教学管理模式创新升级。因材施教：保障院（系）及学生对工程训练实践内容的选择权，支持各专业在限定学时数内选择个性化的基础实践单元组合，支持学生在限定综合训练项目类型分组中自选项目。工程训练教学实施按院系分专业定制，不同院系不同专业的工程训练教学大纲各不相同。个性化的工程训练实践教学方案，更好地契合各专业人才培养目标，更适应学生实际、适应学生志趣，更能保障个性化实践能力培养空间。教学质量：制订包括实践教学实施方案、工程训练课程大纲、工种教学日历、工程工艺卡片、实践作品质量标准在内的全过程教学文件，细化工程训练教学标准。高度重视学生评价，建立覆盖全部工种、覆盖全部指导教师、覆盖每天训练内容的学生评价体系，邀请学生对参与工程训练的各项指导、加工服务予以评价。始终保障院系及学生的选择权，院（系）定制工程训练课程大纲，学生自行决定选择上不上工程训练课程、上何学时学分工程训练课程、上哪些训练工种及训练类型的课程。学生对于指定综合训练类型根据个人兴趣特长自主选择具体项目，并逐步做到对于指定训练工种参考前人评价自主选择指导教师。产学合作、协同育人：组织学生到学校周边先进制造企业参观实践，亲历智能制造流程，将此作为工程训练实践教学的一个环节，丰富学生对智能制造的感性认知；邀请企业工程人员到校内工程训练实践课堂讲学示范，弥补校内教师工程经历缺乏、工程能力偏弱的不足，提高教学质量；收集展示工业现场实景视频资源，或以企业实景为蓝本开展虚拟仿真活动，扩展实践教学深度和广度，提升工程实践教学质量和水平。

工创中心一流的教学设施、一流的师资队伍、完善的管理服务为开展工程训练、创新实践教学创造了良好条件，为提高大学生的工程素养、强化大学生的质量意识、建立大学生的系统思维发挥了应有作用。

典型案例一：
基础学科拔尖学生培养探索与实践

一、案例概述

学校致力于培养世界一流拔尖创新人才。2018年，学校在丰富的拔尖创新人才培养探索基础上，推进基础学科拔尖学生培养计划（简称“拔尖计划”）实施工作，先后在所有基础学科领域建设拔尖学生培养基地，着力培养造就一批具有家国情怀、人文情怀、世界胸怀、华中大品格，追求学术理想、勇攀世界科学高峰的未来杰出科学家。4年来，学校全面落实立德树人根本任务，贯彻建设“学生、学者与学术的大学”的教育思想，秉承“育人为本、创新是魂、责任以行”的办学理念，坚持“一流教学一流本科”的建设目标，以“科学精神与人文素养相融合”为文化引领，以“学生中心、持续改进”为教育理念，遵循基础学科拔尖创新人才成长规律，以体制机制创新和教育教学改革为重点，采取多种举措，深化教育教学改革，全面推进素质教育，构建和完善充满活力的拔尖创新人才培养体系，在拔尖创新人才培养的新征程上铿锵前行。

（一）创新体制机制，优化拔尖人才培育生态

注重顶层设计，完善拔尖人才培养保障体系。2018年6月，学校第四

次党代会报告中明确提出“坚持立德树人，全面提升育人能力”“深化教育教学改革，让华中大办出最好的本科教育”“实施‘六卓越一拔尖’计划”。2018年10月起，学校陆续召开“‘新工科’教育教学改革”“卓越医学人才培养”“基础学科拔尖人才培养”“‘新文科’教育教学改革”等研讨会，开展“卓越、拔尖人才培养”教育教学思想大讨论，推进“六卓越一拔尖”计划2.0工作。2019年7月，学校出台《华中科技大学关于加快实施一流本科教育改革与建设工程的意见》，明确提出“实施基础学科拔尖学生培养计划”“加强基地建设”。2019年10月，学校成立基础学科拔尖学生培养基地建设领导小组、专家委员会。领导小组由校党委书记、校长担任组长，负责基地建设重要事项决策和政策措施制定，下设挂靠本科生院的工作组；专家委员会成员为校内知名专家和教学名师，由分管本科教学的校领导担任主任，负责论证基地建设实施方案、指导人才培养过程、评价基地建设实施成效。2017年以来，学校围绕课堂教学、教材课程建设、教学成果培育等出台了系列奖励办法，制定了教师班主任、科研基地开放等相关管理文件，保障实施大师引领、学生个性化发展、学科交叉培养、学生进行高水平科技创新等各项举措。

加强基地建设，深耕拔尖人才成长沃土。学校“拔尖计划”1.0探索始于相关基础学科实验班拔尖学生培养。2009年设立计算机创新实验班，2015年增设数学、物理学、化学、生物科学拔尖班。2019年起，学校加快推进基础学科拔尖学生培养，升级打造“拔尖计划”2.0基地。一是以启明学院为依托，建设基础学科拔尖人才培养一流基地。启明学院创办于2008年，既是教育改革的创新示范区，也是本科生拔尖创新人才培养特区，遵循“开放办学、创新机制、学科交叉、拔尖示范”的办学思路，建立了有效的教育管理（包括选拔、评价、激励、约束等）机制，鼓励和吸引高素质学生、高水平教师和优质资源参与办学。贯彻“以学生为中心”的教育思想，因材施教，引导学生进行研究性学习、主动实践和科技创新。营造多学科交叉的创新教育生态环境，构建拔尖创新人才培养的新模式。二是强化院系主体责任。专业院系依托启明学院先后建设了数学、物理学、化学、生命科学、计算机科学、力学、经济学、哲学、中国语言文学、基础医学、药学11个基础学科拔尖学生培养基地，所有基地负责人均为院长或教学院长，实验班或基地所在院系负责制定并实施拔尖学生个性化培养方案。三是坚持科学教育与人文教育相融合的拔尖人才培养特色。借助学校国家大学生文化素质教育基地，邀请学术大师走进课堂，启迪学生，培养学生开阔的视野和胸怀，培育学生的质疑与批判精神，提升学生的创新能力。学校推进“拔尖计划”2.0工作以来，基地建设成效显著，2019年至2021年，数学、物理学、化学、生命科学、计算机科学、力学、基础医学7个拔尖学生培养基地获批教育部“拔尖计划”2.0基地。2020年，数学与应用数学、物理学、化学、生物科学、基础医学、汉语言文学（古文字学方向）、哲学7个专业入选教育部“强基计划”。各基地学生主要来源于本硕博班、拔尖班、强基计划班、创新班等各类启明学院实验班，2020年度“拔尖计划”2.0基地在校学生培养规模为360人左右。

（二）创新培养模式，深化拔尖人才培养教育教学改革

实施一流生源提升工程，确保拔尖人才生源质量。发挥实验班所在院系主体作用，定制实验班学生选拔方案。采用全部高考直通车（如本硕博班、强基计划班）、全部校内二次选拔（如化学拔尖班）、高考直通车与校内二次选拔相结合（如物理学严济慈物理学英才班、生物科学贝时璋菁英班）的选拔方式，通过与重点高中建立拔尖创新人才联盟、签订人才培养基地协议、“教授中学行”科普报告、大学前教育研讨、共建高中拔尖实验班等措施，拓展巩固优质生源渠道，精准选拔专业思想牢、创新潜力大的优质生源，为基地学生培养提供一流生源保障。校内二次选拔面向全校新生，采用笔试和面试相结合的形式选拔。笔试由启明学院统一组织；面试由基地所在学院组织高水平专家进行，重点考核创新思维能力、逻辑表达能力和团队协作精神。实验班学生实行动态调整，每一学年对学生进行综合考查，及时淘汰未达到基地培养要求的学生，同时面向全校或全学院选拔补充优秀学生。

传承红色基因，强化拔尖人才培养价值引领。学校长期坚持立德树人，始终将学生理想信念教育作为拔尖人才培养的鲜明旗帜。一是实施“新时代党旗领航工程”。以“党旗领航，责任以行”为核心理念，在拔尖

人才培养过程中，引导学生坚定理想信念。二是加强思政课程建设。2020年4月，印发《华中科技大学关于进一步深化思想政治理论课改革创新工作方案》，全面提升思政课教学水平。大力推进“习近平新时代中国特色社会主义思想概论”课程进课堂，2019年在全校先行将本课程列入启明学院实验班培养计划的素质教育通识必修课程，提升拔尖学生综合素养。继续开设“深度中国”课程等精品思政选修课，将正确的价值观融入时事热点的讲解与分析中，引导学生进一步增强“四个自信”。三是加强课程思政建设。2019年启动“一院一品”课程思政建设专项行动计划。2021年4月，出台《华中科技大学关于进一步加强课程思政建设的实施方案》，详细部署课程思政建设工作，将专业课程与思政元素有机融合，增强学生使命感和责任感。

推进本硕博衔接培养，打通拔尖人才培养成长通道。以“价值引领、厚植基础、学科交叉、聚焦创新”理念为指导，从2020级开始，学校在11个基础学科专业实验班和15个优势学科点实验班开展“3+1+X”或“4+1+X”（医科）模式本硕博衔接培养模式改革。一是加强数学基础课程建设。将部分本硕博实验班、拔尖班、强基计划实验班学生的“微积分”课程增加16学时，“概率论与数理统计”课程增加8学时，“线性代数”课程增加8学时。调整教学内容，强化课程高阶性、创新性、挑战性。二是加强交叉、创新训练。依托学校理、工、医的学科优势，建设跨学科课程体系、组建跨学科教学团队、设立交叉学科研究课题，打造“生物信息学”“化学与生物传感器”等一批交叉学科课程。设置“科研训练”“科技创新训练”等聚焦学生科研、创新能力培养的课程，培养学生科研创新实践能力。进一步压缩、降低本科专业人才培养计划总学时、学分，给学生自主学习、主动探索留下空间。三是推进本研衔接贯通。遴选优质研究生课程作为本科专业人才培养计划中的选修课程，供本科生提前跨层次修读。探索将本科阶段的毕业设计与研究生阶段的科研工作有机融合的方式。

推行“一生一导师”“一生一方案”“一生一课表”，实施拔尖学生个性化培养。一是深入实施导师制。在“一生一导师”的基础上，为基地学生配制政治素养高的领航导师（学业、生活导师）、科研导师。领航导师帮助学生“扣好人生的第一粒扣子”；科研导师引导学生进入重大科研项目的研究，进行严格系统的创新、科研训练。注重大师引领，直接聘请国内外大师授课并指导科研，学校两院院士等高层次人才全部承担拔尖学生培养工作。二是实行“一生一方案”。将完成培养计划的各类学分和总学分作为毕业基本规格要求，扩大拔尖学生学习自主选择权，定制人才培养方案，为拔尖学生早成才、快成才提供宽阔空间。三是实现“一生一课表”。提高素质教育通识课程、学科基础课程、专业课程、集中性实践教学环节等人才培养体系选修学分比例。学生跨院系、跨专业、跨年级、跨层次选课或提前修读研究生课程均可得到学分认定。探索以线上精品课程学习和线下考核相结合的学分认定模式。鼓励学生参与国外知名学者开设的优质国际化课程学习，通过相应考核即可认定学分。

完善协同育人机制，加强实践教学平台建设。一是强化科教协同育人。2019 年，学校出台《华中科技大学关于加强科研基地向本科生开放的若干意见》，武汉光电国家研究中心、国家脉冲强磁场科学中心、精密重力测量研究设施和国家数字化设计与制造创新中心等国家重大科研基地和国家重点实验室的科研项目全面开放，为拔尖学生攀登学术高峰搭建平台。与中国科学院生物物理研究所、物理研究所、精密测量科学与技术创新研究院等国内著名科研院所签署合作协议，开展拔尖人才培养深度合作。实施创新创业“双向百分百”计划，让拔尖学生早进课题、早进实验室、早进团队。二是深化医教协同育人。充分发挥附属医院在医学人才培养中的重要作用，鼓励临床教师承担基础医学课程的教学工作，将教学工作量和教学质量作为医务人员教学职称晋升的必备条件。三是深化国际合作育人的工作。深入推进“一校十校”“一院一校”计划，截至 2021 年 12 月，学校已与世界上 41 个国家和地区的 321 所高校和机构开展友好合作。与哈佛大学、加州伯克利大学等世界一流大学签订研学合作项目，通过讲座、授课、项目指导等方式吸引国外高水平专家来校参与拔尖人才培养，拓展学生的国际视野，提升学生的国际胜任力。四是加强实践（实验）教学平台建设。2019 年以来，学校先后投入 1 亿元建成具有国内领先水平的工程实践创新中心，并加快向世界一流行列迈进；投入 0.5 亿元建成含 100 余间多类型智慧教室在内的一体化智慧教学环境，用于开展小班化、研究性教学。2021年底，学校启动全校公共基础实验教学大楼建设论证工作，以拔尖创新人才培养为目标，推动公共基础实验课程教学改革。

二、案例解析

学校始终坚持立德树人根本任务，以办最好的本科教育为奋斗目标，遵循基础学科拔尖创新人才成长规律，积极推动教育教学改革，加快推进基础学科拔尖学生培养工作，着力培养造就一批具有家国情怀、人文情怀、世界胸怀、华中大品格，追求学术理想、勇攀世界科学高峰的未来杰出科学家。

2018年教育部实施基础学科拔尖学生培养计划2.0以来，学校累计有生命科学、物理学、计算机科学、基础医学、化学、数学、力学7个拔尖学生培养基地入选该计划。

（一）生命科学拔尖学生培养基地

生命科学拔尖学生培养基地秉承“学生中心、大师引领、问题导向”的思路，突出“尚人文、厚基础、重创新、强实践，理工医多学科交叉背景深厚”基础拔尖人才培养特色，充分将党建、学科、科研优势转化为育人优势，突出拔尖创新人才培养质量。

1. 牢记初心使命，坚持“四个回归”，育人质量一流

作为首批“全国高校党建标杆院系”，构建以拔尖学生为核心的“五位一体”育人体系，强化“三全育人”大思政格局。教师队伍中涌现出一大批优秀人才，包括2名中国科学院院士、3名美国科学促进会会士、4名国家高层次人才计划入选者、15名国家级人才计划入选者、23名国家高层次人才青年计划入选者。涌现出一大批师德模范教师，包括国家级教学团队1个、国家级省级教学名师6位、宝钢优秀教师奖得主5名等。加强“三制三化”，优化课程体系与国际接轨。创立“高中—大学生命科学

拔尖创新人才贯通式培养”联盟。在新形势下，建立国际交流常态化机制，拓展学生全球视野，提高学生国际竞争力。

2. 深度科教融合，健全课程思政体系，人才培养质量显著提高

基地科研实力雄厚，拥有生物医学光子学研究部（武汉光电国家研究中心）、国家纳米药物工程研究中心、分子生物物理教育部重点实验室、国家药品监督管理局医疗器械监管科学研究基地在内的10个国家级科研平台和7个国际科研合作平台等。生命科学拔尖学生培养基地获批国家级虚拟仿真实验教学中心、教育部强基计划、英才计划、4个国家一流本科专业、国家科教协同计划、教育部首批虚拟教研室等，近两年获各类教学成果奖17项，拥有国家级省级一流课程8门。率先开设“科技劳动素养与实践”课程，全面提高学生综合素质。

3. 实践育人特色鲜明，创新创业成绩突出

构建新型师生创新教育共同体，提高创新能力和国际竞争力，以创新能力为核心，打造好奇驱动的实践环境。拔尖班学生100%进入科创团队，学生近年获得国际国内顶尖学科竞赛金银奖多项及发表系列SCI论文，包括在顶级国际学科竞赛中获9金7银的成绩，在“互联网+”“挑战杯”“创青春”等全国顶级大学生创新创业赛事上获5金4银3铜的成绩。云南“党建+精准扶贫”项目获全国社会实践“最具影响好项目”称号。基地科技扶贫获批教育部精准扶贫十大典型项目。拔尖学生深造率超过99%，就业率连续五年100%。

（二）物理学拔尖学生培养基地

物理学拔尖学生培养基地围绕“培养科学家”的总目标，从培养体系、平台建设、专业与思政教育融合等多方面入手，系统提升学院人才培养水平。

科学选才鉴才，吸引“聪明的孩子学物理”。实施本科优质生源工程，开展“中小学系列科普”“中学生英才计划”“大学先修课进中学”等活

动，使拔尖学生生源质量得到保障。

加强思政教育，培养学生全面发展能力。成立思政教育课程组、科普志愿服务队、体育运动委员会等，开展德智体美劳全方位教育，激励学生做祖国需要的科学家。

加强本研贯通，打造拔尖课堂。设计本研贯通培养体系，在课程设置、教学大纲、教材编写、个性化选课等方面实现本研贯通。打造拔尖课堂，组建拔尖课堂教学团队，按世界最高标准设计教学大纲，并实施动态管理。

依托国家级平台，培养学生创新能力。充分发挥精密重力测量国家重大科技基础设施、国家脉冲强磁场科学中心、武汉光电国家研究中心平台优势，开发与大平台结合的创新实验课程，把课堂开设到国家级实验室。

瞄准世界前沿，开展国际交流。邀请国内外知名学者开展前沿讲座、博学讲坛、格物论坛，组织全英语暑期国际课程，与多所国际高校签署培养、交流协议，定期组织学生海外交流，资助各类国际交流项目。

（三）计算机科学拔尖学生培养基地

计算机科学与技术专业始建于1973年，是“211”和“985”重点建设学科，第四轮学科评估为A，是“双一流”建设学科，2021年ESI全球第11名，居世界前1‰。本专业2009年创办计算机创新实验班，定位培养服务国家信息产业自主可控战略的计算机科学家，努力打造计算机天才少年的梦工厂。

基地科研实力强，拥有外存储系统国家专业实验室、大数据技术与系统国家地方联合工程研究中心等5个省部级科研平台，参与共建武汉光电国家研究中心。基地师资力量雄厚，拥有多位国家级人才计划入选者。建成1个国家基金委创新研究群体，3个教育部、科技部创新团队，1个国家级教学团队，1个湖北名师工作室。主持了4项973计划项目和一大批国家重点项目，获国家自然科学二等奖、国家科技进步二等奖、国家技术发明二等奖。建成4门国家一流课程和一门IEEE/CS国际示范课程，获国家教学成果奖和省教学成果奖。

基地聘请了图灵奖获得者、院士等一批大师共同参与拔尖创新人才培养，人才培养效果显著，实验班90%学生毕业后到卡内基梅隆大学、耶鲁大学、康奈尔大学等世界一流大学深造。学生创新能力强，屡获国际超算系列赛（ASC、ISC）大奖，包括ASC16总冠军奖、EDA布局布线算法竞赛全球冠军奖和“互联网+”大学生创新创业大赛金奖，先后培养出3位华为“天才少年”。

（四）基础医学拔尖学生培养基地

学校基础医学2019年首批入选教育部基础学科拔尖学生培养计划2.0基地，依托该基地进行本研贯通培养模式探索和实践。面向生物医学科学前沿问题和重大疾病研究，以“三全育人”为本，以知识建构为基，以能力建设为核。通过学业导师、科研导师、思政导师三师联动，“早进实验室、早进团队、早进课题和实验室轮转”的“三早进”科研育人计划，讲好学科专业的故事，润物细无声地进行课程思政育人，采用“三明治”教学、RBL和CBL等创新教育教学模式，小组讨论、学习汇报、撰写综述等多元化学业评价模式；同步推进卓越医生培养计划和拔尖人才培养计划，双计划相互促进，基础临床交叉融合，在本研衔接阶段开设医工、医理交叉课程和前沿拔尖课程。以本科生学术年会为抓手，通过创新实践论坛，课内课外相结合，助推学生科研思维和创新能力提升。培养具有家国情怀、人文情怀、世界胸怀、卓越医学科学家潜质，医学理论知识扎实、创新实践能力强、综合素质高的基础医学拔尖领军人才。

（五）化学拔尖学生培养基地

化学拔尖学生培养基地以志趣驱动、创新引领为育人理念，构建以“厚基础、融前沿、重实践”为核心的“三强化”课程体系，融合知识传授、价值塑造与能力培养，提升专业素养与科创能力，培养理想信念坚定、家国情怀深厚、化学基础坚实、学科交叉宽广，从事学科前沿和国家重大战略需求研究的未来化学家。

创新育人模式：打造思政协同体、师生共同体和学习联合体，提升理想信念、家国情怀和责任使命。实施导师制，打造师生共同体，开展朋辈教育，探索书院制育人模式。学生化学学术团队（CAT）近五年自主邀请国内外优秀学者来校讲座22期，制作《说化》读物9期，开设同学答疑坊121次，定期邀请学生喜爱的导师和优秀学长进行面对面座谈，安排走进课题组活动18次，深受广大同学欢迎。

创新课程体系：强化数理基础、前沿融入和学科交叉，提升学生专业能力与综合素养。将学科前沿研究成果向本科教学转化，开设了新能源、新材料、新光电和新医药等特色交叉课程。

创新育人平台：强化大师引领，拓展专业视野和提升综合素养。加强科教融合，提升创新能力。资助学生100%参加大学生创新创业项目、赴境外高校学习交流及中科院暑期科研实习等各类创新实践活动。

（六）数学拔尖学生培养基地

数学与统计学院2015年启动“拔尖计划”，设立拔尖班，2020年获批强基计划并开始招收强基班学员，2022年获批拔尖2.0计划。

“拔尖计划”汇聚一流的教师资源、一流的学习条件、一流的学术氛围，引导学生不断提升学术研究水平和解决问题的能力，培养学生成为担当时代大任、勇攀科学高峰的卓越数学人才。

拔尖班采取高考与校内选拔相结合的模式，挑选真正具有数学潜质和能够勇攀世界科学高峰的优秀学生。实施了全员进国外知名大学和进科研团队学习交流的“双进计划”，邀请了包括菲尔兹奖获得者在内的海外一流学者来访，拓宽拔尖学生的国际视野，还邀请了十多位数学院士来校开设短课程和前沿讲座，打造拔尖人才成长的绿色通道。

多年的拔尖学生培养成效显著，毕业生在加州大学伯克利分校等著名高校继续深造的比例近90%。

基地将根据新时代数学拔尖人才培养要求，持续深化数学拔尖人才培养。

（七）力学拔尖学生培养基地

力学拔尖学生培养基地于2021年入选基础学科拔尖学生培养计划2.0基地。基地依托于工程力学专业和力学一级学科，秉承钱伟长先生的教育思想和精髓，发挥学校工科群优势，联合精密重力测量国家重大科技基础设施等四个国家大科学平台，致力于培养以科学志向高远、力学功底精深、创新能力拔尖为主要特征的未来力学家。实施了“青春启航”大学生成长工程，熏养学生家国情怀、人文情怀、世界胸怀和远大志向；提出了“一生一方案、一生一课表、一生一导师、一生一课题、一生一成果、一生一交流、一生一升学”的个性化培养模式；打造了以一流专业、一流团队、一流课程、一流教材、一流平台和卓越课堂为高地的教育教学资源阵地，为拔尖学生成长成才提供了质量支撑体系。工程力学专业一大批毕业生被清华大学、普林斯顿大学等国内外著名高校录取，深造率近70%；毕业生在航空、航天、机械、船舶、能源、通讯、电力等国家重点行业建功立业，涌现出包括3名中国科学院院士等在内的一批杰出校友；近5年在校生数十人次获得国际工程力学大赛个人银牌（全球）、个人特等奖（亚洲区）、团体特等奖（亚洲区）、全国大学生周培源力学竞赛全国一等奖、2021年中国大学生工程实践与创新能力大赛全国总决赛银奖等奖项。

三、案例点评

1. 动态监测、持续改进，目标达成度高

一是健全动态调整机制。制定并实施以能力评价为导向的学生学业综合评价体系，完善多阶段的动态进出机制。如物理学拔尖学生培养基地面向全院学生开设系列“拔尖课堂”（每个课堂总人数限制在30人以内），通过“拔尖课堂”，动态评选最优秀的学生加入基地。二是强化育人过程管理。加强学生学习过程管理，定期开展学情调查，并与国内外知名大学进行比较，分析优势与不足；开展各种形式的调研座谈，了解学生学习科研动态；定期开展学生自我评价工作，提高学生自我监控能力；开展各种形式的课程教学评价工作；开展国际学科评估与人才培养专项评估、及时优化培养方案等工作。三是加强毕业生跟踪调查的力度。“拔尖计划”2.0基地本科毕业生去向统计表明，2021届毕业生读研率达到92%，其中生命科学、物理学拔尖学生培养基地毕业生读研率100%，读研学校为清华大学、北京大学、中国科学院大学、华中科技大学、耶鲁大学、哈佛大学等国内外知名高校、科研院所。

2. 素质提升、能力增强，创新活动成果丰富

拔尖学生培养基地学生100%参加科学研究和创新训练，创新活动成果丰富。以生命科学拔尖学生培养基地为例，近5年学生在iGEM、BIO-MOD等全球顶级生命科学赛事上斩获国际金奖5项、银奖6项；在中国“互联网+”大学生创新创业大赛中获全国金奖2项、银奖2项；本科生每年发表学术论文近20篇；每年申请国家专利近10项。

典型案例二：
卓越工程师教育培养计划

一、案例概述

学校作为传统工科优势高校，1952 年建校伊始提出，将学校建设成为“红色工程师的摇篮”。2011 年获批成为最早实施教育部卓越工程师教育培养计划的高校之一。70 年办学历程，学校落实立德树人根本任务，坚持人才培养“四个面向”，为国家经济社会发展培养了大批实学创新的卓越人才，并逐步构建起独具特色的卓越工程师人才培养体系。

二、案例解析

（一）坚持立德树人，以“新工科”建设不断深化卓越工程师人才培养改革

学校以习近平新时代中国特色社会主义思想为指导，实施“大思政”“大课堂”“大资源”计划。2018 年第四次党代会提出“要全面提升育人能力”“办出最好的本科教育”。组织开展教育思想大讨论，制订出台“本科教育 50 条”，提出在推进一流专业、一流课程、一流教材建设中，加快建设发展“新工科”。坚持“主动服务国家战略”“对接行业产业”“引领未

来发展”，培养具有社会责任感、实践能力、创新精神、人文情怀和世界胸怀的卓越创新人才。先后成立工程科学学院、国家示范性微电子学院、网络空间安全学院、未来技术学院、集成电路学院等“新工科”教育改革的试验区和示范区，并探索实施了机械工程等8个优势工科本硕博贯通培养计划。

（二）坚持科教协同、产教融合，加快推进卓越工程师课程体系建设

学校充分发挥一流大学科研优势，整合业界优质资源，按照“上接学科前沿，下接产业需求”的思路，校企协同培养“顶天立地”的未来卓越工程师。学校投入上亿元建成了国内一流的工程实践创新教学平台，率先在全国将智能制造相关技术引入本科实践教学，着力培养学生的工程观、质量观、系统观。修订专业人才培养方案：依托学科专业导论课建设创新意识启迪类课程，培养学生的大工程观和科学思维；依托专业核心课建设高挑战性的创新能力培养类课程，将科研新成果、业界新发展及时融入人才培养过程中。譬如，机械学院多名院士牵头，将一流科研成果转化为一流教学资源，形成业界同步的教学手段和前沿内容，并通过教材形式固化。针对智能制造、芯片制造和国防安全等关键领域核心问题，大力推进实践与课程体系改革。光电学院以“高质量企业技术需求、高水平科学研究成果、高难度复杂工程问题”支撑高质量集成电路方向本科创新人才培养，将人才培养链延伸至“武汉·中国光谷”产业园区、集成电路产业龙头企业产线及研究开发区、教授科研实验区等育人环境。电气学院立足国家和行业重大需求中的真问题、真项目、真产品、真情境，重塑“创意造物、工程综合、科研探索”能力培养递进式实践教学体系。

（三）坚持学科交叉、项目驱动，积极探索卓越工程师人才培养模式改革

2008年学校与业界共建创新人才培养示范区——启明学院，打破专业院（系）学科壁垒，创建多学科交叉育人环境。以启明学院为依托，实施卓越工程师校院两级联合培养。校企共建教育与科技创新促进中心，创新

企业联合实习模式，每年组织不同专业学生交叉组队赴广东工业研究院等平台，面向企业真实需求和问题，开展联合实习实践。启明学院长期探索并形成“组建团队、项目驱动、本研协同、师生共创”的群体式实践育人模式，激发学生内生动力，引导学生由志趣牵引，受项目驱动，自主开展跨学科协同创新实践。学生自主管理运行团队，辅以校企多元导师团队指导，实现梯队化、滚动式发展。建成25个全校示范性学生创新团队，覆盖理、工、文、医、管各类学科，吸引不同专业、年级的学生，以团队为依托主动实践。譬如，FOCUS团队自2012年以来依托机械学院国家重点实验室，坚持以科研项目训练培养学生的创新思维能力，通过中小企业实践培养学生的工程能力。截至目前，团队培养学生230余人，覆盖机械、材料、电子等十多个专业，赴武汉、无锡、东莞等地30余家企业开展实践，解决企业课题70余项。Dian团队自2002年创建以来，以企业真实项目为牵引、从本科低年级开始，通过“干中学”的方式培养学生的创新能力，提高学生的综合素质，历经20年，累计培养学生3000余人，完成英特尔、腾讯、华为等企业真实项目200多个。

三、典型项目和个人

1. 学校FOCUS团队“微智助”企业帮扶计划

“微智助”小团队服务小企业项目在中国经济转型和科技创新需求背景下成长，旨在促进中小企业稳步发展，拓展高校实践资源，搭建高校学生与企业合作交流的桥梁，以解决企业发展及技术研发上所遇困难与瓶颈为导向，实现大学生科技创新与企业实际需求相对接。

平台连接企业与大学生的需求，针对企业具体发展上或技术上遇到的困难，针对大学生智力资源充足但实践资源不足的困境，结合具体的项目，协助大学生组成小分队入驻企业进行短期实践，为企业提供项目问题的解决方案，为大学生提供社会实践和生产实习的机会，灵活的方式成功连接了企业和高校的需求，促进双方的合作，同时以规范的合作流程和制度保障双方权益。

自2012年起，本项目已进行了8年的实践，服务了多家企业，完成了近百项课题，参与大学生180余人。为扩展智力帮扶服务的范围和对象，今年正在搭建“微智助”公益平台。该平台将以其简洁的加入过程和规范的运营制度，吸引更多的中小型企业和学生团队入驻，助力更多中小企业的转型发展和更多大学生的成长成材。

“微智助”通过社会实践这种灵活的方式将企业和高校连接起来，对接二者需求。企业在平台上发布需求信息，形成解决特定生产问题的实践项目；高校生浏览实践项目信息，自由组队并与企业联系，同时进行调研和准备；企业根据高校生提供的个人信息和实践策划，决定是否允许该团队入驻并完成该项目。双方互相确认后签订相关合作协议，保障双方的权利，明确双方的义务，确保合作的顺利进行。

“微智助”是以构建灵活校企合作模式为目的的公益服务平台，以解决中小型企业科技创新需求为中心，促进学生发展，致力于解决大多数中小型企业升级压力巨大、缺乏人才、缺乏技术创新的资本和能力以及当代大学生实践资源相对匮乏、实践能力较低、实践素质与企业需求不符的现实问题。

本平台基本定位为团队主办，学校、政府及企业支持，以市场需求为导向，具有示范带动作用，行业特色鲜明的公益服务平台，其运营载体为微信公众平台和网页，其最终建设目标是集双向选择、远程协助、信息咨询、指导培训、弱势帮扶、经验交流、研究监测、辅助管理等功能为一体的示范性公益服务平台。

平台秉持“小团队服务小企业”的创新公益型理念，通过线上信息公布，帮助中小型企业发布相关需求。同时，大学生科创团队自主选择企业，提交策划书。企业与大学生团队双向选择。确定合作关系后，大学生团队利用课余时间入驻企业，实地解决企业问题，双方实现合作双赢。

2. 基于物联网与智能控制的实践教学创新

面向“新工科”人才培养的工程实践教学，打造为学生提供多样的学习资源和实验实践平台，创建了以学生为中心的iCAT（intelligence

Control Automation Technology）团队，开创了基于项目实践的探索式学习模式，培养了一批具有创新能力与创新精神的创新型人才。

机械学院建成了基于物联网的全天候开放实验室系统，实现了物联网硬件与设备在物理和逻辑上同校园网分离。系统基于云服务和边缘服务连接用户和设备，无缝连接学校微校园系统和一卡通系统。云服务通过MQTT协议SSL双向身份验证连接到边缘服务器网关，通过边缘计算策略向下移动，并使用433MHz无线通信aes256加密技术连接到终端，实现本科教学实验各环节的信息化、开放共享。同时从技术保障、政策保障、人力保障等多方面入手，建立实验室安全有效的防范机制，实现24小时开放，打造一个“想学即可学”的开放式实践教学环境，满足了创新型多样化人才培养必要的环境需求。获得软件专著一项（“远程实验系统V1.0”），登记号为2021SR0356360，文章成果“基于物联网的全天候实验室探索与建设”已被《实验技术与管理》期刊录用，在2021年第12期上发表。以此成果为背景的育人故事《一切为了学生》，讲述了新冠肺炎疫情下，此系统在实验教学中发挥的作用，视频荣获2020“讲好中国故事”创意传播大赛湖北分站赛一等奖。

面向“新工科”人才培养的工程实践教学，把学生置于实验教学的中心位置，探索基于项目的实验教学模式，创建了富有创新能力iCAT的学生团队，目前团队内有45名本科生、6名研究生、2名博士生。通过项目导向的实验教学模式来加深学生对真实工业现场中工作任务的理解，借由机械学院国家级实验教学示范中心的工业级设备，让学生直接接触设备，提高学生所学到技能的可用性。与传统的实验教学不同，团队所用设备没有针对教学进行过特殊改造，团队直接将真实的工厂设备与控制搬到了实验室中。

创新项目经过与指导老师的讨论后确定下来，充分保证学生的意见受到尊重，最大限度地发挥了学生的主观能动性。目前做的部分项目经过简化之后，已经用于普通本科生的实验教学。实验实践教学活动中，让学生更主动地参与研究，将广泛的课外科技活动与实验教学有机结合起来，鼓励学生去实现各种各样的创新想法。团队学生创新应用综合知识的能力得到极大提高，成果显著。

3. 孙琪真：坚守育人初心，平凡岗位立德树人

实施导师制是学校拔尖人才培养过程中的一个重要环节，充分发挥了优秀教师在学生培养过程中的主体作用，满足了学生个性化的发展需求。学校设有 44 类实验班，实验班学生在导师指导下参加科研训练、学科竞赛、企业实践等。

光学与电子信息学院孙琪真教授就是其中的一位导师代表，她坚守育人初心，在高等教育立德树人的讲台上，书写着当代青年科学家的创新创业育人故事。孙琪真教授在学校学习工作 20 余年，传承着华中大人在国家科技发展及中国光谷建设中的奋进精神。2008 年博士毕业后，致力于光学传感技术及应用研究的她，接过育人接力棒，探索理论、实践、创业“三课堂”的培养模式，将“双创”理念融入人才培养。在课堂教学和团队建设中紧密融入思政教育，厚植家国情怀。她做客“师生茶座”，与同学代表探寻“科学研究的情怀与担当”。她作为党建导师带领学生党支部，培养了全国青马工程优秀学员、华中大优秀共产党员和十佳研究生党员标兵等数十位学生先进典型，打造了华中大样板党支部、获得青年五四奖章的集体。作为学校“我最喜爱的教师班主任”，她引导“王大珩”光电创新实验班的学生在生活、学习、科创和未来发展等各个方面对大学生活进行规划，主动沟通，解决他们在求学过程中的各种困惑，带领班级多次获得华中大“优良学风班”的称号。在科学研究中，她始终坚持“四个面向”，从光物理探索到光学精密感知再到地下空间探测，带领学生不断开拓创新、突破技术瓶颈，将研究成果服务于国民需求。她担任实验班的“科学思维与研究方法”和“光电创新实践”等课程导师以及特优生导师，积极贯彻“育人为本、创新是魂、责任以行”的理念，面向本科生开放实验室，鼓励他们将课堂理论学习与实践应用相结合，先后指导 8 项国家级和校级“大创”项目并多次获得优秀奖项，指导的论文获评湖北省优秀学士学位论文。在学生培养中，她倡导“五育并举”、多元育人，紧密联系产业界为学生提供创新创业资源与平台，从“互联网 +”到“创青春”再到“挑战杯”，她成为华中大首位在三个大赛上均获得一等奖/金奖的“大满贯”指导教师，3 位研究人员入选“3551 光谷人才计划”，创立的公司

已成为光谷明星企业。

“希望我的学生能成为‘顶天立地’的卓越工程师”。孙琪真教授介绍，她未来将继续带领学生团队聚焦学科交叉领域，攻关光电领域“卡脖子”的问题，希望在平凡的岗位上为国家光电信息领域培育不平凡的未来科技人才。

4. 光卓1801班：头雁领航，卓尔不凡

光电信息科学与工程（卓越计划实验班）1801班共25人，升学率高达96%，其中出国留学3人，国内深造21人，是名副其实的“学霸班级”。升学院校均为清华大学、北京大学等国内双一流高校及哥伦比亚大学等国外名校。

头雁领航，卓尔不凡。班级所在团支部获评全国高校“活力团支部”、湖北省“百生讲坛”金牌团支部，还获评校五四红旗团支部、校“黄群班”、校“优良学风班”等集体荣誉。全员科研，勇攀高峰。班内成员科研导师配备率100%、全国大学生创新创业比赛参与率100%，共获省级以上科创竞赛奖项20余人次，李子权等斩获全国光电设计大赛一等奖，李健垚以共同一作在《德国应用化学》发表高水平论文一篇，影响因子15.336。获得奖学金累计40人次。他们立志用学问铸就真本领，以行动开启新征程，将在华中大孕育的炙热梦想与不变初心播撒向祖国大地。

不忘初心，砥砺前行。我们将继续坚持产学研深度融合，努力形成培养卓越工程师的华中大经验，为人才强国做出华中大的贡献！

典型案例三：
本科生学风建设

一、本科生学风建设案例概述

华中科技大学深入学习贯彻习近平新时代中国特色社会主义思想和习近平总书记关于教育的重要论述，围绕立德树人根本任务，把握新时代大学生成长发展规律和实际需求，坚持学教融合发展，深化学风建设制度、学业发展支持队伍和院校两级学业发展支持中心建设，树立优秀典型，营造浓厚的学习、学业、学术氛围，不断擦亮“学在华中大”的名片。

二、本科生学风建设案例解析

（一）案例思路

学风是大学精神的集中体现，是教书育人的本质要求，是高等学校的立校之本、发展之魂，优良学风是提高教育教学质量的根本保证。学校不断探索完善本科生学风建设工作体系和工作内涵：一是重视日常管理，构建长效机制，筑牢学风建设基础；二是抓实队伍建设，汇聚育人资源，多方参与学业指导工作；三是统筹校院平台，搭建活动品牌，深入推进学业发展支持中心建设；四是强化评优导向，选树优秀典型，发挥引领示范作用。

（二）案例设计与实施

1. 重视日常管理，构建学风养成长效机制

1）加强制度建设，夯实基础工作

出台本科生班级建设和社区文化建设方案，制定《关于进一步加强本科生班级建设的意见》《关于进一步加强本科生社区思想政治教育的指导意见》等文件制度，高度重视考风考纪和学术诚信教育。实施“新生导航计划”，上好“入学教育第一课”，加强大学学习定力培育和学习习惯养成。做好常态化学风督查，辅导员每周至少查课两次，每门考试到场巡考，严格课堂考勤及请假，将学风建设融入日常、抓在经常、渗入时常。

2）坚持学情调研，护航学生成长

每年面向全体学生开展学情调研和学业困难学生问卷调查，以数据支撑学业指导与帮扶工作。各学院每学期初开展年级学情分析会，端正学生学习态度，做好学生学业规划。加强家校协同，定期与家长沟通学生学习情况，分析难点与问题，发挥家庭教育积极作用，共同护航学生成长。

3）深化校院联动，落实困难帮扶

围绕学业困难学生的跟踪和帮扶问题，建设“学生综合信息平台”系统，实现学业困难学生信息动态更新。学校每月组织部分院系就学业困难学生的问题开展专题座谈，深入分析、研判学业困难学生的情况，针对性制定“一生一策”，定期开展谈心谈话活动，建立长效帮扶机制。

2. 抓实队伍建设，凝聚学业指导和学业帮扶合力

学校着力建设教师班主任、辅导员、优秀学子、校外导师（校外辅导员）四支导师队伍，充分引导校内外优质教育资源参与本科生学业发展与学业帮扶，形成学风建设工作的育人合力。

1）教师班主任

学校自 2012 年起开始实施本科生教师班主任制度。2019 年，发布《关于进一步加强和改进本科生教师班主任工作的指导意见》，明确将学业

指导作为本科生教师班主任的重要职责部分。学校坚持统一部署、全面推进，从教师队伍的高端入手，选聘一大批包括院士、杰出青年基金获得者和教学名师等在内的优秀教师以及部分院系党政负责人担任本科生教师班主任，积极推动优质的教学科研资源转化为学生的教育管理资源，在加强班风学风建设、引领学生发展方面发挥显著作用。2021 年，学校共聘任教师班主任 1132 人，实现本科生班级 100％覆盖，其中拥有副高以上职称的教师班主任占 66.8％。学校每年组织开展本科生教师班主任评优工作，评选出若干“本科生教师班主任工作先进单位”，20 位“我最喜爱的教师班主任”和 200 余名“优秀教师班主任”。

2）辅导员

2021 年，学校发布《华中科技大学关于加强新时代辅导员队伍建设的实施意见》，推进辅导员队伍专业化职业化发展，将学风建设作为新时代辅导员的重要职责部分。辅导员充分树牢大抓学风工作的指导思想，入住学生宿舍，与学生同吃同住同学习，通过走进学生、深入学生、了解学生，引导学生养成良好学习习惯，指导学生开展课外科技学术和社会实践活动。2018 年起，学工部牵头成立学业发展支持辅导员工作室，组织 20 余名资深辅导员进行学业发展指导研究，并面向学生开展学业发展指导课程巡讲和个体咨询活动。

3）优秀学子

学校和各院系高度重视优秀学子在学业发展指导中的重要作用，每年从三好学生标兵、国家奖学金获得者、学习成绩拔尖的学生中选拔优秀者担任朋辈导师，面向学生广泛开展成长故事分享、学业规划讲座、考前辅导等活动，深受学生欢迎。

4）校外导师、校外辅导员

学校充分动员校外力量参与学生学业和发展指导，聘请两院院士、大国工匠、时代楷模，国家勋章、国家荣誉称号获得者，党政领导干部、国企管理人员、“五老”（老教师、老战士、老专家、老模范、老干部）等担任校外导师、校外辅导员，引导其积极参与党支部、团支部、班级活动，了解学生的成长需求和成长困惑，开展专业引导、学业规划、学术交流活动，指导学生参与社会实践、实习实训活动等。截至 2022 年，已累计选聘 40 余人。

3. 统筹校院资源，深入推进两级学业发展支持中心建设

学校高度重视“第一课堂”和“第二课堂”融合发展，扎根学生社区，成立校级学业发展支持中心，同时在各个学院建设院级学业发展支持中心，形成校院两级资源共享、紧密配合的工作格局。中心围绕“立足学业、全面发展”的教育理念，打造“2435”工作模式，即构建“学校—院系”两级学业发展与帮扶体系，依托专业教师、辅导员、优秀学子、校外导师（校外辅导员）四支学业导师队伍，向学生提供发展型、引导型、促进型的三维学业指导，打造“师生茶座”“能力提升工作坊”“明星学子面对面”“学业提升营”“小伙伴计划”五大品牌活动。

1）聚焦专业认知和发展领航，提供发展型学业支持

组建以专业教师、校外导师（校外辅导员）为主体的学术研究与行业实践导师团队，搭建“师生茶座”平台，每两周一期，推动专任教师、校外育人力量围绕专业导航、学术启蒙、科研创新、职业规划等主题与学生展开深度交流，为学生传道授业解惑。

2）聚焦学业指导与能力提升，提供引导型学业支持

组建以学业发展支持工作室辅导员老师为主体的学业发展指导导师团队，常态化开展“能力提升工作坊”活动，聚焦大学生学业发展的实际问题，采用案例分析、启发式教学的团体辅导授课方式，开设综合能力提升课程共10讲，内容涉及时间管理、学业规划、自我认知与专业认知、思维导图等，引导学生明确学习目标、掌握学习方法、提高学习能力，培养学生的学习兴趣，激发学生的学习动力。

3）聚焦学业成长与学业帮扶，提供促进型学业支持

组建由优秀学子构成的朋辈导师团队，开展“明星学子面对面”“学业提升营”“小伙伴计划”活动。“明星学子面对面”每两周一期，邀请三好学生标兵、先锋党员、自强标兵等明星学子，聚焦学生学业发展等常见问题，分享成长经验与心得感悟，启发和引领同学们明确学业发展的方向和渠道。“学业提升营”每周举行，聘请成绩优秀的学子担任“学业辅导小老师”，针对“微积分”“线性代数”“大学物理”等基础课程开展朋辈

课程辅导、知识答疑等活动，帮助学生突破学习难点。“小伙伴计划”每月一期，以“早起、自习、读书、运动、背单词”为主题，通过QQ、微信群组织学生开展集体打卡活动，鼓励学生互相监督、共同坚持，实现“蜕变二十一天”习惯养成。

4. 强化评优导向，发挥先进典型引领示范作用

1）选树先进班级，推动集体成才

坚持开展“优良学风班”评选活动，引导学生加强班集体建设，在全校促进形成“比追赶帮超”的优良班风学风；持续举办“胡吉伟班”“黄群班”争创暨班旗授旗仪式，传承“以德立班，责任以行”和“履职尽责，许党报国”精神，让班集体成为学生成长的沃土。

2）选树标兵寝室，推动共同进步

加强“五型社区”建设，每年举办本科生标兵寝室评选活动，选树本科生标兵寝室20个，优秀寝室300余个。通过卫生检查、寝室文化和风采展示等内容考核，展示“学霸寝室”的成长风采，推广寝室建设经验，鼓励学生共同进步，成为全方位优秀的人才。

3）选树优秀个人，推动全面发展

每年选树三好学生标兵20名，以“故事分享会”的形式开展本科生最高荣誉评比，鼓励学生向标兵看齐，实现德智体美劳全面发展；每年评选三好学生、优秀学生干部、优秀毕业生共计5000余人，强化德才兼备评优导向，充分发挥朋辈引领作用。

4）重视典型宣传，强化辐射带动

每年编印《榜样——华中大优秀学子故事》《学在华中大指南》《三好学生标兵文集》等学风教育折页、入学教育读本，向所有新生发放，并在社区宣传展架放置供学生自取；开办“优秀学子故事分享会”，讲述先进典型的成长故事；定期在校外媒体、校主页、学工部官网和“HUST学工”公众号开展先进集体和优秀个人系列宣传报道；每年年底召开学生优秀集体和先进个人表彰大会，辐射带动更多学生向先进靠拢，在全校范围内掀起创先争优热潮。

三、案例点评

（一）案例育人实效

华中科技大学坚持传承发扬“学在华中大”精神，通过“重基础、树典型、强队伍、建平台”四大工作举措，在全校本科生范围内营造优良学风，取得一系列工作成果。

1. 打造学业发展“金课”

学业发展支持辅导员工作室建设形成《大学生学业发展与大学规划》课程体系，组织100余场讲座，覆盖1.4万余人，获高校百门精品培训课程立项，为我校首次获评该荣誉。

2. 形成学业发展工作品牌

学业发展支持中心成立以来，先后举办“师生茶座”35期，“明星学子面对面”53期，超过1万人次参加活动；举办“能力提升工作坊”123期，覆盖1.2万余名学生；主讲“微积分”“线性代数”“大学物理”的“学业提升营”开课330期，课程助教微答疑超过600小时，线上线下累计超过3万人次参与；持续开展“小伙伴计划”习惯养成系列活动27期，产生超过10万条打卡记录。

3. 学业困难学生帮扶效果显著

2021年全年，累计有150名学业困难学生脱困，108名严重困难学生脱离重点关注状态。

4. 学风氛围持续向好

学校每年培育的本科生“优良学风班”已超过600个，占比连续8年呈增长趋势，2021年达68.61%，在全校形成了“比追赶帮超”的优良班风学风。

（二）特色典型案例

1. 辅导员学业发展工作优秀典型

孙伟，学业发展支持工作室负责人，能源与动力工程学院学工组组长、专职辅导员，全球职业规划师（GCDF）、全球学业指导协会会员（NACADA）。长期坚守思政一线，先后负责5届本科生的思想教育工作。注重提升专业能力，先后获得全国高校思想政治工作优秀案例一等奖、湖北省高校辅导员素质能力大赛一等奖、教育部高等学校教学指导委员会研究与实践项目优秀奖、湖北省统战理论政策研究创新成果一等奖等，获评全国辅导员训练营“特别表现”高校辅导员、湖北省“荆楚好老师”。

2. 教师班主任优秀典型

“我最喜爱的教师班主任”，生命科学与技术学院的栗茂腾教授，创立线上“365天全覆盖教学”模式，通过QQ说说、微信等同学们最常用的网络系统创造性地开展了网络教学工作，每天介绍一种植物（种类、形态和应用价值等）和1—2条发表在*Nature*，*Science*和*Cell*等期刊上的最新科技进展资讯，实现了这些课程教学过程的365天全覆盖，让同学们及时了解生命科学领域的最新研究进展。

“我最喜爱的教师班主任”，计算机科学与技术学院的石宣化教授指导班级学生参加国际、国内比赛，获得全球大学生超级计算机竞赛总冠军、最高计算性能奖（两次打破世界纪录）、国产CPU并行应用挑战赛金奖等国际、国内奖项，其中一名本科生队员成功入选华为“天才少年”。

3. 校三好学生标兵优秀典型

姚海明，机械学院测控1801班班长。本科前三年推免成绩位列专业第一，保研至清华大学精密仪器系攻读博士学位。本科期间发表SCI/EI论文3篇，获批专利1项，软件著作权1项，主持国家级大学生创新创业训练项目 2 项并结题；获全国大学生数学竞赛、智能机器人大赛等国际级、国家级、省级科创竞赛奖励 7 项；获国家奖学金、校三好学生标兵、校本科特优生等荣誉 9 项；现为 IEEE 学生会员。

秦澜浩，材料学院功材 1801 班本科生。加权成绩排名专业第四，先后担任院团委副书记、组织部部长，校团委科创部副部长，材料学院 2018 级本科生功材党支部书记等学生工作职务。先后获得国家奖学金、校三好学生标兵、校本科特优生、校优秀党员、校优秀学生干部、优秀共青团干部、优秀院系团委组织部部长等荣誉。

4. “优良学风班”优秀典型

船海学院船卓 1801 班，连续三年获评校“优良学风班”，先后获得校“黄群班”、校“标兵团支部”、校“优秀团支部”、“青梧成林卓越团支部”等荣誉。全班共 22 人，全员递交入党申请书，现有中共党员 7 人，中共预备党员 13 人。所在的“黄群班”党支部获评校“先进基层党支部”荣誉称号。

经济学院金融学 1901 班，连续两年获评校“优良学风班”，先后获得校“胡吉伟班”、校“标兵团支部”和“全国五四红旗团支部”等荣誉。全班共 24 人，全员递交入党申请书，现有中共党员 3 人，中共预备党员 14 人，已实现支部建在班上，获评“校先锋党支部”称号。截至 2022 年，在学习成绩上，年级排名前十中有 7 人是该班成员。

5. 标兵寝室优秀典型

电气学院紫菘 1 栋 601 寝室，寝室四人全部为中共正式党员，共获得国家奖学金 2 次、国家励志奖学金 7 次、各类人民奖学金及社会奖学金逾 20 次，累计获奖学金超过 10 万元。四人成绩优异、学生工作经历丰富，每年均获评优秀共青团干部或“优秀共青团员”，有校特优生 1 人、校优秀共产党员 1 人。寝室四人实现全员本校升学。

光电学院韵苑 2 栋 420 寝室，寝室四人全部为班委，三人连续两年获国家奖学金，两人学习成绩排名专业第一。成员兴趣爱好广泛，德智体美劳全面发展。一人参与第七届中国国际“互联网 +”大学生创新创业大赛获湖北省赛金奖、全国总决赛铜奖；两人参与第十二届全国大学生数学竞赛获一等奖，参与第九届湖北省大学生数学竞赛获一等奖。

（三）案例社会影响

1. 媒体报道

2018 年 8 月，教育部官网以“华中科技大学大力加强本科生学风建设”为题，报道学校坚持“立足学业、全面发展”教育理念，立足本科生学业发展实际需求，把握新时代大学生成长发展规律，狠抓学风建设，促进学生全面发展。

楚天都市报、极目新闻等校外媒体每年对学校先进集体和优秀个人的评优展示活动和先进典型进行多次报道，学校主页、学工部官网每年推送相关优秀典型宣传报道 100 余个，“HUST 学工在线”微信公众号每年推送学风教育类推文 300 余篇。

2. 工作交流

2021 年 12 月 8 日，华中科技大学在北京市高等教育学会学业辅导研究分会 2021 年学术年会暨“一站式”学生社区学风建设论坛上做“高效学习的方法与技巧”主题报告。

2022 年 5 月，华中科技大学承办湖北高校“一站式”学生社区建设现场推进会，全省 130 所高校党委副书记参会，我校作为全国首批“一站式”社区建设试点单位做工作经验分享，其中，“学习型社区”建设作为重要组成部分受到高度关注。

典型案例四：武汉国际微电子学院

一、案例概况

华中科技大学武汉国际微电子学院承担国家示范性微电子学院筹建任务，秉承“拔尖示范、产学融合、协同育人、自主创芯”办院思路，着力构建一流的微电子/集成电路人才培养和技术研发中心，加速建设国家集成电路产教融合创新平台，培养具有国际竞争力的科技创新型及工程应用型微电子/集成电路产业紧缺人才，使其具备科学思维能力、工程实践能力、交叉创新能力、国际交流能力。学院构建“本科—硕士—博士—博士后”完整人才培养链。2021 年招收学生 630 人，其中招收本科生 342 人，硕士生 227 人，博士生 61 人。

学校自 1960 年 3 月开始创办半导体学科及相关方向专业。2014 年 9 月，为了加强微电子集成电路学科建设，组建武汉国际微电子学院。2015 年被批准筹建国家示范性微电子学院。

学院现有专职教师 93 人，工程实验人员 10 人，其中教授 49 名、国家级人才（含青年）13 人、国家优秀青年基金获得者 2 人、教育部新世纪优秀人才 8 人、各类省级人才 14 人。

2003 年学院成为国家首批 9 个“国家集成电路人才培养基地”建设单位之一，2007 年“微电子学与固体电子学”获批国家重点学科，“集成电路设计与集成系统”及“电子科学与技术专业”先后获批为国家级一流本科专业建设点。2021年学校获批为国家首批18个“集成电路科学与工程”一级学科博士学位授权点之一，学校成为建设“国家集成电路产教融合创新平台”的8所高校之一，平台建设总投资达3.4亿元。

学院2021年培养了282名本科毕业生、272名硕士毕业生和40名博士毕业生，就业领域涉及半导体、芯片、网络通信等集成电路及相关领域的高校、研究机构及行业龙头企业所涉内容。通过人才培养、科学研究、成果转化、国际合作、战略咨询，积极推进国家、湖北省、武汉市的微电子和集成电路产业发展。

二、案例解析

（一）工作做法和举措

学院建成“集成电路制造关键工艺及制程整合”虚拟仿真实验系统，创新采用3D仿真技术再现并制作互动式虚拟仿真课程用于实验教学，解决了微电子集成电路创新人才培养中“工程实训”环节虚实结合的“卡脖子”难题。“产教融合校企协同”开发集成电路设计实践教学云平台，将EDA工具及相关教学案例库整合在云端，利用云计算技术实现了用户对工具、计算资源的跨平台开放访问。针对学生的培养方案贯彻“三融合”机制：教学和科研相融合、课内和课外相融合、校内和校外相融合。企业深度参与构建基于云的“立体化、多时空、多维度”的教学模式和独具特色的多功能泛在教学MIS系统及EDA云平台。

结合集成电路科学与工程一级学科建设，会同国家集成电路产教融合创新平台共建企业、校内共建单位的专家讨论平台实训课程方案，学院联合开设业界精品课程“嵌入式系统原理与设计”和“嵌入式系统课程设计”。学院近年编辑出版教材10余部，重点建设“集成电路设计基础”慕课课程，参与线上5期课程学习近3万人次。

探索实施贯通式实践教学及人才培养模式，“赛课紧密结合、学生全员参与”。组织集成电路专业全员参加工信部全国大学生集成电路创新创业大赛，每年数十人次获得大赛二等奖及以上奖项。实现集成电路专业本科生100％参加国家级大赛，老师100％参与课外科技创新创业指导，卓越工程师班100％继续读研读博深造。

（二）科学研究成果

依托国家集成电路产教融合创新平台、国家集成电路人才培养基地、武汉光电国家研究中心、先进存储器湖北省重点实验室、湖北省微电子工程研究中心等重大平台，构筑了集成电路“材料—器件—电路—系统”全链条创新平台，承担了包括国家重大专项、国家重点研发计划等多项国家重大科技攻关任务，2021年科研经费总额近1亿元。

学院近3年在*Science*、*JSSC*、*TCAS-I*、*IEDM*、*Nano Letters*等微电子集成电路及相关领域顶级期刊上发表论文40余篇，并在各大学生科研竞赛中屡获佳绩。

2021年新增HUST—高德红外“先进红外技术”、珠海中科慧智“智慧感知”、OPPO“新型存储创新技术”、深圳国微“EDA”、上海昕原“阻变存储器”联合实验室，共建经费高达4500万元。与湖北光谷实验室、江城实验室、九峰山实验室达成深度合作意向，共同承担集成电路高层次紧缺人才培养的任务，针对地区产业需求和行业前沿，聚焦存储器、光电芯片、化合物半导体等核心技术，联合攻关。

傅邱云教授团队拟将十三项专利（含两项国际专利）打包，作价投资1000万元，与东敏微半导体技术（无锡）有限公司进行成果转化。共建学校温州先进制造技术研究院，履行服务传统产业提升、引领新兴产业培育的两大职能，使该研究院成为微电子制造领域人才集聚的重要平台。

（三）产教融合和国际交流情况

依托国家集成电路产教融合创新平台，让“产教融合、科教协同、赛课结合”措施落地深化，构建集成电路“设计→工艺制造→封装测试→系统应用”的完整知识链及产业链创新人才培养新体系。师资互聘，让教师有完整产业经历，共享企业平台；将课外科技创新实践学分纳入人才培养方案，面向微电子集成电路方向全体本科生，有效推进企业项目资源、最新科研成果及年度赛事赛题资源及时转化为教育教学内容，并实时校企协同编著教材，以“高质量的企业技术需求、高水平科学研究成果、高难度的复杂工程问题”支撑高质量微电子集成电路方向本科创新人才培养。

2021 年选派 4 人赴英国爱丁堡大学参加交换生项目，并与爱丁堡大学进行中外合作办学机构的商谈。双方已达成一致，在集成电路设计与集成系统、微电子科学与工程两个专业开展联合办学。力争实现国外优质教育资源引进利用的最优化和最大化，更好地服务优势学科的创建发展。

三、案例点评

通过课堂主讲、产业互动、社会实践等方式，邀请专业专家、思政专家、企业专家深度参与，建立了“专业课—讲座课—实践课”全链式“中国芯”课程思政体系。依托思政教改项目，邀请教学名师、思政专家、光谷集成电路领域企业家参与，成立名师工作室。融合产业、学科的优势，建立“学生—教师—企业家”学习共同体，开展解惑悟道课堂教学。深入武汉光电国家研究中心等重点科研平台和长江存储科技有限责任公司等龙头芯片企业进行理想信念实践教学，打造“CMOS 模拟集成电路”“半导体物理”“信息技术导论”等课程思政样板课。与华为技术有限公司首批共建 2 门产教融合课程“宽带光接入网”“光通信与光交换技术”，聚焦华为在前沿技术应用、工业场景案例等内容上与现有课程的融合。与区域龙头企业（长江存储科技有限责任公司）深度合作，在技术人员培训、本科生实习基地、工程博士培养及博士后流动站等方面全方位合作，近三年为长江存储科技有限责任公司输送了 50 多名毕业生。

基于“全产业链、知识及能力导向”思路，实现“师资、教材、平台及学生”四位一体的立体化共享共建，教学内容及过程企业全程参与、教师课外延伸、校企有机互动的科教协同产教融合。将人才培养链由单一的教学区，延伸到“武汉 · 中国光谷”产业园区、集成电路产业龙头企业产线及研究开发区、教授科研实验区、学生寝室社区、线上虚拟社区等育人环境，打造“产教融合、科教结合、师生互动、朋辈互助”的育人共同体。

典型案例五：
网络空间安全学院“分级通关”综合实践能力培养

学校将网络空间安全学院列为教育教学改革试验区，设立网络空间安全本硕博贯通人才培养实验班，学院大力实施“分级通关”式综合实践能力培养体系，探索产教、科教协同育人，是目前国内唯一在本科教学中系统性推行综合实践能力培养的网络安全专业院校。在一次“分级通关”综合实践课上，大三学生邱士煜了解到，除了以往课堂上讲到的一些简单的密码学算法外，还有可以抵抗未来超强算力的格密码算法、可以自证身份的 IBE 算法，这些功能丰富的算法引起了他浓厚的兴趣，在与老师交流后，他和同学们进一步开展研究，把研究成果用在了提升电子邮件安全性能上，并参加了第十七届“挑战杯”竞赛“揭榜挂帅”专项赛，最终团队获得大赛特等奖。老师们将生产生活的应用场景带到课堂，同学们在解决实际问题的过程中激发学习动力，不断提升创新实践能力，最后获得满满的成就感。

近三年，网络空间安全学院人才培养成果突出。学生团队斩获第十七届“挑战杯”竞赛“揭榜挂帅”专项赛“擂主”团队称号 1 个、特等奖 2 项、一等奖 1 项，第十四届全国大学生信息安全竞赛创新实践能力赛亚军，2021 年世界大学生超级计算机竞赛全球桂冠等多项重量级赛事荣誉。

典型案例六：
实施本科毕业生“荣誉学士学位称号”制度

为深入贯彻习近平总书记关于教育的重要论述精神，切实落实中共中央、国务院印发的《深化新时代教育评价改革总体方案》，坚持立德树人根本任务，以人才培养为中心，树立科学的教育评价导向，激发学生学习兴趣和发展潜能，鼓励优秀学生脱颖而出，提高学士学位授予质量，学校提出“荣誉学士学位称号”的设想，并将实行“荣誉学士学位称号”制度纳入《关于加快实施一流本科教育改革与建设工程的意见》（“本科教育50条”）。

按照学校“本科教育50条”的精神，2019年本科生院开始探索研究“荣誉学士学位称号”制度，2020年在电气学院进行“荣誉学士学位称号”的试点，2021年出台《华中科技大学“荣誉学士学位称号”评选工作暂行办法》（校本〔2021〕16号），开始在2021届全校本科毕业生中，实行“荣誉学士学位称号”制度。通过引导学生在坚定理想信念、厚植爱国主义情怀、加强品德修养、增长知识见识、培养奋斗精神、提高综合素质上下功夫，鼓励学生成为具有过硬政治素质、扎实专业知识与实践能力、深厚人文情怀、强烈创新精神、宽广国际视野的德智体美劳全面发展的“六有”大学生和未来领军人才。

2021届、2022届本科毕业生分别有202名和204名优秀学子斩获“荣誉学士学位称号”。

下面是5位优秀学生代表材料。

（1）张祥磊，中共党员，生命科学与技术学院生物技术专业本科毕业生。本科期间加权平均成绩92.40，年级排名第一，辅修计算机科学与技术双学位，曾斩获2019年国际遗传工程机器大赛（iGEM）金奖、2018年国际遗传工程机器大赛（iGEM）银奖、美国大学生数学建模竞赛二等奖等奖项。曾两次担任新生班主任，多次参与志愿服务与支教等社会实践活动，获“校医院优秀义工”“主校区图书馆优秀义工”等称号。

（2）柳帅，中共党员，光学与电子信息学院集成电路设计与集成系统专业本科毕业生。学习认真刻苦，总加权成绩91.7，年级排名第三。热爱科技创新，是省级“大创”团队负责人，曾获国际级和国家级科创大奖2项，省级大奖2项，另有一项专利。积极服务同学，曾任集成第一党支部书记、班长、学习委员、院党务服务中心副主席等学生工作职务。理想信念坚定，学习强国积分近30000分，湖北省“双育计划”党员培训班班委。积极参与社会实践，实践工作曾获评为校优暑期社会实践和一项省优主题实践。负责学院三门课程“点睛课堂”主讲，发挥高年级党员的“传帮带”作用。注重个人综合素质的全面提升，大学4年累计跑步里程近4000公里，年均读书100余本，连续两年获得国家奖学金，连续三年获评校三好学生，曾获校“先锋党员”、校三好学生标兵、校“优秀共产党员”、光电信息学院“十大新闻人物”等荣誉。

（3）黄琪寅，共青团员，机械科学与工程学院机械设计制造及其自动化专业本科毕业生。专业综合排名年级第一，多门课程满分，曾担任课程助教、班级学习委员、心理委员。获国家奖学金两次，获校本科特优生荣誉。参加全国机器人RoboMaster机甲大师赛、全国大学生智能互联创新大赛等，获国家级奖项三次，省级奖项四次，授权实用新型专利三项，投稿北大核心期刊一篇。擅长游泳，热爱阅读，热爱公益，参加的社会实践团队获评校“暑期社会实践优秀团队”，多次参加青少年科普公益活动。

（4）胡颖洁，临床医学专业（八年制）学生。为了以高尚的医德和精湛的医术奉献社会，努力精进学业，成绩排名专业第一，拥有四项国家新型实用专利，获全国“挑战杯”和全国基础医学创新研究二等奖。热心社会公益，坚持志愿服务十余年，抗疫中勇担志愿工作，三次负责社会实践重点项目，深入乡村为群众医疗服务，获中国“互联网+”大赛的“志愿者标兵”、世界军人运动会“优秀志愿者和志愿服务之星”、湖北省“三下乡”社会实践“先进个人”的荣誉。踔厉奋进，带领同学获校“优良学风班”称号四次、“先进基层党组织”称号两次、“先锋党支部”和“优秀团支部标兵”称号，个人获“中国大学生自强之星”提名奖、湖北省卫健委“优秀共产党员”、校三好学生标兵、裘法祖奖学金、三次国家奖学金，人民网和中国青年网等媒体宣传报道32篇。博士期间将在我校师从中国工程院马丁院士进一步学习。

（5）冯紫薇，中共党员，新闻学院广播电视学专业本科毕业生。连续两年获国家奖学金，连续三年获校三好学生奖学金，获评校三好学生标兵、校优秀学生干部、校优秀共青团干部、校“优秀共青团员”、校“创新创业活动标兵”、校“社会实践先进个人”、院“抗疫先进个人”等多项荣誉。纪录片作品入围中国纪录片学院奖，获中国大学生计算机设计大赛全国一等奖、人民网优秀融媒体作品二等奖、全国大学生广告艺术创意大赛湖北省三等奖。作为队长带领队伍获评湖北省大学生暑期社会实践活动优秀社会实践队，主持参与省级“大创”项目两项。曾任校新媒体中心微信部部长、校学生会部门负责人，在央视、新京报、澎湃新闻实习。

典型案例七：研究生学风建设

一、案例概述

习近平总书记强调，“要营造良好学术环境，弘扬学术道德和科研伦理”。学术道德和学术诚信是一所大学的立校之魂，是学术发展和科技进步的基石，也是实施创新驱动发展战略、实现世界科技强国目标的重要基础。学风是一所大学的精神和灵魂，是大学的立校之本，发展之基。学风建设不仅是实现高校内涵式发展的关键举措，更是新时代研究生为人为学的重要基础。优良学风的创建对提高高校的教育质量具有深远意义。

为深入落实立德树人根本任务，进一步引导学生恪守学术道德、弘扬优良学风，营造和维护风清气正的校园学术环境，搭建学术交流分享平台，校学生工作部研究生工作办公室统筹主办、校研究生会承办开展研究生“学术道德月”“学风建设月”“学术微沙龙”等系列活动，坚持“以点带面、以面带全、加强校院联动”，其中“学术道德月”已成功举办十二届，“学风建设月”已成功举办三届，“学术微沙龙”已累计举办 20 余期，影响辐射整个研究生群体。

“学术道德月”系列活动包括发布研究生学术道德倡议书、“三好研究生标兵”评选、学术诚信主题活动等子活动。

研究生学术道德倡议书由校研究生会面向全校研究生发布，旨在通过发布倡议引导我校研究生做到“耐得住寂寞，经得起诱惑，守得住底线，立志做大学问、做真学问”。

“三好研究生标兵”是华中科技大学授予研究生个人的最高荣誉称号，要求研究生在政治、思想、品德、学业、工作能力等诸方面表现特别突出，得到师生的一致好评。2012 年 10 月，第一届“三好研究生标兵”评选顺利开展。截至 2022 年 6 月，“三好研究生标兵”评选已成功举办十届。

学术诚信主题活动由校研究生会承办并统筹安排、各培养单位研究生会协办开展。通过加强校院联动，扩大活动覆盖影响面。“学风建设月”系列活动包括学风建设倡议、科技成果展、学风建设主题活动等子活动。学风建设倡议由校研究生会统筹安排，面向全校研究生，通过发布学风建设倡议书、开展学情调研、树立学研典型、创作学风作品等方式，呼吁广大研究生进一步牢固树立科学道德观念。科技成果展旨在为我校研究生提供创新实践平台，营造学术科研创新氛围，树立学术科研典型，以引导鼓励研究生站到创新最前沿，勇攀科技高峰，共建特色高地，为我校“双一流”建设贡献力量，已成功举办三届。“学术微沙龙”活动旨在促进我校研究生不同院系间的学术交流，搭建学术交流分享平台，提升研究生学术兴趣，培养有知识、有文化、有思想、有内涵的华中大学子，已成功举办 20 余期。

二、案例解析

（一）案例思路与理念

研究生“学术道德月”旨在通过各培养单位开展学术诚信主题活动、“三好研究生标兵”宣讲、“学术交叉微沙龙”等环节，引导广大研究生着眼“四个面向”，培养学术诚信意识，弘扬求真务实、严谨自律的学术精神，加强科研诚信建设，严明学术纪律，规范学术行为，践行“明德、厚学、求是、创新”的校训精神。

通过学风倡议、学研沙龙分享、学术成果展示等环节，加强榜样引领与精神感染，巩固发展我校优良学风校风，为我校研究生营造学术科研创新氛围、搭建创新创业平台，引导鼓励研究生着眼“四个面向”，为我校建设成为世界一流大学贡献青春力量。

开展以“师·说”“榜·样”“博·学”“明·辩”“赛·学”为主题的系列分享交流活动，营造更加浓厚的学科交叉氛围，促进研究生思创新之道，论学术之本。

（二）案例设计与实施

1. 第十二届“学术道德月”

以“弘扬学术正气，树立科研清风”为目标开展“三好研究生标兵”评选及宣讲活动。全校各研究生培养单位可推荐至多1名研究生作为“三好研究生标兵”候选人。根据自评材料和现场展示两个环节的分数计算每位候选人的总得分，评选出不超过20名获奖者，授予“三好研究生标兵”荣誉称号。“三好研究生标兵”宣讲活动将由各培养单位邀请至少相应学科领域3位“三好研究生标兵”荣誉获得者进行宣讲。宣讲活动由校研究生会统筹安排，各培养单位研究生会积极配合，确定宣讲主题和时间，由校研究生会学术部统一安排系列活动。

以“思创新之道，论学术之本”为主题开展“学术微沙龙”活动。在“师·说”板块，邀请培养单位青年教师分享专业知识或专业发展史，以各培养单位专业知识为基础，分享各培养单位特色文化，加深研究生对自己专业的理解，拓宽研究生专业视野。在“榜·样”板块，邀请研究生国家奖学金获得者、各实验室研究团队优秀硕博生等榜样人物，以讲座、茶话会等形式分享相关经验，促进研究生学术科研创新经验交流，培养研究生创新意识。在“博·学”板块，引导研究生分享学科专题知识，分析国内外政治、经济等时事形势，在注重鼓励研究生深度学习的同时，树立研究生广度学习的意识，丰富研究生科研创新思路，提升研究生在交叉学科上的学习能力，将研究生培养成高素质的综合性人才。同时，鼓励研究生以书籍为基石，分享书中道理，读后明悟，打造有知识、有文化、有思想和有内涵的当代研究生。

以“恪守学术道德，坚守科研诚信”为主题开展各培养单位学术诚信主题活动。各培养单位研究生会组织开展阶段性或持续性的相关活动。在开展活动之前，积极进行宣传，提高研究生参与活动的积极性；在活动开展的过程中，做好活动记录和媒体跟踪报道工作；最后通过撰写活动总结书，呈现活动开展效果并总结经验与不足。

2. 第三届“学风建设月”

以“坚守学术诚信，培育优良学风”为目标开展学风建设倡议工作。为培育和弘扬优良学风，构建文明校园，呼吁广大研究生坚守学术诚信，恪守学术道德，“华中科技大学研究生”公众号将推送学风建设倡议书，由各培养单位研究生会转发推广。

以“着眼科创前沿，献礼七十华诞”为目标开展系列“学术微沙龙”活动。在“师·说”板块，邀请杰出科研团队，以“‘学在华中大’的七十载”为主题，通过讲座、茶话会等形式进行学科发展史、学术故事分享，讲好华中大人的科研记忆，献礼七十周年校庆。在“明·辩”板块，搭建“学科交叉”“新时期的科技伦理问题”“好书分享”等学术热点、学习心得交流平台，通过专题分享、辩论、研讨等方式开展活动，以促进研究生学术科研创新经验交流，培养有知识、有文化、有思想、有内涵的当代研究生。在“赛·学”板块，邀请研究生创新实践系列大赛获奖者，以竞赛经验普及分享、热点知识应用问答等方式开展讲座，分享内容包括但不限于竞赛的规则、形式、方向、难易程度，引导研究生积极参与系列竞赛，营造“以赛促学，赛学一体”的创新实践竞赛氛围。

以“勇攀科技高峰，打造特色高地”为目标开展科技成果展活动。在创新成果板块，挖掘各培养单位、各实验室/教研室教师团队、各科研创新团队的优秀成果，选取相关视频、展板、硬件实物等进行展览，弘扬优良学风，拓展研究生科研创新思路。在竞赛成果板块，对研究生创新实践系列大赛取得国家级奖项的作品进行展览。在红色实践成果板块，对华中科技大学“百年峥嵘初心不改，七十华诞薪火相传”主题调研活动“百年征程风华正茂，最美家乡建功有我”暨“深度中国行”寒假社会实践活动等红色社会实践活动作品进行宣传展示。在“我为同学办实事”成果板块，对各培养单位“我为群众办实事”“雷锋月”、第八次研究生代表大会提案推进工作等权益风采进行展示，以创新权益问题解决形式推动权益工作开展，促进各培养单位互学互鉴，营造良好的校园权益氛围。

3. 第 21 期“学术微沙龙”

2022 年 5 月 29 日下午，由能源与动力工程学院研究生会、土木与水利工程学院研究生会共同协办的第 21 期研究生“学术微沙龙”——“辩今日之伦理，思工程之未来”辩论赛——在动力楼 402 报告厅顺利举办。参加本次辩论赛的辩手和现场观众分别来自土木与水利工程学院、能源与动力工程学院、经济学院、人文学院、法学院。

活动筹办征集：面向各培养单位研究生会发布“学术微沙龙”活动筹办通知，主题如下。

“华中大人的学术故事”：华中大在新中国的朝阳中诞生，在共和国的旗帜下成长，在改革开放中腾飞，在新时代迈向世界一流。在我校 70 年的发展过程中，涌现了一批又一批恪守使命、学术报国的优秀典范。可供参考主题有院士事迹分享、科研团队故事分享、学院建设历史分享等。

“学科交叉与学科融合”：我校作为一所综合性高校，同时建设有丰富的理论学科和应用学科、自然科学学科和人文社科学科等，在国家重大战略需求的驱动下，多学科交叉汇聚与多技术跨界融合将成为常态，并不断催生新学科前沿、新科技领域和新创新形态。可供参考主题有学科交叉优秀案例分享、多学院合作的学术联动等。

“求同存异，勤学致远”：建立自由交流平台，选取各个专业的热点问题，通过线上宣传和报名后，参与者可在线下通过 PPT、视频短片、辩论、分组讨论、各组代表交流结论等形式展示自我观点，进一步加深研究生对学科知识的理解及提高自主交流能力。可供参考主题有“新工科”时代的工程伦理问题、技术引导观念/观念引导技术（辩题）等。

“以赛促创，赛学一体”：举办以研究生创新实践系列大赛知识普及以及热点知识应用问答为主题的“学术微沙龙”活动，邀请各单位竞赛获奖者参加讲座，活动形式不限，分享内容包括但不限于比赛的比赛规则、比赛形式、比赛方向、比赛难易程度。可供参考主题有中国研究生电子设计竞赛、中国研究生机器人创新设计大赛经验分享等。

"以书为友，以书会友"：立身以立学为先，立学以读书为本。读好书，有助于丰富华中大研究生的课余生活，提升其科学文化素养，拓宽其阅读视野。可供参考主题有读书感悟分享、好书推荐及展示等。

三、案例点评

（一）案例典型特征

坚持"以点带面"，通过树立学术科研典型（"三好研究生标兵"），发挥榜样人物引领作用。充分调动各培养单位积极性，由各培养单位自主开展系列活动，凸显专业特色与学科交叉特点，加强对全校研究生的学术诚信引导。

坚持"以面带全"，打造特色高地，充分调动各培养单位积极性，收集各培养单位在学术科研、权益实践方面的优秀成果，树立学术科研、权益实践典型，以宣传展示的多项成果带动引领全校研究生站在创新实践最前沿。

以加强校院联动为抓手，充分调动各培养单位研究生会积极性，合理分配活动主体任务。搭建热点问题交流平台，以辩论会的形式促进研究生思辨意识培养。

（二）案例育人实效

1. 第十二届"学术道德月"

通过"三好研究生标兵"评选，共评选出20位在政治、思想、品德、学业、工作能力诸方面表现特别突出的研究生，后续通过校院两级平台对他们进行宣传推广，辐射整个研究生群体。

以"思创新之道，论学术之本"为主题，"学术微沙龙"系列活动搭建学科交叉、学术热点、学习心得交流平台，参与人数超50人。30余个培养单位研究生会参与学术诚信主题活动。经筛选，共有 22 个培养单位采用单独主办或共同协办的方式开展学术诚信主题活动，通过主题征文、论文写作经验分享、学术诚信承诺书临摹大赛、学术诚信海报设计大赛、“我的诚信明信片”设计大赛等形式吸引广大研究生参与，加强同学们对学术道德知识的学习和了解。

2. 第三届“学风建设月”

学风建设倡议覆盖全校 50 余个研究生培养单位。“学术微沙龙”系列活动搭建学科交叉、学术热点、学习心得交流平台，参与人数超 200 人。科技成果展采取线上线下相结合的方式，共有 50 余项创新成果及竞赛成果、多项研究生实践育人成果以及多个培养单位的权益风采成果参与展示，校学生工作部部长高顺文、建筑与城市规划学院党委书记李小红、校学生工作部研究生工作办公室副主任黄贝娜、校团委副书记李文龙和建筑与城市规划学院李保峰教授莅临现场，线上观看达一万余人次。

（三）思考与建议

可进一步优化工作安排机制，相关征集活动或需协办活动可在系列活动启动前发布，以保证活动时间充足、活动安排有序。可创新活动具体形式、开展方式，打造特色化活动品牌。可进一步完善常态化活动机制，促使常态化活动有序、高效开展。在活动筹办征集方面，可结合国内外相关学术科研热点设置相应主题，凸显研究生学术科研思维的前沿性培养。在活动前期联系和后期总结方面，可将联系机制和总结要求进一步细化，以完善系列活动整体运行机制。

勇於擔當
敢於競爭

第三章 以文化人 提升素养

总述：华中科技大学文化素质教育工作回顾

以1994年3月3日第一场人文讲座为标志，华中科技大学拉开了文化素质教育的序幕。二十八年来，在教育部的号召和指导下，华中科技大学以科学教育与人文教育相融合为指导思想，以文化素质教育为切入点和突破口，以全面提高学生的综合素质为目标，在课堂教学、校园文化活动和社会实践三个层面上进行了一系列的探索与实践，努力推进文化素质教育与思想政治教育、民族精神教育、创新创业教育、专业教育相结合。文化素质教育由造势到自觉，由形式单一到形式多样，由试点到全面推开，基本实现了科学与人文相融、通俗与高雅相通、课内与课外互补、教师与学生互动的生动局面，促进了教育观念的转变，推动了人才培养模式的改革，提高了学校的文化品质，提升了学生的全面素质。与此同时，作为高等学校开展文化素质教育的积极参与者和推动者，华中科技大学注重先行先试，对全国高校文化素质教育的不断普及和深化作出了积极的贡献，在海内外产生了广泛影响。

一、缘起与发展

提出并开展文化素质教育，不是某一个人的良好愿望、一厢情愿，而是基于对高等教育发展的历史、现状和趋势的深刻审视。

20世纪80年代中后期，“院校调整”后的大学发展模式弊端开始显现，中国高等教育人才培养模式越来越不适应经济社会的发展要求，社会开始对高等教育的现状进行反思。华中科技大学顺应了时代呼唤，比较早地开始了对高等教育的反思，并在80年代中后期针对高等教育目标系统建设和毕业生培养质量组织了两次大型调研，取得了大量的第一手材料。通过对调查材料的分析，我们当时得出结论：重视大学生文化和素质教育，势在必行。后来，时任校长的杨叔子院士将当时高等教育存在的弊端概括为“五重五轻”，即“重理工，轻人文；重专业，轻基础；重书本，轻实践；重共性，轻个性；重功利，轻素质”，其中，“重功利，轻素质”是根本性的原因。高等教育研究所原所长文辅相教授则将之概括为“四个过”，即“过弱的文化陶冶，过窄的专业教育，过重的功利导向，过强的共性制约”。

进入20世纪90年代，学校进一步反思，为什么我校的毕业生中，工程师多，一般干部多，大师级的学者和在政府部门担任重要职位的人少？为什么用人单位反映毕业生业务基础好了，能力强了，但责任感、事业心差了……我们调研发现，原因很多，而文化素质不强是重要原因之一。我们还进一步认识到，人最本质的东西是素质，教育要重视人的素质的提高。特别是进入知识经济社会后，综合国力的竞争表现为人才的竞争，而人才的差别更多体现在综合素质、文化修养上，反映到教育工作上，就是要加强科技教育和人文教育的融合，这是教育发展的一种趋势。

至此，在大学生中开展文化素质教育工作逐步成为共识。1994年1月，学校文学院正式成立，依托文学院开展文化素质教育的想法提上了日程，并在当年的3月3日，以人文讲座为突破口拉开了帷幕。我校文化素质教育工作从一开始就具有明确的针对性。正如教育部原副部长周远清所指出的，加强大学生文化素质教育“顺乎潮流”“切中当前的时弊”“涉及根本”。

二十八年来，华中科技大学在开展文化教育过程中，不断实践、研究、总结，逐步深化文化素质教育。从教育发展阶段而言，学校文化素质教育经历了五个阶段。

第一阶段重点解决的是，理工科学生长期以来人文教育不足、校园文化氛围不浓的问题。为此，从1994年3月3日起，学校开始举办人文讲座，邀请海内外著名学者和社会名流来校为学生做演讲报告，讲座现场常常被听众挤得水泄不通，为文化素质教育的开展营造了良好的氛围。为了给文科学生普及自然科学知识，对理工科学生进行跨学科的自然科学知识教育，培养学生的科学精神，学校从1996年3月13日开始举办自然科学讲座。到2022年6月，共举办人文讲座2452场，自然科学讲座（后改为“科学精神与实践”讲座）500余场，两个讲座已成为学校的一张靓丽名片。学校将讲座的精彩演讲稿加以整理，出版《中国大学人文启思录》共10卷，发行量达60万册。为促进学生学习母语和中国传统文化，学校在全校学生中开展“启明读书活动”，并将优秀的读书笔记和心得体会记录学分。学校还每年举办一次“中国语文水平达标测试”，要求在校本科生和研究生必须通过该项测试。

第二阶段重点解决的是，通过对本科生的课程结构和培养体系的改革，促进科学教育与人文教育的融合，使学生的知识结构更为合理。传统的课程结构为三个方面，即公共必修课（政治思想品德课、外语、体育等）、专业基础课和专业课。改革后增加了文化素质教育课程，内容包括基础的自然科学课程、人文社会科学课程、艺术类课程等。学校当时要求理工科学生必须修满10个学分的人文社会科学课程，文科学生必须修满6个学分的自然科学课程才能毕业（2017年新的文化素质模块课程建立后，所有学生必须从中修满10个学分才能毕业）。在学生培养体系方面，借鉴国外通识教育的经验，结合学校的实际，在本科生前三个学期，按文、理、工学科大类实行打通培养；在专业培养上，采用主修专业和辅修专业相结合，鼓励优秀学生进行跨学科、跨专业地学习。

第三阶段重点解决的是，通过学生的亲身参与，促进学生将书本知识转化为精神，内化为素质。经过反复研究、不断实践，我们认为，书本知识不等于素质，学生不仅要“知道”，更要“体道”，而由“知道”到“体道”，其转化的中介是实践参与。为此，学校在本科生二年级开设“社会调查方法”必修课，要求学生在学完课程后，利用假期开展社会调查和服务社会的志愿活动。学校鼓励学生组织各种学生社团，开展内容丰富、形式多样的校园文化科技活动。

第四个阶段重点解决的是，提高教师的文化素养，促进结合专业课进行人文教育。传统的专业课教学仅限于专业知识的传授，而忽视了专业精神的培养和专业文化的熏陶。为此，学校组织研究小组，就结合专业课进行人文教育的主题对100余位优秀教师的课堂教学进行调查，探索其成功的经验和方法，并加以推广。结合专业课进行人文教育，教师的文化素养是关键。学校为教师开设了“经典名著读书班”，鼓励教师采取多种途径和方法，提高自身的文化素养。

第五个阶段重点解决的是，由倡导全员育人向全员自育转化，积极搭建实践性文化素质教育体系。过去我们比较强调来自外部的环境和教育，一直强调“全员育人”，现在越来越认识到体验的重要性，更加注重“全员自育”。在我们看来，真正的优秀往往是一种自我教育和自我塑造。只有当每一个大学生都能够自觉地在文化素质教育中“自我表现、自我教育、自我服务”的时候，我们的育人体系才可能更好地发挥作用。学校创办“弘德讲堂”，开展了“烈士寻亲”“公德长征”等活动，把同学们引领到中国社会实践的历史与现实中去，促进了外部信息向同学们内在心理和社会要素的转换，让学生在履行国家责任的过程中迅速成长，变得更加成熟。提倡教师的角色应当由“演员”向“导演”和“教练”转换，在文化素质教育的课堂或者活动中，老师应当在第二线甚至第三线，让学生冲到第一线去实践，去学习，去探索，并从中获得进步。

经过长时间探索和不断完善，华中科技大学已逐步形成了“三个层次，六个方面”的文化素质教育体系。“三个层次”是指：“第一课堂”（教学课堂）、“第二课堂”（校园文化科技活动）和社会大课堂（社会实践活动）。“六个方面”是指：一、文化素质教育内容进入教学计划，建立文化素质教育课程体系；二、实施人文社会科学辅修专业和双学位制；三、实行“中国语文水平达标测试”；四、开设人文社会科学和自然科学基础知识讲座，并编辑出版《中国大学人文启思录》；五、开展形式多样、内容丰富的校园科技、文化活动；六、开展社会实践活动并纳入教学计划。

在二十八年的发展历程中，学校几任主要领导都高度重视文化素质教育工作。杨叔子校长以其深厚的科学和人文修养、爱国主义热情，成为文化素质教育的旗手。他积极倡导，身体力行，坚持不懈。他首先提出中国语文水平达标考试，推进文化素质教育进课堂，建立中国高等教育界第一个文化素质教育基地（简称“基地”），关心关注人文讲座，亲自为学生讲述做人、做事、做学问的道理。周济校长高度重视人的作用，重视人文教育的作用，他提出将科学教育与人文教育相融合的思想，推动在本科生中开展“社会调查”的必修课。樊明武校长大力倡导拓展学生国际化视野，亲自登上人文讲坛，为学生做报告，谈体会。李培根校长经常为学生做讲座，大力推进人文讲座普及同济校区学子，主持召开全国文化素质教育工作会议，提出“宏思维”理念。丁烈云校长上任伊始就关心关注文化素质教育，提出自己的观点，积极参加在校举办的第六次全国高校文化素质教育研讨会。朱玉泉书记十多年来始终如一，大力支持文化素质教育工作，可谓“有求必应”。路钢书记多次深入基地调研，对基地建议基本“照单全收”，鼓励文化素质教育“坚持下去，必有收获”。邵新宇书记勇担使命，接班杨叔子院士成为新一届教育部高等学校文化素质教育指导委员会主任委员，继续扛起文化素质教育的大旗，不断推进新时代文化素质教育内涵建设。现任校党委书记李元元、校长尤政也非常重视学生的素质教育，对美育、劳育和新时代的使命教育作出了一系列部署。此外，校原党委副书记、国家大学生文化素质教育基地首任主任刘献君主持学校文化素质教育日常工作10余年，为我校文化素质教育工作的发展做出了重要贡献。校原党委副书记欧阳康在接任基地主任后，积极推进文化素质实践教育体系建设，文化素质教育工作又有了新的发展。

二、研究与创新

二十八年来，学校一方面在实践层面上积极推进文化素质教育的改革，另一方面大力加强理论研究，在实践中提出研究问题，以研究的成果指导实践，形成了实践探索和理论研究的良性互动，不断推进创新。学校积极组织专家申报国家和教育部的相关研究项目，大学生文化素质教育基地也根据需要列出若干研究项目，组织校内学者展开研究，双线并进，取得丰硕成果。学校获批“科技进步与人文精神”国家哲学社会科学创新基地，承担三项教育部重大相关研究课题（即“弘扬与培育民族精神研究”

"马克思主义与建设中华民族共有精神家园研究""全员育人和全员自育互动：构建以培养高素质优秀人才为目标的大学生文化素质实践教育体系"），还获批20多项有关文化素质教育的重要课题，其中有19项来自教育部。杨叔子、李培根、刘献君、欧阳康、涂又光、文辅相、余东升等学者出版和发表了一大批著作、论文，在国内产生了重大影响。

学校在文化素质教育研究方面的积极投入，取得了一系列的理论成果，提出了一系列新的举措，有力推动了文化素质教育的发展。以下是由我校提出并形成影响的一些重要观点。

1. 素质教育是一种教育思想、教育观念

从本质上讲，素质教育讲的是"质"，而不是"量"，是"里"而不是"表"，是"本"而不是"末"。教育包含教育思想、教育理念等目的性内容，也包含教育模式、教育阶段、教育内容和教育方法等工具性内容。素质教育是一种教育思想、教育理念，是一种目的，而不是作为目的的手段，这是对素质教育本质的深刻把握。

2. 文化素质是形成综合素质的基础

这首先是素质自身的性质所决定的，思想道德素质是本根，专业素质是本领，身心素质是本钱，而文化素质是基础；其次是因为人文精神为科学启迪方向，文化素质是其他素质必不可少的条件。

3. 文化素质教育是实施全面素质教育的切入点和突破口

高校素质教育从文化素质教育开始，以文化素质教育作为切入点和突破口，这本身是一项重要的教育创新。高校素质教育从文化素质教育开始，顺应了社会经济、科技、教育发展的趋势，是更新教育思想、教育观念，深入推进教育改革的需要。

4. 人文教育和科学教育相融合

人文与科学既有区别又有联系，其区别主要是两者的研究对象和性质不同。科学研究的是物，回答"是什么（to be）"的问题，不涉及价值判断，具有普适性；人文研究的对象是人，回答“应该怎样（should be）”的问题，具有价值导向，具有民族性。同时二者又是相通的，科学与人文是一个主体的两种要求、两方面表现和两种选择，科学是人创造的，科学中必然渗透着人文精神，人文精神可以使科学工作者开拓视野、解放思想，进而推动科学进步。培养全面和谐发展的高素质人才，教会学生做人、做事，必须坚持人文教育和科学教育相融合。

5. 内化是大学生文化素质形成的关键

知识等于精神，不等于素质，知识必须经过接受、消化、积存和内化的过程之后，才能形成能力，才能培养素质。由是观之，内化是大学生文化素质形成的关键，而实践是素质内化的中介。

6. 办大学就是“办”一个氛围

在文化素质教育的过程中，我们提出了“泡菜理论”，即泡菜水咸了，泡出来的萝卜白菜就咸；泡菜水淡了，泡出来的萝卜白菜就淡。类此，学校培养出来的人具有什么品质，取决于学校的文化氛围，办大学就是“办”一个氛围。

7. 人文教育有三个目标

我校学者提出了人文的三层内涵以及人文教育的三个目标。人文的三层内涵：其一，指超越历史、社会形态以及国家疆界的具有普适意义的价值关怀和人文精神；其二，指民族文化，它是形成民族凝聚力的主要源泉；其三，指先进文化。因此，人文教育具有三个目标：第一，让学生成人，即使学生成为具有文化生命的人；第二，让学生成为中国人，即使学生成为具有爱国主义思想的人；第三，培养学生成为先进的中国人，即使学生成为愿意为社会、国家、人类发展而奋斗甚至献身的人。

8. 在专业教学中开展人文教育

我校研究人员根据大量的调查材料，总结出八条经验：起于知识，启迪精神，渗透美育，行为互动，营造氛围，以悟导悟，以人为本，止于境界。

9. 优秀素质需要教，更在于养

真正的优秀很难说是教出来的，往往是自己悟和养出来的，是一种自我教育和自我塑造。开展大学生文化素质教育，就是提供一种氛围和条件，将学生由被教育者转化为自我教育者，让每一个大学生都能够自觉地在文化素质教育中自我表现、自我教育、自我服务、自我成长。

10. 加强专业教育中的“宏思维”能力培养

“宏思维”能力培养是公民意识培养的需要、专业本身的需要、创新能力培养的需要、领军人物培养的需要。“宏思维”体现出一种宇宙观、方法论、责任感、宏伟目标和高情商。

三、成效与影响

经过二十八年的艰苦探索和孜孜追求，文化素质教育实践已经使得我校精神气质发生了全面而深刻的变化，文化素质教育深入人心，得到了广大师生的高度认同，建设成效显著。

提升了校园文化品位与格调。华中科技大学建校时间较短，工医特色明显，校园文化底子薄，学校十分注重提高校园文化品位和格调。实施文化素质教育以来，学校积极加强人文环境的建设，先后建设了“建校纪念碑”“世界名人文化园”“四大发明园”“大学生英雄胡吉伟纪念碑”“文化素质浮雕墙”等人文景点，增强校园的人文氛围和艺术氛围。注重校园文化积累，通过举办人文讲座、新年交响音乐会、醉晚亭民乐欣赏会，开设中国古典诗词创作班，成立诗社、京剧社和越剧队，筹办一年一度的文化节、科技节等，营造高雅氛围。倡导尊师重教，狠抓学风建设，“学在华中大”的内涵不断丰富。经过持续地实践与积累，逐渐形成学校科技与文化交融的新“文化传统”。

培养了学生的民族精神。优秀传统文化是中华民族的基因，是建立社会主义核心价值体系的重要支撑。从 1994 年开始面向全校学生举办人文讲座时，学校就旗帜鲜明地提出了追求的目标：以深厚的人文精神与现代科技对话，以自信的民族传统与西方文化对话，以高远的思想境界与社会生活对话，以广阔的知识视野与专业体系对话。人文讲座孜孜不倦地介绍中国传统文化的宝贵遗产，引导学生正确看待和理解传统文化的现代意义，帮助学生理解和把握本民族文化的精髓，使他们在中西文化的撞击和交融中保持清醒的头脑和主动的姿态。有一名学生在接受调查时谈到，“杨叔子院士关于求学、治学经历的讲座中有些话让我终身受用。他讲到，在抗战时期随父亲逃难时，他父亲说过一段话：‘我们是中国人，我们绝不做亡国奴，不做日本顺民。日本鬼子追上我们，我们全家自杀！’这样的民族气节，这样的爱国精神，怎不震撼人心，催人醒悟？我决心把服务祖国作为我的最高理想，是杨院士给了我这样的启示”。这种爱国主义教育形式与效果，曾多次受到李岚清、李长春等国家领导同志的关注和赞赏。

提高了学生的综合素养。随着人文讲座、读书活动、课程改革、社会实践等一系列活动的展开，通过体味经典，与大师、学者、名流进行对话交流，开阔了广大学生的视野，启发了思维，培育了学生的质疑与批判精神，进而提升了学生的创新能力。很多同学在参与文化素质教育实践后，开始认真思索个人与他人、个人与社会的关系，心中的很多困惑得以消解，不再抱怨环境和身边的人，开始读书“恶补”，不断提高自己的人生目标，提升自己的人生境界，逐渐变得成熟。在有关人文讲座的访谈中，学生把人文讲座看作“激发自己了解社会，反思自己，思考人生，提高人文修养的机会”。有学生感言“以前觉得如何做人，为什么而活，都是每个人自然形成的，犯不着别人来教。有一次顺路听了听人文讲座，是周远清先生讲市场经济与大学生的选择，没想到给我很大触动，发现自己原来的人生设想太狭窄了，对社会的认识很浅，于是我开始有意识地开拓自己的知识视野，培养高品位的情趣，自己独立思考”。在这种氛围的影响下，大批学子的综合素养有了显著提高，一系列感人事迹也发生在我校学子身上，如“舍己救人的优秀大学生”胡吉伟、为烈士寻亲的172名红色寻访员、科技扶贫的义务支教队等。

提高了教师的文化素养和改善了学校的文化氛围。经过二十八年的努力，学校绝大多数教师对文化素质教育的重要性有了较高的认同，由最初不理解、不支持，到关注、关心并积极参与推动学校的文化素质教育工作的开展。在参与主讲或听取大师人文讲座的过程中，很多文科教师产生了进一步做好学问的动力和信心。一批理工科老师受到人文讲座的感染，主动登上讲坛，讲述自己对自然科学的哲学思考、对社会和人生的理解。不同院系、不同专业的教师不定期地参加读书沙龙活动，交流体会，碰撞火花。在学校举办的“教师经典名著读书班”上，各个院系的老师踊跃参加，利用双休日交流讨论新的话题和思想，开拓了视野，提高了自己的人文素质。学校文化素质教育的氛围发生很大变化，老师的文化素养在不知不觉中有了很大提高。

促进了文科的发展，形成了文化素质教育与文科发展相互影响、相互推动的良好局面。开展文化素质教育为文科教师的发展提供了舞台，改善了学校的文化氛围，为文科的发展营造了环境，提高了学校的知名度，同时也提高了文科的知名度。这一切为一批知名教授和学者的引进创造了必要条件。文化素质教育二十多年，也是我校文科蓬勃发展的二十多年。

二十八年来，我校文化素质教育取得的大量成果，引起社会各界的广泛关注，在国内乃至海外产生了广泛的影响。这些影响不仅表现在文化素质教育的理论与实践创新成果频频获奖上，还表现在对兄弟院校和全国文化素质教育的推动上。

由杨叔子院士牵头的《在理工科大学中加强文化素质教育的研究与实践》获国家级教学成果奖一等奖，论文系统提出了在理工科大学开展文化素质教育的五个层次，人民日报、光明日报、中国教育报、瞭望等媒体对其作了长篇报道，在国内产生了积极、深远的影响。刘献君教授牵头的《理工科大学结合专业课教学进行文化素质教育的研究与实践》获国家级教学成果奖二等奖，光明日报当时在头版头条以“让科学与人文相融”为题，报道了该研究成果。学校文化素质教育网站——“化成天下”，以其丰富的内容和独特的魅力受到广大学子的青睐，成为同学们接近人文、感受人文的公共空间，多次获评教育部“十佳”网站。

华中科技大学进行文化素质教育的探索和实践，对兄弟院校产生了积极的影响。在理论层面，学校文化素质教育的基本理念以及二十多年历程中探索出的文化素质教育体系，或经过学术交流，或经过媒体报道，或经过交流演讲，对兄弟院校产生了积极的导向作用；在实践层面，学校每年都要接待很多所高校的领导、教师来校交流，向他们介绍我们文化素质教育的体系建设和活动模式。作为教育部高等学校文化素质教育指导委员会主任单位，在教育部高教司的领导下，学校积极开展全国文化素质教育的学术研讨活动，推动各片区国家大学生文化素质教育基地学校开展交流与合作，为推动高校文化素质教育的发展做出了积极贡献，赢得广泛尊重。

从1994年3月3日第一场人文讲座开始，学校的文化素质教育活动就一直受到全国各大媒体关注。先后有湖北日报、长江日报、武汉晚报、楚天都市报、湖北经济报等湖北省媒体，人民日报、光明日报、中国科学报、中国教育报、中国青年报、文汇报、文化报等全国性媒体，美国侨报、澳洲侨报等海外媒体长篇报道我校文化素质教育的开展，系统介绍我校文化素质教育的实践和理论体系建设，为学校赢得了广泛的社会认同和影响力，取得了巨大的社会效应。

四、体会与反思

华中科技大学能在全国率先有组织、有计划地开设人文讲座，并以此为突破口逐步推进文化素质教育，能积极地持续发展二十八年，最终在高等教育界，甚至在全社会有很高的知名度和影响力，非常不易。学校在早期发展阶段也曾彷徨，受到过质疑，遭到过冷遇，但坚持了下来。回首二十八年的发展历程，体会和感触很多，也正是这些深刻的体会鼓舞着我们将文化素质教育不断推向前进。

1. 坚持顺势而为

学校提出并开展文化素质教育，不是突发奇想，更不是为了标新立异、博人眼球，而是审时度势、顺势而行的结果。这个“势”体现在三方面。一是对学校教育现状的反思。老院长朱九思先生早在70、80年代主持学校工作时，就对学校单科性的发展前景感到忧虑，倡导开办文科，重视历史教育，给每个学生发一本胡绳的《从鸦片战争到五四运动》，组织学生学习中国近代史，完善知识结构。80年代学校两次关于人才培养质量的大型调研表明，学生人文文化缺失、素质教育势在必行，而文学院的成立为文化素质教育的开展提供了可能。二是，50年代初期“院系调整”的后遗症在20世纪80年代末、90年代初越来越明显，人才培养的质量越来越不能适应社会发展需求，对高等教育的反思和要求改革的呼声很高，旨在提升学生综合素养的素质教育呼之欲出。三是，学校对教育的领悟越来越深刻，对社会经济、科技、教育的关系把握越来越全面，认识到在知识经济时代，科技与人文交融将是一种发展趋势。因此，以人文讲座为起点，逐步实施文化素质教育，并不断发展深化，是顺势而为的决策。

2. 坚持同心协力

文化素质教育是一项系统工程，单靠几个人的努力是绝对不行的，只有上下联动，同心协力，才能不断推动发展。华中科技大学二十多年文化素质教育工作，凝聚着全校师生员工的智慧和心血，充分体现了华中科技大学“团结”的校风。老院长朱九思先生在人文讲座的头几年，不顾年事已高，多次赶到人文讲座现场听讲座，并给予了热情支持。几任学校主要领导对文化素质教育高度重视，不仅亲力亲为，登台授课，而且对文化素质教育的各项合理建议“有求必应”。以涂又光、姚启和、文辅相教授为代表的一大批老教授、老专家积极支持、参与文化素质教育工作，在理论研究方面作出了重要贡献。很多教师关注、关心文化素质教育，主动参加文化素质教育调研、座谈，提出一些好的建议，并利用自己的学术资源积极推荐、联系讲座嘉宾。一部分青年教师不计酬劳，主动参与组织工作，策划讲座和读书沙龙活动，整理编辑《中国大学人文启思录》，做了大量义务工作。一大批大学生志愿者主动参与进来，协助文化素质教育基地做了大量具体的事务性工作。学校各职能部门、很多中层干部都不同程度地参与了这项事业。

3. 坚持不断创新

文化素质教育能够不断发展壮大，除了领导重视、部门支持之外，还有在理论研究和实践活动中不断创新，这是根本保障。二十八年来，我们坚持以理论创新指导实践活动，通过实践创新推动理论研究，不断有新的理论成果和创新活动推出，让文化素质教育保持活力。比如，我们最早将人文讲座的精华内容整理、结集，出版《中国大学人文启思录》；率先在大学生中举办“中国语文水平达标测试”；率先着手研究、试点，将人文科学课程纳入课程体系，要理工科学生学习人文社会科学课程，要文科学生学习自然科学课程；率先将“社会调查”课程确定为本科学生的必修课，推动大学生将人文知识内化为人文精神；率先提出结合专业教学进行人文素质教育；率先对教师提出每位教师每年至少要听一门人文社会科学课程，或者读一本人文社会科学名著，或者听五次以上人文讲座的要求，以提高教师的文化素养；率先设立文化素质教育基地等。

4. 坚持实践导向

让学生在实践中成人成才，是华中科技大学人才培养的重要方略之一。在拓展和深化大学生文化素质教育的过程中，我们坚持实践导向，一方面将文化素质教育注入大学生的学习和生活实践，转化为他们的生存活动和生命体验，提高他们的文化品位，另一方面积极引导大学生主动投入当代中国的社会主义现代化实践和文化建设，在服务社会的过程中展示人生价值，在报效祖国的过程中展示人生价值，在传承和创新中华文化的过程中提升思想境界。引起社会广泛关注的“功德长征”“红色寻访”“癌症村调查”就是一个个典型的实践案例。强化大学生文化素质教育的实践导向，有助于把大学生的校园学习生活引导到社会实践的广阔天地中去，极大缩短学生与社会的心理和文化距离，使大学生个体能够更早、更好地融入和服务群体和社会文化体系，增长才干，提升境界，获得更加全面和健康的发展。

5. 坚持机制保障

文化素质教育涉及人才培养的全方位、全过程，其管理既不同于院系，也有别于机关部处，交叉领域很多，没有成熟的模式可以借鉴，需要不断探索一套强有力的运行机制来推动和保障。二十多年的实践表明，必须紧紧依靠学校主要领导进行顶层设计，要善于将理论与实践创新的成果以制度的形式固化下来，并及时推进到人才培养的实践过程中去，要有一个相对独立的专门的机构来领导、协调、推进文化素质教育工作，并在人、财、物上保持相对独立。只有不断健全保障机制，文化素质教育工作才能更好地持续发展。

二十八年的持续发展，文化素质教育工作以其卓越的表现为学校人才培养做出了巨大贡献。步入新时代，回顾、总结学校文化素质教育二十八年历程，是为了更好地认识文化素质教育，在新的起点上继续发展文化素质教育。习近平同志关于教育的系列讲话精神，特别是有关传统文化教育的指导意见，对我们高校全面发展素质教育、加强和改进文化素质教育、提高人才培养质量提出了更高的新要求。文化素质教育工作要继续坚持“育人为本，以文化人”原则，与时俱进，进一步贴合时代特色，加强新时代文化素质教育的使命、挑战与对策研究，创新教育理念和教育方式方法，把培育和践行社会主义核心价值观与中国优秀传统文化教育紧密结合，要从理论和实践的双视角切实解决好大学生对核心价值观本质内涵的认识问题。简要言之，就如杨叔子院士所概括的，文化素质教育要进一步在三个层面上致力于解决好“做人”的问题，也就是如何“做人”、如何“做中国人”、如何“做现代中国人”的问题。

典型案例一：人文讲座持续开展——文化素质教育靓丽的风景线

一、案例概述

1994年3月3日，随着政教系何抗生教授讲座的正式开始，华中科技大学拉开了有组织、有计划开展文化素质教育的序幕，并在教育部的支持、倡导和组织下，文化素质教育“一呼而起”，各项研究与实践探索在各大高校轰轰烈烈开展起来，而人文讲座则成为其中一道最为亮丽的风景线，形成独树一帜的“人文景观”。众多大师名家纷纷登台，让同学们既目睹了大家的风采，又浸染了学校的人文氛围，受到了广大学生的欢迎和社会各界广泛赞誉。

二、案例解析

（一）讲座缘起

1994年1月，我校文学院成立。同年2月，经时任文学院院长刘献君教授提出、院务委员会讨论通过，为了活跃学术气氛，培养人文精神，为校园文化建设提供精品，决定面向全校开设人文社会科学讲座（以下简称“人文讲座”）。为了办好人文讲座，文学院面向全校公开招聘讲座主持人。随后，学校召开中青年教师座谈会，确定人文讲座选题。3月3日，何抗生教授以“世界政治经济与政治”为题，做了第一场讲座，拉开了人文讲座的序幕。3月12日的校报对此作了报道：“教室座无虚席，连走道和走廊上都挤满了听众，报告受到听众的热烈欢迎。主讲老师何抗生教授激动地说：‘这是我预料不及的！这么多的同学，这么大的热情！这说明了一个问题，那就是我们的大学生们关心我们的国家，热爱我们的国家。他们渴望了解我们的国家，了解世界，渴望去振兴我们的国家！这种爱国热情绝不是偶然的，它是长期积蓄下的爆发！’”

人文讲座的推出回应了学生的期盼，顺应了时代的发展，它的火爆极大地鼓舞了人文讲座持续高质量开展。截至2022年6月，华中科技大学已经举办了人文讲座2452期，28年没有间断，这个成绩在国内外高校中都是非常了不起的。主讲人中有诺贝尔奖获得者、中国科学院院士和中国工程院院士，有享誉海内外的著名人文社会科学学者，有著名的作家、艺术家，也有企业家、党政领导以及其他社会知名人士。据不完全统计，人文讲座共吸引了200多万人次的听众。我校几乎每一位同学都听过人文讲座，最多的听过400多场。

二十多年来人文讲座取得的成功，离不开上级领导的关怀与支持，也凝聚着学校领导、全校师生员工的智慧和心血。时任国务院副总理的李岚清同志、时任教育部部长的周济院士、时任教育部副部长周远清同志都曾给同学们做过现场讲座。老校长朱九思同志，虽年事已高，也曾晚上赶到人文讲座现场听讲座，并给予了热情支持。杨叔子院士不仅亲自登上讲坛演讲，而且多次听讲座，解决讲座中遇到的困难和问题。他在卸任校长后，仍一如既往地关心讲座。在长达十多年的时间里，杨叔子院士每年都要为8000名新生做一次《踏平坎河，立志成才》的报告，此外，还要举办2—3次其他内容的讲座。杨叔子院士还利用他的社会影响力，为讲座推荐主讲人。历任校领导都或登台演讲，或聆听讲座，对讲座给予极大的支持。广大教师十分支持讲座，不少教师主动帮忙邀请主讲人，同学们也对讲座倾注了极大的热情，对讲座倍加呵护，及时提出合理化的建议。

（二）推动发展

为了做好人文讲座，二十多年来，国家大学生文化素质教育基地尽心尽力，采取了一系列措施，不断提高人文讲座的水平。

1. 经常了解讲座的状况，研究讲座的进展

1994年11月21日，学校举办人文讲座开讲50期座谈会，听取各方面对讲座的意见。刘献君教授在座谈会总结中提出，人文讲座首先要定位，要提高品位、水平，内容要进一步扩展，要与文科学科建设相结合，要开设教师席，为教师听讲座提供方便。1995年，当人文讲座主办100期时，召开了100期座谈会；1999年上半年，学校召开人文讲座500期座谈会；2004年，学校召开1000期座谈会，同期杨叔子院士做了题为“中华民族文化哲理的凝现：中华民族精神”的报告；2014年，学校召开2000期座谈会，邀请李培根院士做了题为“大学生与大学精神”的专题报告。

同时，对人文讲座的调研不间断开展。1999年上半年，当人文讲座讲至500期时，文化素质教育基地组织了大型的“人文讲座500期调查”，内容包括“你感觉最好的人文讲座是哪一次，为什么；你感觉最不好的人文讲座是哪一次，为什么；你对哪些内容的讲座最感兴趣；谈谈你对人文讲座的感受以及对人文讲座组织者的具体建议”。基地认真进行了归纳分析，并提出了改进意见。同年5月，国家大学生文化素质教育基地组成调查组，对本校100名理工科毕业生进行了为期一个多月的访谈，就人文讲座等文化素质教育工作进行了深入的调查。2000年4月，基地组织社会学系研究生开展了“人文讲座的影响”的大型调查。2011年10月又开展了一次全校本科生参与人文讲座的深入调研，调研以问卷调查方式为主，并辅以访谈个案。这两种方法的结合，不仅能把握学生对人文讲座的参与意愿、评价，而且能够深层挖掘出具体的影响因素，对人文讲座的科学发展产生积极的推动作用。

2. 改进讲座形式，增强讲座效果

在调查研究的基础上，根据文化素质教育的要求和听众的反映，讲座

不断创新，努力提高质量，增强效果。

（1）丰富讲座的领域。人文讲座由最初的政治、传统文化扩大到文学，涵盖历史、哲学、管理，再扩大到艺术、经济领域。讲座形式也由单一的演讲发展到演讲、对话相结合。

（2）形成专题系列。涵盖“东西方文化经典比较”系列、“社会改革”系列、“哲学与人生”系列、“博物考古”系列、“国家治理”系列、“戏曲艺术”系列等，人文讲座步入了一个新阶段。

（3）建立讲座共享平台。人文讲座中的一些精品，早期通过学校电教中心采取精品回放的形式转播，后依托“化成天下”网站平台转播，目前建立本科生课程平台，上传讲座视频。

（4）对外合作。交流合作是推动发展、改进工作的重要手段，国家大学生文化素质教育基地非常重视与各兄弟高校、有关单位的交流合作。与湖北省图书馆、武汉图书馆、长江出版集团、武汉大学、物外书店、学校出版社等单位和机构合作，共享专家资源。

3. 扩大讲座影响和讲座的受益面

为了扩大讲座影响，使讲座的受益面更广，学校采取了不少措施。文化素质教育基地曾经在校报开辟“人文讲座剪辑”专栏，校电视台也曾不定期地播放讲座录像。目前，国家大学生文化素质教育基地已经建立了微信公众号，主要栏目包括基地介绍、人文讲座、社团文化活动等，及时对外发布讲座等相关信息。

4. 对讲座录音进行整理，出版《中国大学人文启思录》（10卷）

国家大学生文化素质教育基地对讲座专家的录音进行整理，出版《中国大学人文启思录》。该书汇集北京大学、清华大学、华中科技大学等高校人文讲座精品，现已出版10卷，累计发行60余万册，被媒体誉为“重塑大学人文精神的力作”。

5. 不断创新人文讲座开展方式，提升人文讲座影响力

积极克服新冠肺炎疫情所带来的著名专家学者无法现场开讲座的困

难，利用腾讯会议等线上平台，广泛邀请国内外著名学者在线开讲华中大人文讲座。线上线下相结合的人文讲座，克服了时空限制，参与人数成倍增长，听众人数相当于现场讲座的2至3倍，部分场次爆满，学术和人文气氛浓郁，极大提高了学生的人文素养。听众以我校大学生群体为主，同时也吸引北京大学、清华大学、浙江大学、南京大学以及部分海外著名高校的师生参与，一些兄弟院校的师生甚至学生家长，持续跟进讲座，讲座影响力持续提升。

三、案例点评

学校希望通过举办讲座，拓展学生的知识视野，培养学生的创新精神，在理性高度上深化学生的爱国主义情感。多年来，学校坚持开展人文讲座，润物无声，育人成效显著。

提升学生的逻辑思维能力。人文讲座的专家大多是来自全国名校的教授、学者，是其所在专业领域的带头人，演讲的主题也大多是各领域的最新研究成果，学生通过聆听讲座，可以开拓视野和眼界，提升自己对社会、人生的认知能力、逻辑思维能力和批判能力。让学生学会用不同的方法思考问题，避免用片面化和绝对化的方式思考。

增强学生的人文底蕴和艺术修养。学校邀请的专家大多是人文社科领域的专家，"历史与文化""政治与经济""哲学与人生"以及作家进校园等高端系列讲座，让学生有机会与专家面对面，近距离感受大师的风范，师生互动，学生进步很快，个人的文化素养得到较大提升。

拓宽学生知识面。人文讲座浓缩了专家学者的研究精华，一次讲座的知识量远超普通课堂教学，在拓宽学生知识面上的作用非常明显。经济学院有位同学在毕业离校时，拿着厚厚的一摞讲座笔记找到杨叔子院士，向学校表达他对人文讲座的感激之情，正是因为长期坚持从人文讲座中吸收营养，他才能从激烈的应聘竞争中脱颖而出。

国家大学生文化素质教育基地对2000名大学生做过调查研究，其数据表明：48.94%的同学认为人文讲座在启发思维方面作用比较大，20.81%的同学认为作用非常大；57.72%的同学认为人文讲座在拓展知识方面作用比较大，22.44%的同学认为作用非常大；46.70%的同学认为人文讲座在明确人生态度方面的作用比较大，16.42%的同学认为作用非常大；44.30%的同学认为人文讲座在提高道德素养方面作用比较大，16.64%的同学认为作用非常大；50.19%的同学认为人文讲座在增强人文底蕴方面作用比较大，22.11%的同学认为作用非常大；32.75%的同学认为人文讲座在培养政治思想观点方面作用比较大，11.68%的同学认为作用非常大；46.61%和21.27%的同学认为人文讲座在提高我校学生人文素质方面作用比较大和非常大，认为持续开展文化素质教育和人文讲座非常必要。人民日报、光明日报、瞭望周刊、文汇报等十几家媒体，对人文讲座的盛况都进行过报道。

典型案例二：
社会实践活动中的人文素质培养

一、案例概述

参加社会实践，是学生了解社会、认识国情、增长才干、奉献社会、锻炼毅力、培养品格的一个重要过程，是学生完成从自然人到社会人转化的过程，是学生发展个性、促进个人进步和完善社会角色的过程。大学生进行社会实践是开展文化素质教育的重要途径，是提高个人综合素质、激发创新精神的有效方式，也是对高校教学环节的重要补充。

学校党委成立了由分管校领导牵头的大学生社会实践领导小组，统筹安排，抓好落实。学校成立了大学生社会实践中心，挂靠校团委，负责大学生社会实践的日常工作。学校把教学实践、专业实习、社会调查课程纳入整体教学计划，规定学时学分，对大学生参加社会实践提出了时间和任务要求，并且建立多种形式的经费投入保障机制，制定了行之有效的考核办法和激励机制。把学生参加社会实践的情况记入《大学生素质拓展证书》，每学期评选、表彰先进集体和个人。此外，学校还将学生社会实践与教师社会实践结合起来，组织教师参加、指导社会实践，并要求学校共青团干部、思想政治理论课和哲学社会科学课教师、辅导员和班主任都参与大学生社会实践活动。在鼓励专业教师参与、指导大学生社会实践的同时，把教师参加和指导大学生社会实践计入工作量，作为考评的重要依据。学校也注重巩固和建立相对稳定的大学生社会实践基地，主动与城市社区、农村乡镇、爱国主义教育基地、企事业单位、部队、社会服务机构等联系，建立多种形式的社会实践基地，力争使每个院系、每个专业都有相对固定的基地。学校每年还会组织评选、表彰大学生社会实践示范基地和优秀基地，以促进社会实践基地的长期稳定发展。

学校相关责任部门积极学习和领会上级和学校党委关于大学生社会实践的要求，结合大学生社会实践的实际，集思广益、拓宽思路、勇于创新。从形式单一的社会调查到内容丰富的支教服务活动，从单纯的参观学习到开展主题性质的“红色之旅”，从简单的捐款捐物、义务劳动助农到送技术、送文化下乡，从以农村为主要实践目的地转变为以科技基地为主要的实践目的地，学校校外社会实践活动的新形式、新内容不断深化和拓展。

二、社会实践活动中的人文素质培养案例解析

学校积极组织学生参加各类校外社会实践活动，主要包括以下几个方面的内容：依托志愿服务西部计划、支教团等组织，支援西部教育，磨炼大学生的意志；积极开展“红色之旅”实践教育活动，接受革命传统教育；大力开展大学生科技创新与发明工作，建立高质量的科技创新基地，提升学生科技报国的本领；全面深入开展“三下乡”和“四进社区”活动，了解社会、服务群众。

（一）“公德长征”——着力培养大学生社会责任感

1. 活动缘起

为进一步加强学生公民道德教育，积极落实《公民道德建设实施纲要》关于“提高公民道德素质，教育是基础”的重要精神，发挥大学生群体在公民道德建设中较强的辐射和示范作用，华中科技大学在全校范围内开展了大学生“公德长征”活动。学校借用长征精神来号召大学生参与构

建和谐校园，增强公德意识，并把“公德长征”与大学生个人发展相结合，与大学生专业课程学习相结合，与建设和谐社会相结合，切实将公德意识落实到行动上，落实到大学生生活的点点滴滴中。华中科技大学自2006年开展“公德长征”活动以来，一直坚持举办，并一直鼓励和组织全校各院系师生共同参与，取得了良好效果。

2. 具体做法

1)“公德长征”策划阶段

开展调研，掌握学生的公民道德状况，有针对性地开展工作。

随着社会形势的变化，大学生的公民道德状况不断呈现出新的特征。正确了解并掌握大学生公民道德状况及特点，对加强高校思想政治工作，推动公民道德建设，促进整个社会文明程度的提高，具有极为重要的意义。

华中科技大学在开展“公德长征”活动前，组织共青团干部成立专题调研组，对在校大学生的公民道德状况及开展公民道德教育的方式、方法展开调研，形成了一系列的指导意见，有针对性地开展工作，为开展大学生公民道德教育提供了思路。

2)“公德长征”建军阶段

明确组织构建，做好部门协调，建设高效团队。

为深化“公德长征”活动对大学生公民道德教育的作用，学校组建了“公德长征”工作小组，为加强工作小组对整个活动的领导，学校专门下发了相关文件，为开展大学生公民道德教育提供了有力的组织保障。学校还在广泛调研的基础上，向全校各基层团组织提出了“公德进课堂”“公德进食堂”“公德进寝室”“公德进社区”和“公德进列车”的工作任务。在继续加强课堂、交通和食堂的公民道德建设基础上，将公民道德建设带到寝室，走进大学生生活的各个方面；在继续加强校园公民道德建设的基础上，将“公德长征”带到校外，让大学生在校外公德实践中增强社会责任感和公德心。

在具体工作中，学校要求各院系全面贯彻“温馨提示工程”“律己工程”和“责任工程”三大工程，制定了更加完善的活动方案、管理办法和考核机制。深化“责任田”“特色实践活动”等活动品牌，各院系分团委还制定了本院系大学生“公德长征”活动具体方案及“责任田”承建方案，努力构建“公德长征”活动的长效机制。

3）“公德长征”出征阶段

领导高度重视，媒体广泛宣传，学生主动参与。

为使活动能更加制度化、规范化、公开化，经学校党委批准，学校成立了“公德长征”工作领导小组，领导小组下设办公室，具体负责大学生“公德长征”活动的各项工作。例如，开展纪念“九一八”升旗仪式暨“公德长征”启动仪式，由校团委下发大学生“公德长征”活动的相关文件，分配大学生“公德长征责任田”，各院系根据相关文件精神，结合院系特点制定各自的具体方案及“责任田”承建方案。

同时，学校党委宣传部、大学生新闻中心、学校学生会新闻部和宣传部等媒体在全校范围内启动大学生“公德长征”活动的宣传工作，例如，制作完成“公德长征”活动专题网页，并以班会、特色团日等班团活动，开展宣传工作。具体表现为，以“公德长征”为主题，积极树立典型人物，各宣传单位对学校内开展“公德长征”活动的先进典型事迹或存在的问题都及时进行宣传报道，树先进，找问题；各院系积极推荐先进典型人物，努力构建“全员育人、全员自育”的和谐校园文化。此外，学校还组织学生到辛亥革命纪念馆、施洋烈士纪念碑等处参观，激发学生的爱国热情；开展公民道德建设辩论赛，组织学生集体观看电影《东京审判》，并聆听老校长杨叔子院士的爱国主义教育报告，回顾历史教训，增强民族责任感和历史使命感。学校用更加灵活的形式普及公民道德建设知识，积极营造出一种“人人知公德”的气氛，让学生们都能感受到社会责任感和了解自身的义务。与此同时，相关媒体也积极参与报道，让青年学生充分了解活动意义，自觉加入“公德长征”活动中。这些工作的开展对帮助学生形成良好的责任意识、树立正面的大学生形象都有很大的帮助。

4）通过“三个”工程，增强学生公德意识

“公德长征”活动以公民道德教育为核心，从“温馨提示工程”“律己工程”“责任工程”三个方面开展。强化大学生在各个方面的自我规范和要求，结合各学院的学科特色开展各类实践活动，增强大学生的社会公德意识。

其一，“公德长征”之“温馨提示工程”。该工程以院系为单位，在全校范围内针对遵守交通规则、遵守教学秩序、文明进餐、节约能源等方面开展全民监督、全民提示教育的工作。

从交通文明、课堂文明、食堂文明三个方面进行温馨提示，将校内的主干道、主要教学区、主要学生食堂划分为“责任田”，并由院系承建。针对交通“责任田”中存在的各类交通问题采取具体的管理和改善措施，在“责任田”内营造文明交通的氛围和环境，改善交通秩序，降低交通事故发生率；针对教学区“责任田”中存在的课堂秩序、考场纪律、教学区公共道德等方面的问题采取具体的管理和改善措施，在“责任田”内营造良好的学习风气和学习环境；针对学生食堂“责任田”中的排队打饭、餐后收餐具、节约粮食、不使用一次性餐具等方面采取具体的管理和规范措施，在“责任田”内营造良好的进餐秩序和环境。

其二，“公德长征”活动之“律己工程”，即各院系面向学生开展各个方面的公民道德教育特色活动。例如，人文学院“学生讲坛”紧紧围绕“公德长征”之“校园诚信”展开讨论，通过学生讲坛这一平台自由交流，深刻探讨“校园诚信”等问题。其他院系也开展了以“公德长征”为主题的各类活动，水电学院开展“‘公德长征’之‘我做一天后勤人’”主题活动，机械学院开展“‘公德长征’之‘课桌文化’大扫除”主题活动和十大不文明现象的评比活动，控制系开展“构筑公德长廊，共建和谐校园”主题活动等。这些活动极大地激发了同学们参与“公德长征”活动的积极性，更体现出公德活动并非纸上谈兵，只在口头宣扬上停留，而是进入每位学生的实际学习生活中。

其三，“公德长征”活动之“责任工程”，即各院系组织学生积极参与社会公德建设，结合专业特色开展大学生服务社会的特色实践活动，培养学生的社会责任感和公德心。例如，交通学院的学子在学校南大门外进行交通协管服务，他们自主地加入构建文明、和谐交通的队伍中。同学们纷纷表示为能号召行人遵守交通规则，为“公德长征”出一份力而感到高兴，他们也都表示这种活动确实可以使一些行人认识到自己的错误，从中受到教育，提高公德意识。

5）“公德长征”活动拓展阶段

传递道德火种，肩负起引领社会公民道德建设的重任。

2007年，学校积极响应共青团中央举办的“与志愿者同行·向世界说你好”文明礼仪推广活动的号召，将“公德长征”活动与文明礼仪推广活动相结合，以火车站和列车为阵地，组织大学生青年志愿者在火车站和列车上提供志愿服务，宣讲文明礼仪，以此提升公众道德水平，服务铁路精神文明建设，营造“文明车站”“和谐列车”。该活动开展的过程中，社会各界高度赞扬大学生志愿者的示范行为。该活动也引起了新华社、光明日报、中国青年报、中国教育报等知名媒体的广泛关注，各媒体纷纷以“华中科技大学‘公德长征’进列车”为题报道了“‘公德长征’进列车·文明礼仪传四方”文明礼仪推广活动。

3. 活动成效

全校对“公德长征”活动的开展情况、实际效果和现实意义进行了客观测评和深入总结。测评结果显示：87%的大学生熟悉公民道德基本规范的五项内容；94%的大学生表示在食堂就餐后，会主动把餐具送至回收处，在自习时，会关掉手机或调成振动；80%左右的大学生表示在公交车上，会主动给老弱病残孕让座，在买饭、打水、买票时不会插队等。

华中科技大学“公德长征”系列活动的开展，使教学区内的课堂秩序、考场纪律及教学区公共道德环境等得到了初步改善，在“责任田”内营造了良好的学习风气和学习环境。食堂“责任田”中，大多数学生也形成了排队打饭、餐后收餐具、节约粮食、尽量不使用一次性餐具等习惯，营造了校园中良好的进餐秩序和环境。大学生青年志愿者们在火车站和列车上提供志愿服务，宣讲文明礼仪，进一步帮助铁路部门创建“文明车站”“和谐列车”，赢得了社会各界的高度赞扬。还有，远程与继续教育学院组织的“助学长征”协会，以大学生的爱心和能力帮助社会弱势群体（下岗职工子女，单亲贫困家庭子女，孤寡家庭子女，军人、烈属家庭子女及民工子女等），以义务家教的方式在每周六、周日给他们上课，并做好他们的思想教育工作，得到了孩子及其家长甚至是社区领导的一致好评。

（二）“红色寻访”——切实增强大学生历史使命感

1. 活动缘起与工作思路

2005年12月，武汉晚报刊登了一条消息，在57年前解放太原的战役中，许多将士牺牲了，因为种种原因，有84位战士的阵亡通知书一直没有送到亲人手中，其中包括11位湖北籍烈士，至今还有9位烈士的亲人没有找到。这条消息引起了华中科技大学团委的注意，大学生们来自全国各地，他们不正可以帮助烈士魂归故里吗？学校认为，这既是一件告慰烈士英魂的好事，也是一次对大学生们进行爱国主义教育的好机会，具有服务社会、锻炼学生的重大价值意义，因此，学校决定利用寒假，在学生中开展以“为烈士寻亲”为主题的社会实践活动。

学校与收藏太原战役阵亡将士通知书的山西老人王艾甫取得联系，得到了有关烈士的资料。2005—2006学年寒假前夕，学校通过校报、广播、海报和校园网，发出了为烈士寻找亲人的倡议书，很快就有千余名学生报名参加。经过筛选，与烈士同乡的172名学生入选，校团委将他们分成9个小组，并进行了培训。学校还为每个小组整理了一份资料，包括阵亡将士名单、出生地址、相关背景等。2006年1月19日，学校郑重举行“为烈士寻亲”出发仪式，172名大学生分赴各地，开始了为烈士寻找亲人的艰苦旅程。

学校在实践过程中注重加强对学生的思想引领，使广大学生在实践的同时，对寻访过程中的所见所闻进行深入的思考。寻亲活动期间，学生们克服天气恶劣、交通不便、地址不详、地名变更等不利因素，在烈士家乡展开了拉网式的搜索寻访。通过深入农村，他们更加深刻地认识社会、了解农村，更多地将个人发展与国家的发展联系起来，成为有社会、民族责任感的大学生。大学生们当时刻铭记，革命老前辈们用行动体现了自己的精神追求，他们的精神直到今天仍值得我们敬重与学习。

鼓励学生在实践活动中树立正确的人生观、价值观、事业观。华中科技大学以主题实践活动为切入点，引导学生把“个人对社会的贡献”作为评价人生价值大小的标准，将个人发展和社会发展结合起来，鼓励他们正确规划自身的职业生涯，毕业后到基层去，到祖国最需要的地方去建功立业，为建设社会主义新农村作贡献，实现自我价值和社会价值的统一。在活动中，学校时刻注重引导学生树立大学生的社会形象，以实际行动唤起社会对烈士、烈属的尊重与关注。

部分大学生人生信念、理想的迷失，反映了当代大学生亟须进行人生观、价值观方面的正确引导。通过类似的社会实践活动，大学生们用自己的良好精神风貌，树立了当代大学生胸怀祖国、勇担社会责任、不怕苦不怕累的优良形象，同时唤起了大众对烈士、烈属的尊重，对国家建设和社会发展的关注。华中科技大学动员在校大学生参与为烈士寻亲的活动，给大学生提供了一个锻炼的机会，体现了当代大学生的主流价值取向，体现了当代大学生对历史的尊重。大学生作为社会主义现代化建设的接班人，只有做到了解历史、尊重历史，才能明确前行方向，进行开拓创新，从而承担起建设社会主义现代化国家的重任。

2. 活动组织与实践方法

2006 年的暑假，华中科技大学志愿者成立“为烈士寻亲团”，82 名学子继续为太原战役牺牲烈士寻找亲人。寻访涉及湖南、广西等八个省和自治区，为苏廷信等 5 位烈士找到了亲属。

2007 年，华中科技大学 162 名学生志愿者再次踏上征程，为 142 名在解放战争和抗美援朝战争中长眠于湖北省赤壁市（地处湘鄂赣边区羊楼洞村）的烈士寻找亲属。寻访志愿者们的足迹遍及浙江、内蒙古和北京等十个省、自治区和直辖市，为陈志清等 11 名烈士找到了亲属。

2008 年寒假，尽管冰雪灾害严重，华中科技大学 98 位志愿者依旧毅然推进“为烈士寻亲”活动，继续推进 2007 年“羊楼洞烈士名单”的寻访，同时为 30 多位曾参加抗美援朝、牺牲后长眠于孝南区三汊镇涂家山的烈士寻找故土。寻亲队员们顶风冒雪，走街串巷，遍访烈士家乡所在地的相关部门和100多个村庄，累计行程10000多公里，最终为季文柒等7名烈士找到了亲属。

2009年，华中科技大学“为烈士寻亲团”继续为前3年尚未找到亲属的烈士寻找故土（前3年共找到91名烈士的家属或故乡）。随着活动的逐年推进，寻找烈士的难度也逐渐加大，存留下来的烈士资料十分稀少，甚至除了名字和省份外没有任何其他信息。就是带着这样看似不可能完成的任务，华中科技大学的志愿者们仍旧踌躇满志地出发了。此次活动的足迹遍布四川、广西、北京等11个省、自治区和直辖市，为张学发等5名烈士寻找到了亲属。

华中科技大学志愿者为烈士寻亲的活动主要分如下四个阶段推进。

第一阶段，学校组织华中科技大学大学生为在太原战役中牺牲的湖北籍烈士寻找亲人。从2006年1月19日开始，华中科技大学172名大学生志愿者，利用寒假的时间，克服大雪封山、交通不便、地址不详、地名变更等困难，为烈士找到了亲人。

第二阶段，学校领导带领师生代表到烈士的家乡慰问烈士亲人，接烈士亲人到学校做客。校领导专程赴烈士家乡对烈士的亲人进行慰问，了解烈士亲属的家庭情况，对困难的家庭给予一定的帮助。华中科技大学师生们的到来和慰问，使烈属们感到了作为烈属的荣耀和来自社会的关爱，从而增强了对国家和社会的感情。烈属代表向学校赠送了“告烈士英灵　献学子爱心”的锦旗，表达了对学校师生的感激之情。华中科技大学开展的“为烈士寻亲”社会实践活动增进了大学生对烈属的感情和对社会的了解，使他们体会到了成就感，增强了他们的社会责任感。

第三阶段，组织“寻亲报告团”到各高校进行报告。华中科技大学从172名寻亲队员中又抽出十多名成员，组成“寻亲报告团”，带着寻亲故事走进山西大学、中南财经政法大学、湖北大学、海军工程大学等十来所高校作报告，使广大师生受到心灵的震撼，激发了大学生们热爱祖国、勇担历史重任的情感，取得了良好的效果。在听完报告后，许多大学生主动要求加入寻亲队伍。

第四阶段，带领师生代表和烈士亲属到太原参加公祭烈士扫墓仪式。2006 年 4 月 2 日，校领导带领师生代表到太原参加了盛大的公祭扫墓仪式，与太原市党政军领导、机关干部、社会各界代表 2000 余人一起隆重祭奠 1949 年在太原战役中牺牲的 1.8 万名将士。扫墓活动让同学们更加清晰地认识了当代大学生应该承担的社会道义与责任，同时也吸引了全国的大学生和社会各界人士积极加入到“为烈士寻亲”的队伍中，进一步展示社会的关爱与责任，引导大学生和社会公民努力践行社会主义荣辱观，增强社会责任感，进而为构建社会主义和谐社会作出应有的贡献。

3. 活动成效

“红色寻访”活动既是一次爱国主义教育，也是一次理想与信念教育。通过实践，增强了大学生的政治意识、责任意识、国防意识。寻访中，老革命家们讲述的革命历史及革命事迹让同学们受到了深刻的爱国主义教育和生动的近现代史教育。老军人们仍然心系报效祖国，秉持以人民利益为重的信念，这一崇高精神使同学们震撼，也使同学们得到了深刻的理想与信念的教育。

关注“为烈士寻亲”的广大媒体认为，动员在校大学生参与寻找解放战争烈士的亲属是一件很有意义的社会实践活动，只有尊重历史才能实现社会发展。寻找烈士亲属，唤起社会对烈属的尊重，不仅给大学生提供了一个锻炼的机会，更体现了当代大学生的主流价值取向，体现了当代大学生对历史的尊重。“为烈士寻亲”活动体现了当代青年的社会责任意识、国防意识和爱国主义精神。

“为烈士寻亲”活动以实际行动唤起社会对烈士、烈属的尊重与关注，也树立了大学生的良好社会形象。通过“为烈士寻亲”等社会实践活动，大学生们用自己的良好精神风貌，树立了当代大学生胸怀祖国、勇担社会责任、不怕苦不怕累的优良形象，同时唤起了公众对烈士、烈属的尊重，以及对国家建设和社会发展的关注。

参与寻访活动的志愿者纷纷表示，“为烈士寻亲”体现了大学生对历史责任的担当。他们通过了解具体的历史，感受到了先烈们报效祖国的热血豪情，认识到关心社会、积极深入社会，不仅能提高自己的能力和素质，还能增强自己的社会责任感。

在亲身体验的同时，同学们对寻访过程中的所见所闻也进行了深入的思考。这些思考体现了大学生作为社会中一个有思想、有知识的特殊群体的一种强烈的社会责任感。第四届“武汉青年五四奖章”获得者、枣阳寻亲小组的聂红波对寻访中的见闻有深入的思考，他写道：“我们在追求个人发展的时候，能否与社会、国家的发展联系起来，在规划自己的人生道路、追求自己的人生目标时可否为社会多做一点事情，为国家发展多一些考虑呢？应该把自己的一生与国家紧紧地联系起来，不再简简单单地为自己而活，做一名真正有社会、民族责任感的大学生。直到今天，革命老前辈们的精神仍值得我们敬重、学习，他们用行动体现了自己的精神追求。”

华中科技大学“为烈士寻亲”活动历时之长、参与人数之多、活动意义之深远、引起反响之强烈在各类大学生社会实践活动及志愿者活动中实属罕见。“为烈士寻亲”，不仅为烈士的亲属带去了些许的慰藉，更重要的是还使全社会将目光再次投向那些曾经被人们所淡忘的英雄们，以及那一段轰轰烈烈的新中国的历史，使人们的心灵跟随着我们志愿者的脚步再一次得到了净化与洗涤。

2006 年 12 月，中宣部、中央文明办、教育部、共青团中央、全国学联联合授予“为烈士寻亲团”“全国社会实践优秀团队”称号。

为了将“为烈士寻亲”活动进一步拓展成更多大学生参与的校外社会实践平台，2007 年 1 月，华中科技大学成立了大学生红色寻访基地，让大学生在寻访革命烈士亲属、红色遗址遗迹和先进人物事迹的过程中受教育、长才干、作贡献，增强社会责任感。此后 4 年，学校红色寻访队伍达到百余支，寻访的人从红旗渠的建设者到三峡大坝的工程师，从援疆干部到海拔四千多米的青藏铁路上的护路工人，从重走南巡路到武汉保卫战万里行等，寻访足迹遍及祖国大江南北。大学生们用实际行动展示了当代大学生的主流价值观，践行了社会主义荣辱观。我们欣喜地看到，青年一代正沿着先辈的足迹，努力前行，奋发有为。

三、案例点评

（一）加快大学生社会化进程

在大学阶段，各种社会实践活动能够为学生提供接触社会、适应社会的机会，锻炼自身安身立命的能力。更为重要的是，社会实践活动能够让大学生了解社会所需，提高自身的社会责任感，在将大学生锻炼成为有足够能力适应社会并且承担相应社会责任的社会人方面有着非常重要的作用。

参与社会实践能加快大学生社会化进程，对大学生很好地适应社会、促进社会又好又快发展和推动社会主义现代化建设都有着非常重要的意义。当代大学生能否通过在高校期间的学习、各种社会实践活动特别是校外社会实践活动，准确定位自己未来的社会角色并获得相应技能，关系到他们自身能否顺利成长成才，更关系到社会主义现代化建设能否得到优良充足的人才保障。

（二）增强大学生社会责任感

社会责任感作为一种道德情感，主要是指享有独立人格的社会成员对国家、集体以及他人所承担的职责、任务和使命的态度。它反映了人们对人与人、人与社会、人与自然的关系的认识和观念。其特征主要表现为自律性、地域文化性和社会实践性。自律性表现为个体对自身社会责任的认识自觉和行为的自我约束，自律性是评价个体社会责任感的标准；地域文化性表现为，每一个体的社会责任感都无一例外地会受一定地域文化的影响，这是个体社会责任感的社会文化基础；社会实践性表现为，提高个体的社会责任感的最有效和最现实的途径是社会实践。

社会实践活动能够提高学生的自律性。当前大学生行为活动存在着随意性、形式化的特点。社会实践活动，能够让学生直面社会的困难。大学生通过团队协作，提高自律性，能够对自身社会责任的认识更加自觉，对自己的行为自觉进行自我约束。例如，在华中科技大学开展的各种校外支教实践活动中，同学们通过在团队中承担并完成自己的任务，提高了自我约束能力和行为控制能力。更为重要的是，社会实践活动能够激发他们同情和关怀教育条件不好的同学，进一步深刻认识自身所肩负的社会责任。社会实践活动能够增进大学生对地域文化的了解，也就是让他们对所处社会的文化、环境有更深的了解。例如，华中科技大学开展的校外支教活动、农村信息化建设等，使很多在城市里长大的大学生了解到乡村的风土人情及地域文化现状等。这些收获也会进一步提高大学生的社会责任感。

（三）培养大学生诚信意识

人的正确思想意识不是与生俱来的，而是通过后天不断学习、努力实践形成的。大学生的思想意识正处在从形成走向成熟的过程中，诚信意识的养成，除了要靠自身的理论学习和自觉的内省修养外，还要依赖具体的道德教育与实践活动。“实践出真知”，正确的诚信意识养成，从根本上讲是从实践中获得的。现在的社会正处于转型时期，价值观多样化、功利化会对大学生思想教育带来冲击和影响。密切联系实际的校外社会实践活动给我们提供了一个培养大学生诚信意识的强有力的平台。社会实践活动，能够让学生接触到社会中实际行业的运作，了解到诚信意识能够保证行业健康发展，能够有效防止不守信用、行业欺骗、诈骗等不道德、违法和有损行业健康发展的行为发生，帮助大学生在从学生向社会人过渡的过程中形成以诚信为基础的健全人格。例如，华中科技大学开展的“行业走访”校外社会实践活动，不仅能够让在校大学生了解到行业最前沿的状况，还能够让大学生了解到，在实际的工作中，诚信意识在行业发展中的重要程度，以及对行业健康发展起到保障作用。

（四）构筑大学生创新精神

创新是一个民族进步的灵魂，是国家兴旺发达的不竭动力。21 世纪是知识经济时代，国际竞争将主要体现为创新人才的竞争。自改革开放以来，我国高等教育取得了长足的发展，但在高校实际教育中，重专业知识学习、轻综合能力尤其是创新能力培养的现象，仍在部分高校中存在，在一定程度上导致大学生创新能力不足与缺失。

社会实践活动，除了给大学生搭建一个接触专业应用、直接面对实际、解决困难的平台之外，在构筑大学生创新精神、培养大学生创新能力方面还有着不可替代的作用。社会实践活动有利于大学生树立创新观念，增强创新意识。仅局限于课堂和专业基础知识的学习，往往会让大学生囿于自己所处的小环境，社会实践活动使大学生能够走出象牙塔、走出课堂、走进基层、走进实际，在理论与实际、理想与现实的差异中，能够独立思考，树立创新观念，增强创新意识。社会实践活动有利于大学生提高专业技能水平和专业创新能力。现在大学生在找工作时会发现，很多时候自己只懂一些在课堂上学习的基本理论，而不知道这些理论在实际中如何应用，以及在相关行业中存在哪些现实问题，需要具备哪些能力才能够克服，社会实践活动正弥补了这一不足。社会实践活动能够让大学生自己去独立面对行业中的实际问题，让学生自己去尝试用所学的知识，用自己摸索出来的创新方法来解决问题，以达到构筑创新精神的目的。

例如，华中科技大学开展的博士医疗服务团、农村中小学教育信息化工程等社会实践活动，让大学生走到社区、农村去，通过具体的实践活动开拓自己的思路，促进自我独立思考，提高自身专业能力，用创新能力来解决实践中碰到的实际问题。

（五）提升综合素养

社会实践活动能够通过推动大学生社会化进程，增强大学生社会责任感，培养大学生诚信意识，构筑大学生创新精神，进而培养大学生的综合性人文素质。

社会实践活动能够增加大学生的知识储备。大学生在课堂上汲取了很多理论知识，但是实践中的经验积累以及创新能力的培养，必须依赖校外社会实践活动来完成。科技类的校外社会实践活动，能够让大学生将理论与实际结合、将知识与实际行业经验结合、在实践中汲取知识，增加大学生的知识储备，为其能够为社会发展贡献力量提供坚实有力的保障。

社会实践是大学生尝试着将知识内化为素质、提升能力的最好的试验平台。通过在详细具体的实践项目中，克服所面对的困难，完成分配的任务，大学生能够不断提高自身分析问题、解决问题的能力，并总结经验，提升自我学习的能力，为大学生将自身储备的知识转化为对社会的贡献奠定了基础。

社会实践活动能够加强品质塑造。一个人的品质，是价值观渗入具体生活中所表现出来的个人为人处世的原则性、纪律性。校外社会实践活动，能够让大学生接触生活，激发大学生对生活和广大人民群众的无限热爱，能够帮助大学生树立正确的价值观，帮助大学生塑造出正直、纯粹、敢想敢干的优秀品质。这给确保大学生成长为一个对社会有用的人提供了保障。

社会实践活动能够增强大学生的精神动力。社会主义现代化建设、和谐社会的建设，都不是一朝一夕的事情。每个时代的人，都有自己的社会使命，特别是作为社会精英的大学生更是如此。完成这些社会使命，则需要大学生拥有强大而坚定的精神动力。社会实践活动，能够让大学生体验社会发展所需、人民生活所需，能够让大学生感受到社会责任的重大和时不我待的紧迫感，能够增强大学生的精神动力，促使大学生将这种动力通过对生活的激情表现出来，积极有效地为社会的进步作出应有的贡献。

社会实践活动能够陶冶大学生的审美情操。社会主义和谐社会的建设需要健康向上的审美观念。现代社会充斥着不同的审美观念，包括很多庸俗、低俗、媚俗的内容，或多或少会对当代大学生的审美带来负面的影响。大学生通过进社区、下农村、访偏远山区，能够接触到温暖的社区、纯朴的民风、纯粹的百姓，陶冶审美情操，形成纯朴健康、积极向上的审美观，进而为社会的和谐氛围的构建贡献出自己的一份力量。

典型案例三：
校园生活中的研究生人文素质培养

一、案例概述

高校承担着培养具有综合能力的高水平人才的重要责任和任务，为国家的发展强大，提高在世界上的地位提供优秀人才储备。培养人才的根本在于提高学生的文化素质，而加强校园文化建设是提高研究生文化素质的重要途径。为深入贯彻习近平新时代中国特色社会主义思想，进一步丰富校园文化生活，我校依托研究生会等学生组织，通过弘德讲坛、研究生“才艺十佳”大赛、“知心导师杯”研究生师生乒羽球赛、“周末工作坊”等形式多样的校园活动，将文化素质教育这一主线贯穿德育、体育、美育等“五育”体系的建设中。

二、案例解析

（一）案例思路与理念

“修身、齐家、治国、平天下”，修身是人生的第一大事，也是各项事业的起点。华中科技大学弘德讲坛成立于 2007 年 10 月。自成立以来，始终坚持“求修身之道，索处事之德”的宗旨，致力于帮助我校学子提升道德修养和思想境界。弘德讲坛旨在邀请道德模范、行业代表讲述各自修身、处事的经历，充分发挥先锋模范的引领作用，更好地落实我校“明德、厚学、求是、创新”的校训宗旨，为培养“有理想、有追求；有担当、有作为；有品质、有修养”的“六有”大学生提供丰富的组织教育。

“生在红旗下、长在阳光里、奋进新征程”是当代青年应有的精神风貌。为深入贯彻习近平新时代中国特色社会主义思想，进一步丰富校园文化生活，营造积极向上的校园文化艺术氛围，推进文艺、体育育人工作落到实处，学校举办华中科技大学第十七届“才艺十佳”大赛，作为打造“才艺十佳”校园品牌、彰显校园文化的展示窗口，搭建我校研究生提高综合素质、展现自我风采、献礼七秩校庆、歌颂时代未来的广阔舞台。第十七届“才艺十佳”大赛以“百年峥嵘，兼程七十载·星瀚流光，筑梦谱华章”为主题，节目主题涵盖“砥砺新征程，喜迎二十大”“礼赞七十载，接续谱新篇”“青春正当时，一起向未来”三大部分，以青春昂扬之我，讲述七秩校史风华，致敬百年奋斗征程，展现新时代青年研究生昂扬向上、理想坚定、勇担时代重任的精神风貌。

一年之计在于春，强体健身向未来。阳光校园，“乒”搏人生。乒乓球和羽毛球在我国体育项目中扮演着重要角色，我们青年一代肩负着传承好、发扬好乒乓球和羽毛球文化的重要使命。2022 年，“知心导师杯”研究生师生体育赛事也已延续至第六届，多年来，本赛事始终致力于促进我校研究生德智体美劳全面发展，加强师生间交流互动，打造亦师亦友的新型导学关系，已成为师生喜闻乐见的品牌赛事。体育强则国家强，体育梦亦是中国梦，“知心导师杯”研究生师生乒乓球、羽毛球赛有力地丰富了研究生课余生活，展现了师生深厚情谊，搭建起多元化跨学科交流平台，培养全面发展的卓越华中大人，一“乒”到底，激昂青春。

育人以美，惠人以乐。为准确把握高校文化建设的发展方向、牢牢抓住新时代高校立德树人的根本任务，学校特搭建文化交流与知识分享平台“周末工作坊”，为广大研究生提供培养课余兴趣、陶冶情操的机会，丰富我校校园文化活动，促进研究生德智体美劳的全面发展，努力打造符合时代发展需要、满足学生精神需求、富有学校特色的高校文化。

（二）案例设计与实施

1. 弘德讲坛

弘德讲坛至今已成功举办了50期，受邀嘉宾来自各行各业，包括17位感动中国人物及候选人、16位全国道德模范及候选人以及4位全国优秀共产党员。在这里，既可以听全国优秀共产党员、全国道德模范北京儿童医院贾立群医生讲述医者仁心的故事，也可以听故宫博物院任万平院长讲述历史的渊源与流变，汲取先贤的智慧与精神，还能了解大国工匠徐立平刀起刀落，雕琢一件件大国重器的事迹，也能听“法医双雄”刘良教授、周亦武教授讲授法医“为生者权，为死者言”的精彩故事。

2. 研究生“才艺十佳”大赛

“才艺十佳”大赛全程分为初赛、复赛、决赛三个赛段，两个校区携手，有36支队伍，近万名学子参与。大赛内容主要为才艺展示（歌曲、舞蹈、乐器、朗诵、小品、相声、音乐剧、舞台剧、戏曲、魔术秀、武术、绘画等）。各节目组可根据比赛的进程不断充实作品内容。大赛节目形式大致可分为以下4类：声乐类、舞蹈类、器乐类、综艺综合类。

3. “知心导师杯”研究生师生乒羽球赛

比赛采取团体赛的形式，以院系为单位，参赛人数5—6人。为提高教师参与度以及贴合“知心导师”这一主题，特要求参赛人员中教师至少2人，博士后可作为教师参赛，其中男女单打不限师生，师生双打必须为1师1生。

同时，为提高师生参与度，特增设趣味项目环节，趣味项目与正式比赛同时进行，自由组队，不设门槛，项目形式包括击球入筐、颠球等。

4. 研究生“周末工作坊”

“周末工作坊”采用校院联动方式举办，由华中科技大学研究生会牵头，各院系研究生会承办，为每期“周末工作坊”源源不断的新创意提供强有力地保障，现已举办20余期丰富多彩的“周末工作坊”，覆盖非遗传承、民俗文化、心理团辅、美育手工等深受研究生们喜欢的内容，让研究生们在潜移默化中接受美育。“周末工作坊”系列推文总阅读量达21780次，硕博研究生参与人数近800人。

三、案例点评

（一）案例典型特征

坚持校院联动是本案例最突出的特征，也唯有校院联动，才能使学校层面的校园活动，通过学院的上传下达，真正落到实处，服务于同学的情感和文化需求。

（二）案例育人成效

弘德讲坛将道德模范、行业代表请到现场，为我校广大师生创造与之面对面深入交流的机会，将理想信念教育融入一次次讲座之中，让广大师生在交流中更加深入地了解先锋模范的故事，以一场场的交流讨论落实大学立德树人的根本任务。弘德讲坛组织的系列活动在全校范围内引起了强烈反响，获得了广大师生的一致好评。

文化传播时代声音，文艺点亮青春色彩。廿载春秋铸荣光，薪火相传梦起航，“才艺十佳”品牌树立以来，一批批华中大研究生奋勇争先，在青春舞台上展现出自信、昂扬的青春风采，涌现出一批批精彩夺目的原创作品，展现出华中大人追求卓越、奋斗不息的精神风貌。第十七届研究生“才艺十佳”大赛开展以来，36支队伍，近万名学子参与，形成原创作品37个，浏览量破14万次，相关事迹获华中科技大学学习强国平台、华中科技大学官方微信平台、华中科技大学官方B站平台、华中科技大学官方抖音平台报道，浏览人次达10万+。

“知心导师杯”研究生师生乒乓球比赛吸引了来自全校34个培养单位的32支代表队共襄盛宴，共计93位老师、141名学生同场竞技。比赛现场，参赛选手状态良好，现场气氛活跃，掌声、欢呼声、呐喊声此起彼伏。校党委书记李元元院士亲临现场并与师生举行友谊对抗赛。在赛后交流环节，李元元书记和同学们亲切交流，谈到身体健康是高效学习和工作的基础，他鼓励广大师生坚持体育锻炼，弘扬体育精神，不懈奋斗，越挫越勇，在“乒”搏人生中共绘活力校园画卷。

“知心导师杯”研究生师生羽毛球比赛吸引了来自全校30个培养单位的39支代表队共襄盛宴，共计212位老师、188名学生同场竞技。比赛现场，参赛选手状态良好，现场气氛活跃，比赛过程紧张激烈。各位选手大显身手，给观众们带来了一场酣畅淋漓的视觉盛宴。现场掌声、欢笑声、欢呼声此起彼伏。师生赛出了风格，赛出了气度，也赛出了水平。值得关注的是，第六届“知心导师杯”研究生师生乒乓球比赛同时开设了趣味预热环节，持续时间与正式比赛相同，通过投球入筐的比赛为同学们带来别样的运动快乐，获得选手们一致好评。体育竞技与休闲娱乐相结合，同学们能够一边感受赛场上的紧张气氛，一边体验游戏的快乐，拥有难忘的周末回忆。

德智体美劳全面发展一直是广大华中大学子的不懈追求，“知心导师杯”系列赛事不仅营造了良好的校园体育氛围，同时也构建了“阳光、快乐、和谐”的导学互动生态，如今已成为师生们喜闻乐见的品牌赛事。

20余期丰富多彩的“周末工作坊”，带领同学们走进非遗传承、掌握技能、享受生活、体验文化。该活动延续社群化、互动性、参与性课程与分享的特点，关注健康、关注心理、关注成长，把活动办到学生的心坎上，为我校研究生提供了一个以文化人、以美育人的平台，让研究生的周末充满色彩，让同学们在学习与体验中感受艺术与美的魅力，也为同学们塑造一个轻松愉悦、疗愈身心的兴趣交流空间。学校推出优质多样的活动，折射出新时代青年的理想和担当，帮助同学们培养健康的艺术审美观。

（三）思考与建议

“学在华中大”不仅是学生在实验室、科研所的埋头“苦”学，也是学生在舞台、运动场的发展“乐”学。“学在华中大”学的是专业知识，更是道德、审美等文化知识。

在今后的活动中，我们应更注重形式的多样与创新，在满足竞技需求的同时，更广泛地调研师生喜闻乐见的校园活动形式，为广大师生提供优质的文化活动。

第四章 学创融合 助力发展

总述：华中科技大学“双创”教育工作回顾

华中科技大学是一所有着良好创新创业教育传统和文化的高校。学校落实立德树人根本任务，坚持“育人为本、面向全体、融入体系、协同推进”的基本思路，将创新创业教育与思想政治教育紧密结合，贯穿人才培养全过程，着力打造创新创业教育新名片。充分整合研究型大学优质资源，实施创新创业“双向百分百”计划，推动创新创业教育全要素育人、全过程育人、全员育人。通过实施“三个三”工程建设，健全课堂教学、实践训练、指导帮扶三个体系，培养学生自由探索、主动实践、跨界合作三种精神，提升学生自主学习、实践创新、技术创业三方面能力，逐步形成以“学生自主、强化实践、学科交叉、开放融合”为鲜明特色的创新创业教育体系。

一、教学体系

1.“双创”课程

各专业人才培养方案结合创新意识启迪、创新能力培养、创新实践训练3个层次，开设不少于6个创新创业必修学分课程。在本科教学岗位设立“主讲教师岗”“课程责任教授岗”“华中学者・教学岗”，推出了一批高层次人才牵头的标杆课程。

2. 海外课堂

出台《华中科技大学本科生赴海外交流资助办法》，为本科生出国（境）交流提供经费保障和支持。采取“2 + 2”“3 + 1”“3 + 2”等培养模式，开展中英、中美、中法等国际联合培养工作。不断拓展和推进校际学生交流、寒（暑）期课程学习、冬（夏）令营、短期国外实习、国际大赛及会议等国际交流项目。本科生海外交流正在实现从跨出国门到走进名校、名企、国际组织的转变。

3. 讲坛、论坛

以“科学精神与实践”讲座、科学研究方法论坛、校友大讲坛、校友企业家论坛、创业投融资论坛、创业大讲堂、创新创业论坛等活动为载体，邀请知名科学家、企业家与在校学生交流，促进科学教育与人文教育相结合、创新教育与创业教育相衔接，培养学生创新创业精神，激发大学生责任感与使命感。

二、实训体系

1. 实验（践）教学

健全实践教学体系，强化学生创新创业能力。建设服务学生主动实践，高度开放、集约共享、预约使用的实验室软硬件支撑平台。通过加强智慧实验室和虚拟仿真实验室平台建设，推进教学资源数字化、仪器设备物联化、使用管理信息化发展。每年服务学生实验（践）总人时数 540 万，其中，学生课外自主预约创新实验（践）人时数 76 万。强化实践教学比重，“真刀真枪”做毕业设计，不断提高结合实际选题比例、结合教师科研选题比例。

2. 大学生创新创业训练计划

2006 年，我校作为全国大学生创新训练计划首批 10 所试点高校之一，率先启动实施国家级大学生创新训练计划。学校建立起以国家级项目为牵引的四级“大创”项目（国家级、省级、校级、院系级）管理模式。每年各级各类“大创”计划立项超1000项，覆盖面超过年招生人数的80％。

3. 学科竞赛

将组织和支持大学生参加各级学科竞赛作为培养学生创新创业实践能力的重要抓手。学生在国内外一系列重要比赛中取得优异成绩。自全国普通高校大学生竞赛排行榜发布以来，我校在榜单中成绩名列前茅，在2019年排行榜（本科）中位列全国第二，在2017—2021年全国普通高校大学生竞赛榜单中位列全国第三。

三、帮扶体系

1. “三师”队伍

建立起“教师、导师、讲师”三结合的创新创业教育师资队伍。实施主讲教师、课程责任教授、华中学者奖励计划和本科生教师班主任等制度。在拔尖创新人才培养体系、“大创”训练体系中全面实施导师制，邀请校友、企业家等组成创新创业导师团。每年举行创新创业讲坛、论坛100场以上。

2. “双创”基金

建立起学校、政府、企业、社会等多方支持的创新创业教育资助体系。每年投入创新创业教育相关经费4000万元以上。政府、校友、企业等捐赠设立“光谷奖学金”“中国光谷科创奖”“海鲸探索奖学金”“成功湖基金”“启德基金”等创新创业基金、奖助学金。

3. 孵化体系

依托国家级大学科技园、科技企业孵化器，以及遍布全国的工业技术研究院，为教师开展应用研究和成果转化提供平台，完善了教师行业产业、工程实践背景。各类转化平台与学校共建创客空间、众创空间，举办创新创业大赛，为在校生提供深入行业产业一线的实习实践平台，为创业项目对接相关产业资源。

典型案例一：创新创业人才培养示范区：启明学院

一、案例概述

华中科技大学创新创业教育和实践有着良好的土壤和根基，学校通过创新创业课程建设、课内教学改革、“第二课堂”推广、教学及科研平台面向全体学生开放等一系列措施，将优质教学资源、科研资源、产业资源不断转化为创新创业实践育人资源。开放的实践平台、完善的支持服务、良好的实践氛围，吸引了一批又一批学生主动投身创新创业实践。学校逐步形成了从课内到课外、从创新到创业，校内校外相结合，以自主实践、创新驱动、团队协同、学科交叉为鲜明特色的大学生创新创业教育体系。

2008 年 9 月，丝宝集团捐资 2200 万港币，与学校共建启明学院。在校内兴建建筑面积达 12000 余平方米的教学科研楼作为学院固定办学场所，为创新创业教育开展提供集中物理空间。包括 Dian 团队在内的全校示范性学生创新团队、实验班、学习特优生等纳入启明学院统筹管理。学院坚持“开放办学、创新机制、学科交叉、拔尖示范”的办学思路，以学生为中心的教育思想，因材施教，引导学生进行研究性学习、主动实践和科技创新，开发学生潜能，探索创新教育、创业教育和创造教育的新途径，营造多学科交叉的创新教育生态环境，构建拔尖创新创业人才培养的新模式。围绕拔尖创新人才培养，形成了“学生自主”“强化实践”“学科交叉”“团队协同”的人才培养特色。启明学院现已发展成华中科技大学本科生拔尖创新人才培养的示范区。

二、案例解析

（一）营造多学科交叉创新教育生态环境

学院师生来源多样化，实验班依托学校各个优势学科而建，学生创新团队研究方向涵盖了理、工、文、医、管等多个学科，特优生从全校各专业择优选拔。在启明学院这个大平台上，不同学科背景的师生集聚融汇，创新思维涌动迸发，拥有良好的学科交叉育人环境。学院鼓励和支持学生根据兴趣、特长，自发以团队形式开展合作学习、研究和实践。他们以问题、项目、竞赛等为牵引，以更加广阔的学科视野，以协作学习的方式，从学科交叉角度开展研究性学习。

（二）建立健全创新创业教育课程体系

各专业人才培养方案设置 3 个层次，不少于 6 个学分的“双创”必修课程。构建起以创新意识启迪、创新能力培养、创新实践训练为主要特征的“双创”课程体系。以 6 个必修学分为依托，实施课程责任教授制度，建设了 193 门“双创”标杆课程。课赛结合，建设了 38 门高水平“双创”实践类课程。对学生发表论文、获得专利、竞赛获奖等以课外学分的形式认定，培养方案中要求课外学分不少于 5 个学分。

（三）把创新创业教育生根实践土壤

学科竞赛是以大学生自主性、群体性科技活动方式为主的教学活动，是展示大学生创意创造成果的重要舞台。自 2017 年中国高等教育学会发布第一轮全国普通高校大学生竞赛排行榜以来，我校在前四轮发布榜单中成绩均名列前茅，且稳步提高。2017—2021 年全国普通高校大学生竞赛榜单中位列全国第三。

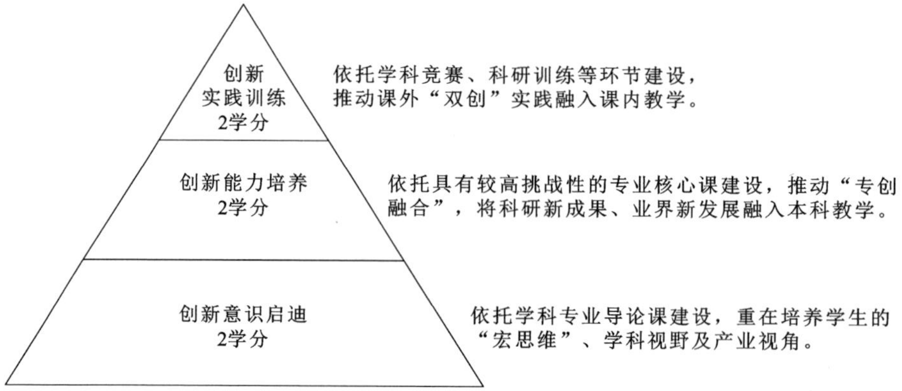

创新创业教育6个必修学分

启明学院学生在国内外一系列顶级科技创新竞赛中获得突出荣誉，包括：两次获得全国大学生电子设计竞赛最高奖；两次夺得微软“创新杯”IT挑战赛全球总冠军；两次获得全球大学生超级计算机竞赛（德国）“最佳计算性能奖”；三次夺得“挑战杯”作品特等奖；四次夺得美国大学生数模竞赛特等奖；2016年在ASC世界大学生超级计算机竞赛总决赛中获得总冠军；2017年，高教社杯全国大学生数学建模竞赛获得全国最高奖“高教社杯”；2019年在国际遗传工程机器设计大赛、国际生物分子设计大赛中获得金奖；2020年在全国大学生节能减排社会实践与科技竞赛中获得特等奖，在全国大学生集成电路创新创业大赛中获得一等奖。

（四）构建全程衔接的创新创业帮扶体系

针对大学生创新创业实践中遇到的突出问题，学院从资金、师资、场地等方面不断加大支持服务力度，推动大学生创新创业从课内到课外、从校内到校外、从创新到创业，不断线不掉链。

学院不断加大自有资金投入，完善资金来源渠道，许多在校生在创新项目初始研究阶段，经过申报立项获得了学院自主创新基金的支持，在后期孵化阶段又争取到了来自政府、企业和社会的基金资助，大学生创新创业分阶段、全程化的资金持续帮扶体系初步形成。高度重视创新创业教育师资队伍建设，充分挖掘校内教师内部潜力，整合业界、国际、校友优质资源，初步建立起“教师、导师、讲师”三结合的创新创业教育师资队伍。

2018年，启明学院与大学科技园联合共建校园众创空间，旨在引入企业、政府及社会各界优质资源，为在校师生、校友创新创业教学培训、实践孵化、交流展示搭建高水平、开放式平台。依托众创空间，形成创新创业各类资源和要素的点上集聚，推动创意创新创业线上贯通。搭建面向全体师生及校友的创新创业实践和服务平台。众创空间面向在校生和青年校友征集初创项目，提供种子基金、孵化场地、创业辅导、法律咨询、创业训练营等全链条服务。

结合大学生创新创业的特点和实际，创造性地构建了创新实践（孵化人才）—项目实践（孵化项目）—创业实践（孵化企业）"三级跳"的创新创业孵化模式，推动大学生创新项目从研究到应用、从创新到创业、从校内到校外的无缝对接。以启明学院创新团队、众创空间等为依托，为学生创新实践搭建平台。与大学科技园、科技企业孵化器衔接，在校内及周边为学生创业实践提供孵化服务。借助全国16个驻外研究院，为学生创业企业提供产业化支持。在这种全程式、持续化的帮扶下，一批优秀学生创业项目逐步发展壮大，真正走向了市场。

三、案例点评

学院探索形成以学生自主、导师指导、主动实践、科技创新为特色的本科生创新团队培养模式。培育出了Dian团队、联创团队、冰岩作坊等一批在社会和业界广受关注的知名学生团队。学生团队在国内外一系列重要科技赛事、创新项目实践等方面成绩突出，团队毕业队员抱团创立PPTV、淘米科技、擎朗智能、云鲸智能等200余家初创型科技企业，其中，淘米科技在美国纽约证券交易所上市，4家企业成长为"独角兽"。近年来，学校将团队培养模式全面复制到院（系），推动本科生群体创新和实践。

近年来，启明学院每年接待高校、企业、政府、中学等社会各界人士来校专题调研、学习、参观4000余人次。刘延东同志就我校"双创"人才培养做批示："将科研、教学、团队合作与创新人才培养相结合，是一种有益探索。"教育部网站10次推介我校"双创"教育。与兄弟高校发起成立“教盟”“实盟”“众创空间联盟”等“双创”教育组织。2020年承办第五届中国高等工程教育论坛“创新创业教育分论坛”。2016年至今，获评“深化创新创业教育改革示范高校”“大众创业万众创新示范基地”“全国高校实践育人创新创业基地”“全国大学生创业示范园”“全国创新创业典型经验高校”等各类“双创”基地挂牌。人民日报、光明日报、中央电视台、新华网等中央媒体广泛报道我校“双创”教育经验和成果。

典型案例二：
创新创业系列赛事

一、中国国际“互联网＋”大学生创新创业大赛

中国国际“互联网＋”大学生创新创业大赛起始于2015年，是我国深化创新创业教育改革的重要载体和关键平台，现已成长为覆盖全国所有高校、面向全体大学生、影响力最大的高校“双创”盛会。

在前七届大赛中，我校累计获得22金15银7铜的优异成绩，金奖总数稳居全国高校第二。在第二届、第三届大赛中，金奖总数均居全国第一。我校六次获得大赛主赛道高校先进集体奖，四次获得“青年红色筑梦之旅”赛道高校先进集体奖。孵化出极目智能、华引芯等一批高速成长的科技型企业。

（一）金奖项目介绍

1. 慧淬：钢轨的延寿专家

获奖类型：第二届中国“互联网＋”大学生创新创业大赛金奖。

项目名称：“慧淬：钢轨的延寿专家”。

项目来源：武汉光电国家研究中心。

项目成员：孟丽、周阳、胡艳萍、高小燕、范佳琪、郑寅岚、周凤军、魏恺文、曹嘉明、胡志恒、郝康达、吴宝业。

指导教师：曾晓雁、胡乾午、王邓志、蒋明、李祥友、殷杰。

项目简介：“钢轨现场激光延寿系统”，通过对钢轨在线强化，使其全寿命周期延长至原来的10倍以上，为钢轨延寿提供整体解决方案。

2. 基于车联网的汽车驾驶辅助系统

获奖类型：第二届中国“互联网+”大学生创新创业大赛金奖。

项目名称：“基于车联网的汽车驾驶辅助系统”。

项目来源：光学与电子信息学院。

项目成员：程建伟、李江、孙玥真、李依、罗亦杨、梅李娟、刘常青、艾凡、李岩鹏、张威、陈兰。

指导教师：孙琪真、卫平、刘德明。

项目简介：极目智能是一家专注于智能驾驶研发和应用的人工智能企业，致力于运用领先的计算机视觉技术，利用摄像头、毫米波雷达等传感器实现准确的车内外环境态势感知，推动智能驾驶的发展与普及。

3. “粉丝”时代

获奖类型：第二届中国“互联网+”大学生创新创业大赛金奖、第二届中国“互联网+”大学生创新创业大赛最具商业价值奖。

项目名称：“‘粉丝’时代”。

项目来源：法学院。

项目成员：刘超、宋扬、吴梦瑶、靳景涛、王萌。

指导教师：卫平、王干、郑伟。

项目简介：“粉丝”网打造以数据为驱动的社群媒体，形成娱乐消费的自循环体系，成为体验经济时代的领军企业。

4. 诸葛 io

获奖类型：第二届中国“互联网+”大学生创新创业大赛金奖。

项目名称：“诸葛 io”。

项目来源：软件学院。

项目成员：孔淼、黄鹏昊、夏乙丹、杨向杰、吴雨薇、陈文馨、徐豆、郭学敏、胡海胜、吴洁。

指导教师：江涛、卫平。

项目简介：诸葛io是一个数据智能决策平台，总部位于北京，已在上海、深圳、武汉设立分部，服务包括饿了么、沃尔玛、宝马等在内的50000余家优秀企业。

5. M-Cloud：智慧存储云

获奖类型：第三届中国“互联网+”大学生创新创业大赛金奖。

项目名称：“M-Cloud：智慧存储云”。

项目来源：武汉光电国家研究中心。

项目成员：肖芳、胡莹莹、严洁、刘渝、陈晓玥、杨龙萍。

指导教师：周可。

项目简介：M-Cloud是由华中科技大学存储研究团队研发的大数据智能平台。团队经过8年科研和4年行业应用研发了M-Cloud，它能在海量数据中发现知识和情报。

6. 尚赛：全球OLED核心材料供应商

获奖类型：第三届中国“互联网+”大学生创新创业大赛金奖。

项目名称：“尚赛：全球OLED核心材料供应商”。

项目来源：光学与电子信息学院。

项目成员：穆广园、熊然、陈兰、胡天觊、李子璇、段天宇、庄少卿。

指导教师：王磊、卫平。

项目简介：项目致力解决占据显示器成本20%以上的关键材料问题，以实现核心材料国产化为主攻目标，力争成为全球领先的显示材料核心供应商。

7. 树米科技—— 开启后 SIM 卡时代智能生活

获奖类型：第三届中国“互联网+”大学生创新创业大赛金奖。

项目名称：“树米科技——开启后 SIM 卡时代智能生活”。

项目来源：社会学院。

项目成员：刘恩培、冯楠、江雪、左静怡、杨柳清、李恬、郭江、郑博文、阎妍、易子钦、陈蕴如。

指导教师：王茂福。

项目简介：树米科技专注为智能硬件和用户提供极致便利的通讯连接服务。团队自主研发 eSIM 解决方案、智能 2G/4G 通讯模组、物联网通讯流量经营平台及数据托管及模型平台，赋能智能硬件设备直连云端，实现“通电即在线”，为用户提供“一站式”智能物联网解决方案。

8. 全球领先的智能工业机器人操作系统

获奖类型：第四届中国“互联网+”大学生创新创业大赛金奖。

项目名称：“全球领先的智能工业机器人操作系统”。

项目来源：机械科学与工程学院。

项目成员：李淼、闫琳、廖圣华、张敏、张少华、李言洲、梁正、郭晶淼。

指导教师：丁雨葵。

项目简介：COBOTSYS 操作系统涉及 3D 视觉、力控打磨、智能抓取等核心技术，用户可快速开发各种机器人应用，降低使用门槛，同时提高使用效率。已完成 1.47 亿融资。

9. 原创光芯：中国高端光芯片突围者

获奖类型：第四届中国“互联网+”大学生创新创业大赛金奖。

项目名称：“原创光芯：中国高端光芯片突围者”。

项目来源：武汉光电国家研究中心。

项目成员：刘功海、陈泉安、赵龚媛、蒋春、邓宇、王红蕾。

指导教师：国伟华、陆巧银。

项目简介：致力于高端光芯片的研发、制造、生产，产品采用原创方案，具有完全自主知识产权，获美国发明专利授权。

10. 答尔文——面向复杂场景的文字识别云平台

获奖类型：第五届中国“互联网＋”大学生创新创业大赛金奖。

项目名称：“答尔文——面向复杂场景的文字识别云平台”。

项目来源：电子信息与通信学院。

项目成员：杨明锟、朱盈盈、廖明辉、高宇哲、朱臻、梁定康、程昌旭、徐孟德、张辉、金典、陈雅婕、姚聪、张拯。

指导教师：白翔、周瑜、林宏志、许永超、刘文予。

项目简介：基于复杂场景文字识别技术，答尔文集文字检测、语种鉴别、文字识别功能为一体，打造面向复杂场景的文字识别云平台。

11. 飞流智能：面向超低空的全天候多场景环境智慧监测平台

获奖类型：第五届中国“互联网＋”大学生创新创业大赛金奖。

项目名称：“飞流智能：面向超低空的全天候多场景环境智慧监测平台”。

项目来源：光学与电子信息学院。

项目成员：刘奇、李良晔、谯伟、王森懋、刘雨佳、董云龙、帅率、沈顺明、张俊锋。

指导教师：孙琪真、刘玉。

项目简介：飞流智能提供全天候、自主化、“端—站—云”一体化的环境监测解决方案，凭借模组化多场景自适应传感器、L3级全天候自主化无人机机巢等技术实现环保监测巡检的无人化和数据发掘的有效化。

12. 开关磁阻电机电控产业化

获奖类型：第五届中国“互联网＋”大学生创新创业大赛金奖。

项目名称：“开关磁阻电机电控产业化”。

项目来源：电气与电子工程学院。

项目成员：吴荒原、邓添、张宝允、罗婧怡、曹寅鹏、赵建培、代道春、王启元、段承金、沈呈硕、邬玮晗、范振宇。

指导教师：王双红、罗珺、许文立、孙剑波、郭炜。

项目简介：项目以专门从事开关磁阻动力系统研发的武汉市深蓝动力科技有限公司为依托，致力于打造性能指标世界领先的开关磁阻动力系统。

13. 绿草成纤：中国草变致富宝

获奖类型：第五届中国“互联网+”大学生创新创业大赛“青年红色筑梦之旅”赛道金奖。

项目名称：“绿草成纤：中国草变致富宝”。

项目来源：生命科学与技术学院。

项目成员：白云、舒潼、李攀登、王慧慧、余天意、向梦雄、邹浩云、梁芝玮、杨雯姗、王晨怡、向思园、张力元、胡佳齐、刘芸芸、付芳语、王亚伟、李昊忌。

指导教师：余龙江、付春华、杨英、敖明章、郭炜。

项目简介：国际首创绿色高效苎麻脱胶技术体系，使生产过程中的化学品、燃煤及废水量大幅降低，纤维品质超过一等品标准，目前共计得到国家专利授权13项，申请2项，推动咸安区1000余名贫困人口脱贫，保障3000余人就业，帮助约2万名种苎麻的农民增收。

14. 全球高端LED光源顶级供应商

获奖类型：第五届中国“互联网+”大学生创新创业大赛国际赛道金奖。

项目名称：“全球高端LED光源顶级供应商”。

项目来源：物理学院。

项目成员：孙雷蒙、朱彬彬。

项目简介：主要研发高端LED芯片及光源，产品包括汽车LED、紫外光源、微间距显示，期望打破美日欧等国外厂商的垄断地位。

15. 全球首创的全数字 PET 系统及产业化

获奖类型：第五届中国“互联网+”大学生创新创业大赛金奖。

项目名称：“全球首创的全数字 PET 系统及产业化”。

项目来源：生命科学与技术学院。

项目成员：张博、李炳轩、房磊、母登云、胡盈。

指导教师：谢庆国、肖鹏、杨亚。

项目简介：谢庆国教授和张博带领团队研制出世界首台全数字 PET/CT 设备，并取得三类医疗器械注册证，实现了 PET 性能突破，团队申请专利近 500 项。

16. AI 无界：新冠肺炎 AI 辅助诊断助力全球抗疫

获奖类型：第六届中国国际“互联网+”大学生创新创业大赛“青年红色筑梦之旅”赛道金奖。

项目名称：“AI 无界：新冠肺炎 AI 辅助诊断助力全球抗疫”。

项目来源：电子信息与通信学院。

项目成员：史天意、朱盈盈、方聪、谢旭东、储佳佳、王植炜、闫增强、林一、蒋茜茜、程枫、杨杰华。

指导教师：白翔、杨欣、林宏志、陈唯唯、龚超、周瑜。

项目简介：2020 年疫情严重之时，“AI 无界”项目团队 38 名成员通过 20 多天的紧急科研攻关，建立了 AI 辅助诊断系统。该系统可发现毫米级病灶，实现肺部 CT 影像秒级输出和一体化诊疗，极大提高筛查效率和精度，挽救无数生命。11 月 19 日，团队成员作为优秀抗疫项目代表受到副总理孙春兰接见。孙春兰对我校抗疫所作贡献表示高度肯定，现场指出华中科技大学在疫情期间表现出色，尤其是两家医院接收了很多重症病人。

17. 点姜成金：黄姜皂素绿色制造

获奖类型：第六届中国国际“互联网+”大学生创新创业大赛“青年红色筑梦之旅”赛道金奖。

项目名称："点姜成金：黄姜皂素绿色制造"。

项目来源：生命科学与技术学院。

项目成员：邱海亮、魏蜜、徐航、付翔飞、陈云丰、刘美娜、郑文格、李雁蓉、李欣羽、徐张洲、彭茗。

指导教师：余龙江、敖明章、付春华、赵春芳、方舟、孔姝、郭炜。

项目简介："点姜成金：黄姜皂素绿色制造"项目团队追寻红色足迹，深入秦巴山区生产一线，选育系列高效微生物，历经十余年科研传承，突破核心技术难题，首创全球领先的生物法绿色制造皂素技术，并获国家发明专利授权 6 项。团队已与合作企业建立了一条 200 吨皂素标准生产线，惠及"姜农"5600 余户，不仅带动黄姜及相关产业重新焕发生机，更助力当地"姜农"脱贫致富。

18. 猫皮 MAOPEA

获奖类型：第六届中国国际"互联网 +"大学生创新创业大赛主赛道金奖。

项目名称："猫皮 MAOPEA"。

项目来源：法学院。

项目成员：蔡剑军、秦佳莉、张嘉铭、金泽铭、尤小源、刘存扬、董瑞华、常悦、廖望淮、熊舟影、刘雪莹、胡彦迪。

指导教师：刘玉、蔡新元。

项目简介：项目团队将祖传药谱独门配方与现代技术相融合，开发出的热敷贴、蒸汽暖贴、护眼贴、驱蚊贴等系列产品具有贴肤性强、散味快、过敏率低的特点，申请、授权专利和商标达 155 项。目前已与 Today 连锁便利店成立联名主题门店 50 家，遍布全国 6 个城市，并与大英博物馆、敦煌博物馆等知名合作方合作，打造年轻人的中药潮品。

19. 睿思优信：智能超表面助力构建高速稳定 5G 网络

获奖类型：第七届中国国际"互联网 +"大学生创新创业大赛主赛道金奖。

项目名称："睿思优信：智能超表面助力构建高速稳定 5G 网络"。

项目来源：电子信息与通信学院。

项目成员：陆骋、裴熙隆、王锴、王梓鹏、张昆、马成辰、高梦颖、韩良成、周志博、左婧怡、惠晨昱、康弘、周冀楚、涂增基、邓紫涵。

指导教师：尹海帆、谭力、邱才明、胡素娟、朱盈盈。

项目简介：5G是经济社会数字化转型的重要引擎，但与4G相比，5G仍然存在网络覆盖较差，基站成本和能耗较高的问题。团队为解决这些问题，研发了自适应调控的智能超表面，可通过智能算法将入射电磁波信号定向反射至用户，并可以根据用户的移动而实时调整信号反射方向，从而大幅提升5G的网络覆盖性能。该技术可以有效解决5G的覆盖性能较差、成本较高、功耗较大三大痛点问题，具有广阔的商业前景。团队的愿景是推动数字新基建，让高速稳定的无线连接无处不在。

20. 杉里寻钻：红豆杉产业创新助力乡村振兴

获奖类型：第七届中国国际“互联网+”大学生创新创业大赛“青年红色筑梦之旅”赛道金奖。

项目名称：“杉里寻钻：红豆杉产业创新助力乡村振兴”。

项目来源：生命科学与技术学院。

项目成员：张华、徐航、陈莹、刘婉煜、刘浩、陈雪敏、李静、张永强、张蒙、索海韵、王怡玲、聂慧子、杨子玺、赵非凡、付翔飞。

指导教师：余龙江、付春华、赵春芳、龚超、占艺、郭炜、白云。

项目简介：“杉里寻钻”团队依托华中科技大学2个A级学科和国家级科研平台，聚焦乡村振兴战略，以科技创新助农兴农，针对全球第一植物抗癌药物紫杉醇严重供不应求、精深加工技术不足和资源综合利用率低等痛点问题，探索解决紫杉醇的供需矛盾的方法，首创红豆杉抗病促生技术、紫杉醇诱导合成技术和高效分离纯化工艺，通过科技成果转化，帮助企业提高生产效率和创收的同时，刺激山地农民的种植积极性，带动山地红豆杉种植业发展，助力山地绿化、水土保持，引领红豆杉产业创新发展，持续推进乡村经济振兴。

21. 鲲鹏 BoostKit 大数据 Spark 图算法优化

获奖类型：第七届中国国际“互联网+”大学生创新创业大赛产业赛道金奖。

项目名称：“鲲鹏 BoostKit 大数据 Spark 图算法优化”。

项目来源：计算机科学与技术学院。

项目成员：赵进、杨赟、余辉、姜新宇、宁鑫。

指导教师：张宇。

项目简介：在国家重点研发计划项目“面向图计算的通用计算机技术与系统”的支持下，计算机学院服务计算技术与系统教育部重点实验室张宇副教授带领的图计算团队研发了国际上首个面向并发图分析任务的高性能图计算系统——“云图”，在华为给定硬件平台上，显著提升现有图算法性能 2000 余倍。在保证算法精度 90%的前提下，该系统的性能远优于谷歌、脸书、阿里、腾讯等提供的国内外主流方案。华为鲲鹏评价该系统突破了数据访问瓶颈和底层硬件资源利用率低等技术难点，技术处于国际领先水平，具有很高商业价值。

22. 数据库智能管家的创新与探索

获奖类型：第七届中国国际“互联网+”大学生创新创业大赛产业赛道金奖。

项目名称：“数据库智能管家的创新与探索”。

项目来源：武汉光电国家研究中心。

项目成员：周瑞松、蔡宝清、方浩天、张光钰、狄时禹。

指导教师：周可、李春花、刘渝。

项目简介：在数据规模爆炸性扩大的当下，提高数据库运维的效率和质量可以大幅减少企业成本。华中科技大学刘渝副研究员带领的数据库智能运维团队研发了首个可商用的数据库智能运维产品——SmartOp 数据库智能管家。通过人工智能算法，利用深度强化学习技术实现了数据库自动参数调优以及智能索引推荐，实现了数据库调参性能优于人类资深工程师，在提升数据库性能的同时确保其可控性及可用性。技术处于国际领先水平，具有巨大的商业价值。

（二）华中科技大学“互联网+”大赛金奖项目案例点评

学院充分尊重学生发展意愿和需要，广泛吸收具有兴趣特长和实践能力的学生加入，在人才培养过程中为学生自主选择专业、跨学科选修课程和专业提供现实路径。广泛开展基于问题学习、基于项目学习的教学方法改革，调动学生自主学习的积极性，引导他们独立思考、大胆质疑、勇于创新。在各类学生中全面实施导师制，通过学业导师、项目导师、企业导师等多种导师形式，以学生学业规划和科研项目为牵引，引导学生进行研究性学习。鼓励和支持学生结合实际、自主设计，与导师共同制定个性化人才培养方案，鼓励和支持他们尽早加入导师实验室、科研团队、课题组，参与高水平科研活动。在支持学生参加国家大学生创新创业训练计划的基础上，出台学院学生科技创新计划，学校每年单独拨付经费支持学院学生开展自主创新项目研究，项目由学生自主设计、自主实施、自主管理。项目负责人的科研活动可认定学分。

（三）“光谷杯”第三届中国研究生机器人创新设计大赛

“光谷杯”第三届中国研究生机器人创新设计大赛由教育部学位管理与研究生教育司、教育部学位与研究生教育发展中心指导，中国学位与研究生教育学会、中国科学技术协会青少年科技中心主办，华中科技大学、武汉市委组织部（武汉市招才局）、武汉东湖新技术开发区管理委员会共同承办。

2021 年 4 月 17 日，“光谷杯”第三届中国研究生机器人创新设计大赛启动仪式在我校举行。中国学位与研究生教育学会副会长、中国科学技术大学原副校长张淑林，华中科技大学党委常委、副校长张新亮，中国科学院院士、中国机器人和机械工程专家熊有伦，东湖高新区党工委副书记、管委会主任刘洁等领导嘉宾出席启动仪式。部分在汉兄弟高校参赛代表参加了启动仪式。全国逾 35 万师生在线观看启动仪式直播。

2021 年 8 月 24 日，“光谷杯”第三届中国研究生机器人创新设计大赛总决赛在华中科技大学线上开幕，73 家培养单位的 172 支队伍会师决赛。

第三届“光谷杯”中国研究生机器人创新设计大赛旨在进一步引导广大高校学生积极面向世界科技前沿，面向经济主战场，面向国家重大需求，面向人民生命健康，不断向科学技术的广度和深度进军，引导广大研究生在新时代建设社会主义现代化国家新征程中贡献青春力量，推动机器人科技创新发展，促进机器人科技及其转化成果更好地推动社会经济发展。

我校汇聚了一大批机器人领域著名专家，形成了以 7 名院士为核心、40 余名国家级高层次人才领衔的师资队伍。结合我校已有学科优势，整合机器人技术与系统国家重点实验室、机器人学国家重点实验室、数字制造装备与技术国家重点实验室、国家数字化设计与制造创新中心、国家数控系统工程技术研究中心、华中科技大学机器人研究院等技术支持单位的技术优势，坚持“以赛促学、赛学一体”，加强全校范围内机器人领域优良竞赛氛围营造，同时为我校研究生提供高水平交流、高层次指导的机会。

案例设计与实施如下。

1. 发布参赛邀请函，说明赛事相应事宜

2021 年 4 月 17 日，大赛官网公布“光谷杯”第三届中国研究生机器人创新设计大赛通知。大赛参赛作品范围包括机器人的新概念、新技术、新产品，坚持面向世界科技前沿、面向经济主战场、面向国家重大需求、面向人民生命健康，不断向科学技术的广度和深度进军。参赛作品可以围绕某个机器人领域（如工业领域、家政服务领域、康复医疗领域等）的主题，重点考核研究生对社会需求的洞察能力、创新性设计和关键技术实现等能力，提升研究生教学与科研创新实践水平，促进机器人产业的发展。

明确参赛要求：参赛对象为正式注册的国内在校硕士研究生、博士研究生及已获研究生入学资格的应届本科毕业生。以学校为单位，个人或团队参赛，每支团队参赛队员一般不超过 5 人（其中第一申报人默认为参赛团队队长），指导教师一般不超过 2 人，可跨学科跨校组队，以队长所在单位为参赛单位。

创新赛制分组：按照作品的成熟度和技术特点分成仿真组、部件组和集成组，以及为响应“完善重大疫情防控体制机制，健全国家公共卫生应急管理体系”的号召，面向重大传染性疾病、关注人民健康，专门设置的医疗健康专项组。

2. 统筹协调各项事宜，按期推进赛程进度

2021 年 6 月 21 日—7 月 15 日，组织专家线上进行初赛评审并发布决赛名单。2021 年 8 月 24 日，入围决赛团队在华中科技大学进行比赛。

二、项目点评

（一）案例典型特征

开创“校地办赛”新模式，落地转化实现“零”突破，积极服务地方发展。

（二）案例育人实效

在本次大赛中，我校师生取得优异成绩，医工交叉、多学科背景的复合型项目斩获大赛最高奖项，共获得全国特等奖 1 项、一等奖 1 项、二等奖 2 项、三等奖 17 项、优秀组织奖 1 项。部分获奖团队相关信息介绍如下。

1. “光谷杯”第三届中国研究生机器人创新设计大赛特等奖

项目名称：“经自然腔道连续体超声导航手术机器人系统”。

获奖单位：机械科学与工程学院、同济医学院附属同济医院泌尿外科。

指导老师：赵兴炜、凌青。

团队成员：陈特儒、郑果、丁涛、侯立成、王佳鑫。

项目简介：该手术机器人系统将影像导航技术、共融机器人技术和激光手术技术相结合，提出了基于“虚拟屏障”的影像融合与实时配准算法，兼顾医学影像的精确性和实时性；优化设计柔性关节形式连续体机器

人结构，以刚柔耦合的方式极大提高了手术机器人操作灵巧度；针对超声探头运动特点，设计超声探头引导架机构，变传统“手动超声”为“自主超声”，可实现超声伺服手术器械追踪。该系统有望减轻医生劳动强度和患者负担，对良性前列腺增生手术进行革新。

2. “光谷杯”第三届中国研究生机器人创新设计大赛一等奖

项目名称：“基于人类视觉驱动的上肢辅助机器人系统”。

获奖单位：人工智能与自动化学院。

指导老师：黄剑。

团队成员：杨博、彭曾期、李雨戈、孙梦琳、董子澔。

项目简介：我国对智能假肢、康复机器人等需求急剧增加，但是目前仍然欠缺复杂功能的控制信号，特别是用户意图的识别和解码。眼动控制接口作为一种新兴的技术提供了一种有前途的人机交互方式。项目包括注视估计、意图识别和机器人控制三个部分。注视估计用于估计用户的3D注视点，提供目标的位置信息；意图识别用于依据用户眼动行为，识别用户的抓握意图和抓握目标；机器人控制用于依据用户的意图，控制机械臂完成抓握辅助功能。

（三）思考与建议

基于我校已有优势，可考虑争取继续承办中国研究生创新实践系列大赛，立足武汉、辐射湖北、面向全国，加大宣传力度。联系地方政府、相关学术科研平台，进一步加强校地联系沟通，积极争取资金、技术支持，将部分赛事成果落地转化，服务地方发展。

科学研究方法论坛至今已累计举办228期，2021年全年共举办12期，力邀各领域教授以及企业高管进行科研分享。该论坛面向全校师生开展营造校园学术氛围和深入探讨科学研究方法的活动，夯实基础，注重细节，全面覆盖，为全校师生打造了一个学习、交流和探讨的平台。

正如赵翼的《论诗五首》中所说：“满眼生机转化钧，天工人巧日争新。”世间万物生生不息，犹如不停的转轮，每天都争相呈现新意，而科学研究方法论坛要做的，就是将科学创新贯彻到底，了解最新成果，探索前沿科技，为每一位华中大师生提供源源不断的灵感和思路。

（四）研究生创新基金项目

华中科技大学研究生创新基金旨在提高在校研究生的创新实践能力、推动华中科技大学研究生学术研究工作，培养跨学科复合型人才。

研创基金以创新驱动发展，坚持以立德树人为中心，在我校积极营造学术科研创新氛围，强化研究生创新训练，搭建创新平台，树立科研学术典型，引导广大研究生着眼“四个面向”，助力党和国家事业发展，培养了大批德才兼备的高层次人才。

1. 具体介绍

研究生创新基金项目至今已结项 19 批，已资助金额近 2000 万元，资助队伍近 2000 支，服务学生近 8000 人。基金围绕国家经济建设和社会发展的需求追踪科技热点，每年设置多个赛道进行评比，每支队伍选择一个赛道，队伍成员来自多个院系，促进了学科交叉。基金资助成果斐然，有学生论文发表于 *Science* 子刊，学生荣获“挑战杯”全国大学生课外学术科技作品竞赛红色专项活动一等奖、中国研究生创新实践系列赛事一等奖等重大成果。

2. 案例总结

依托创新基金遴选出了一批基础扎实、知识面宽广、成绩优异、勇于创新、潜力可期的优秀学生。这些学生是星星之火，点燃了华中大学子的学术创新激情。同时选出了一批优秀项目，展示了华中大深厚的学术底蕴，鼓舞了更多的学生进行学术创新。

3. 展望

接下来，研究生创新基金项目将聚焦培育交叉融合创新的学科生态和学术氛围，进一步提升学科原始创新和核心技术攻关能力，鼓励开展跨学院、跨学科的合作研究来促进学科交叉。

典型案例三：服务高素质科技创新人才培养

一、案例概述

华中科技大学立足国家创新驱动发展战略和“大众创业万众创新”的战略部署，以推进素质教育为主题，以提高人才培养质量为核心，以培养高水平创新创业人才为重点，把创新创业教育贯穿人才培养全过程，打造学校创新创业教育新名片。按照“应用领先、基础突破、协调发展”的科技发展方略，构建起覆盖基础研究层、高新技术研究层、技术开发层三个层次的科技创新体系。近年来，学校培养出了“微信之父”张小龙、“海康威视”创始人陈宗年、“高德红外”黄立、PPTV 创始人姚欣等一批创新创业领军人物。据不完全统计，近年来学校在校学生和校友创业设立的公司每年都在 100 家以上，创业项目吸引的风险投资金额超过百亿元。

二、案例解析

（一）提高政治站位，准确把握使命职责

1. 深刻领会“国之大者”

习近平总书记高度重视科技自立自强和创新人才培养，明确定位共青

团要“围绕中心、服务大局”，明确要求高校要把握立德树人根本任务、助力打造国家战略科技力量。2010 年习近平同志视察华中科技大学时，深情寄语青年到党、祖国和人民最需要的地方去。习近平同志关心的“国之大者”，特别是对共青团、高校、青年的深情期盼，就是高校共青团工作的努力方向。学校就是要从为党育人、为国育才的政治高度，培养高素质创新人才，服务国家高质量发展。

2. 主动服务中心大局

习近平总书记在湖北武汉考察时强调，科技自立自强是国家强盛之基、安全之要。作为汇聚大量人才与科技资源的智力高地，华中科技大学始终紧跟党中央号召，引领青年努力站到世界科技前沿位置。国家脉冲强磁场科学中心青年团队创造了 5 项磁场参数世界纪录，2021 年荣获“中国青年五四奖章（集体）”称号。武汉战疫以来，号召广大青年科研战疫，副总理孙春兰来校视察时对青年师生科研战疫成果高度肯定。脱贫攻坚与乡村振兴战略部署以来，引导广大青年将实验室的先进技术引入茶厂等村镇企业，帮助企业实现蜕变，央视以“科技扶贫路上的青年人”为题专门报道。始终坚持扎根地方，服务区域发展，全方位支持湖北“青创园”光谷示范园建设，首批申报并扎实推进省级“青创园”试点建设，全方位融入湖北青年创新创业工作大局。

3. 持续深化立德树人

加强创新创业教育顶层设计，实施创新创业“双向百分百”计划，让百分之百的教师参加创新创业指导，百分之百的学生参加创新创业实践。构建“三个三”创新创业教育体系，依托育人、科研、转化三个平台，形成创新创业教育资源平台集聚效应，推动产学研协同育人。健全教学、实践、帮扶三个体系，推动创新创业教育全程贯通，让学生想创、会创、创成。统筹学生、教师、校友三个群体，实现创新创业教育面上的覆盖，打造创新创业共同体。学校坚持“顶天立地，写好两篇文章”，引领青年积极参与创新实践。

（二）发挥“三力”优势，打造“三位一体”创新育人工作体系

1. 提升引领力，构建创新精神培育体系

一是学校高度重视，学校发展规划中明确提出将“创新创业教育”打造成为学校人才培养的第三张新名片。时任校党委书记邵新宇院士出席“挑战杯”校赛决赛开幕式并全程观摩学生创新成果展，时任校长、现校党委书记李元元院士连续3年亲自指导“挑战杯”参赛项目，现任校长尤政院士调研院系时专门听取“挑战杯”获奖团队汇报并鼓励同学们大胆想象、敢于创新。二是注重理想驱动，讲好我校“钢铁院士”崔崑、“道德楷模”黄群校友等科技报国、创新强国故事，设立“黄群班”和团支部，引导广大青年砥砺科研本领、立志许党报国。三是加强文化熏陶，先后邀请诺贝尔奖获得者、两院院士等300余位学术大师与我校学子面对面。

2. 增强组织力，构建创新能力培养体系

一是推动团队创新，建设24个大学生科技创新基地，支持示范性创新团队建设，形成以学生自主、导师指导、协同实践、交叉创新为特色的创新团队培养模式。二是注重项目实战，协同培育校院两级创新创业项目。三是强化赛事育人，每年组织各类赛事训练200余场。

3. 优化服务力，构建创新实践保障体系

一是优化顶层设计，将学生科研成果、大赛获奖等纳入创新创业学分认定。与教务部门、科技部门联动，建立项目培育、选拔、训练和竞赛四位一体的赛事指导机制，构建政策、经费、师资、场地等资源集聚的工作机制。二是完善资源支持，争取大学生创新创业基金逾千万元，创新创业场地有5000余平方米。推动将优质的学科资源、科研资源转化为创新教育资源，“四颗明珠”等重大科研平台进一步面向大学生开放。三是汇聚育人合力。建立大学生创新创业导师团队，邀请专业教师、业界专家、优

秀校友等300余名导师参与。四是推动全链条服务。构建从创新实践到创业支持的全流程孵化机制，推动大学生创新创业从研究到应用、从创新到创业、从校内到校外的对接。

（三）强化组织动员，引领青年科创报国

1. 引领青年探索创新前沿

引导广大青年师生落实总书记提出的“四个面向”要求，主动服务学校“四颗明珠”为代表的国家重大基础设施平台建设。国家脉冲强磁场科学中心青年团队发挥生力军作用，创造了5项磁场参数世界纪录，为我国唯一、亚洲最大、全球前三的国家脉冲强磁场科学中心建设作出了重要贡献，2021年荣获“中国青年五四奖章（集体）”称号。

2. 鼓励青年助力科技扶贫

引导华中大青年师生努力将论文写在祖国大地上。生命学院的科创团队将实验室微生物技术引入云南临沧茶厂，5年多时间科技攻关，将原始的“堆肥式”制茶升级改造为精准可控的“制药式”制茶，助力农户稳定增收，被央视以“科技扶贫路上的青年人”为题报道。这样的故事还有很多，校团委每年组织动员千余支队伍，含万余名师生走进田间地头和深入车间工厂。

3. 组织动员青年科研战疫

武汉战疫中，校团委第一时间成立抗疫青年突击队，组织动员华中大青年科研攻“冠”，电信学院青年学子将AI引入辅助诊断系统，实现肺部CT影像秒级输出和一体化诊疗，极大提高筛查效率和精度。药学院吴灿荣博士开展抗新型冠状病毒（SARS-CoV-2）潜在药物的筛选研究工作，为新型冠状病毒的治疗提供了新的支撑，文章获得国际顶级期刊*Nature*高度关注等。副总理孙春兰视察学校时，对我校青年师生科研战疫成果表示高度肯定。

三、案例点评

近年来，学校在各类创新创业赛事中成绩斐然。2022 年 2 月，中国高等教育学会发布 2021 年全国普通高校竞赛排行榜，我校在 2017—2021 年全国普通高校大学生竞赛榜单中位列全国第三。在近四届“挑战杯”中国大学生创业计划竞赛中获得 16 金 6 银 4 铜，金奖总数位列全国第二。在第十七届“挑战杯”创新赛中获奖总数、最高等次获奖数均居全国高校第一，其中，揭榜挂帅专项赛荣获两个“擂主”称号（全国共 7 个）。在第八届“创青春”中国青年创新创业大赛科技创新专项赛中获奖总数、最高等次获奖数均居全国高校第一。2021 年中国青年创新创业交流营与第十一届“中国青年创业奖”颁奖活动中，我校获评“最具发展潜力项目”1 个（全国共 5 个“最具”项目）、“中国青年创业奖”2 人（全国共 35 人）。在第十四届全国大学生创新创业年会中获评“优秀学术论文”奖 2 项、“我最喜爱的项目”奖 1 项，获奖总数并列全国第二，学术论文组获奖数量并列全国第一。

学校共青团未来将在引领青年科研攻坚上下功夫，进一步发挥获“中国青年五四奖章（集体）”等称号的先进科研团队的示范引领作用，推动青年瞄准科技前沿，淬炼过硬创新本领，破解“卡脖子”问题。在深化创新人才培养上下功夫。推动赛事育人、思政育人、实践育人、科研育人相融合，引导华中大青年师生将科学技术带到田间地头、工厂车间，带到党、国家和人民最需要的地方去，努力将论文写在祖国大地上，在科技报国的实践中锤炼本领、砥砺志向。在主动融入“青链”建设上下功夫。深化校、地、企多方联动，深度融入“青创园”建设，加强与科技园、科技企业联动，努力构建从创新到创业、从技术到产业、从校内到校外的创新创业工作链条，吸引高素质创新人才和优质项目留鄂留汉。

华中大的青年学子们将继续开拓创新、锐意进取，在科研报国中担当起时代使命，努力成长为党和国家需要的创新创业人才。